秋田ふるさと検定

公式テキスト 2023年版

秋田県商工会議所連合会　監修

秋田魁新報社

秋田県の市町村区域

（　）内は旧市町村名です

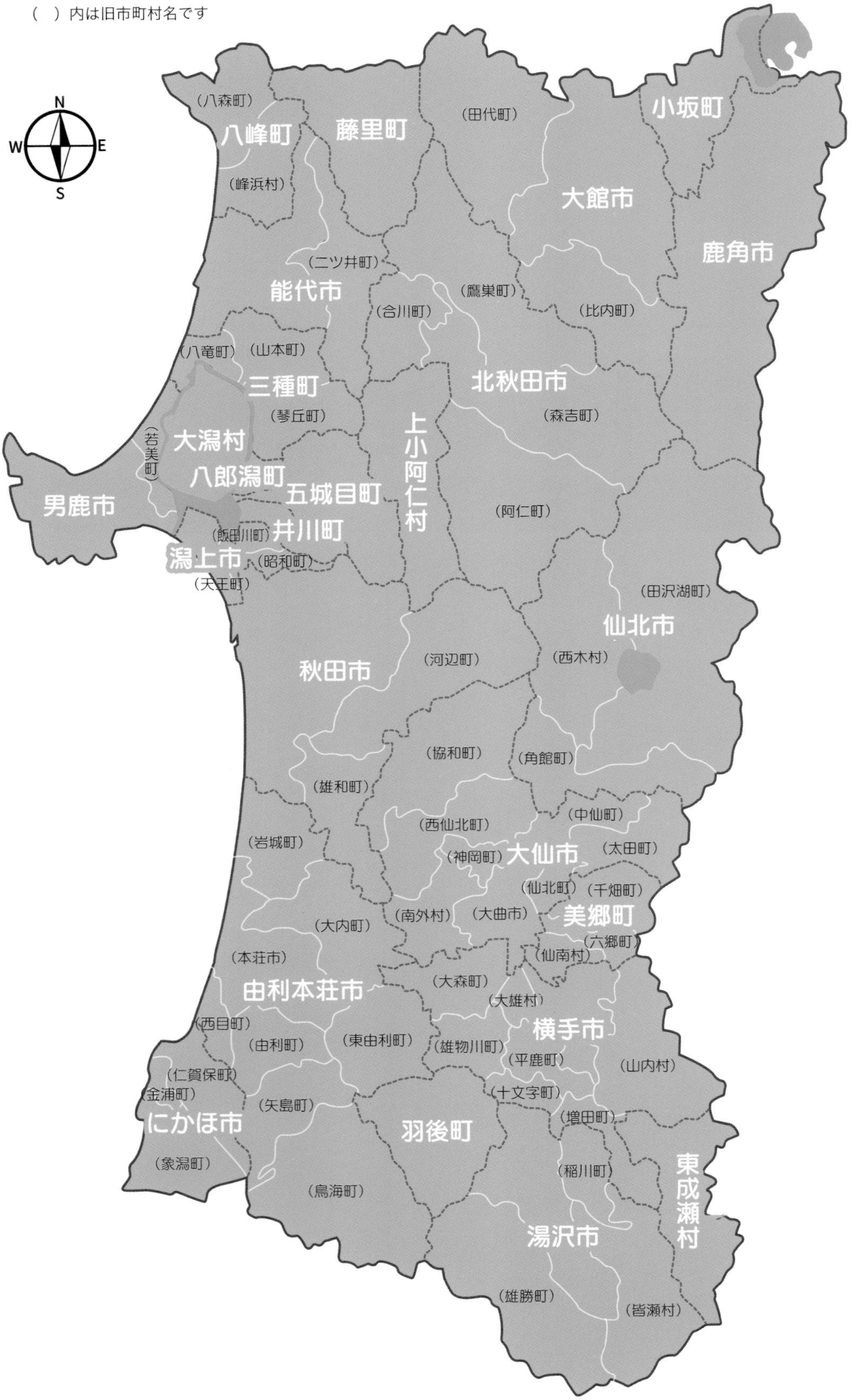

N
W E
S

（八森町）
八峰町
藤里町
（田代町）
小坂町

（峰浜村）
大館市
鹿角市

（二ツ井町）
能代市
（合川町）
（鷹巣町）
（比内町）

（八竜町）（山本町）
三種町
北秋田市

（琴丘町）
（森吉町）

大潟村
上小阿仁村

（若美町）
八郎潟町

五城目町
（阿仁町）

男鹿市
（飯田川町）
井川町

潟上市
（昭和町）

（天王町）

（田沢湖町）

仙北市

秋田市
（河辺町）
（西木村）

（協和町）
（角館町）

（雄和町）

（西仙北町）
（中仙町）

（岩城町）
（神岡町）
大仙市
（太田町）

（仙北町）（千畑町）

（大内町）
（南外村）
（大曲市）
美郷町

（本荘市）
（六郷町）

由利本荘市
（仙南村）

（大森町）

（西目町）
（大雄村）
横手市

（由利町）
（東由利町）
（雄物川町）
（平鹿町）
（山内村）

（仁賀保町）

（金浦町）
（矢島町）
（十文字町）

にかほ市
（増田町）

（象潟町）
羽後町
東成瀬村

（稲川町）

（鳥海町）

湯沢市

（雄勝町）
（皆瀬村）

2

大湯環状列石（→P13）

伊勢堂岱遺跡（→P13）

戎谷南山模写「後三年合戦絵詞」千任の罵言＝横手市指定文化財、後三年合戦金沢資料館（→P15、77）

小田野直武「不忍池図」＝国重要文化財
秋田県立近代美術館蔵
（→P23、77）

鳥海山と高原（→P68、112）

「紙本着色象潟図屏風」（部分）＝県指定有形文化財　にかほ市象潟郷土資料館蔵（→P30、69）

角館、桧木内川堤（→P73、74）

全国花火競技大会（→P71、97）

秋田の竿灯（→P94）

男鹿のナマハゲ（→P103）

小滝のチョウクライロ舞（→P96）

本海獅子舞番楽・鳥海獅子まつり（→P95）

大日堂舞楽（→P102）

東湖八坂神社祭の統人行事（→P93）

保呂羽山の霜月神楽（→P101）

元滝伏流水（→P128）

白神山地（→P49、110）

崩平の十和田火山八戸火砕流堆積層露頭（→P125）

八森椿海岸柱状節理群（→P126）

鵜ノ崎海岸（→P127）

秋田駒ケ岳（→P111）

栗駒山（→P112）

田沢湖とたつこ像（→P113）

八幡平ドラゴンアイ（→P44）

十和田湖（→P112）

目次

凡 例

1　本書は秋田県商工会議所連合会が主催する「秋田ふるさと検定」の公式テキストです。
2　表記は常用漢字・現代仮名遣いを原則としていますが、一部引用文や固有名詞に旧漢字を使用している場合があります。項目は仮名書きの場合を除き、平仮名で読み方を示しています。解説文中でも必要と思われる場合には、ルビを振っています。
3　年号は、元号と西暦（グレゴリオ暦）の並記を原則としています。明治5年12月2日までは太陰太陽暦（旧暦）を使用しているため、一部の改元年を除いて元号と西暦にずれが生じていることがありますのでご了承ください。その場合には、どちらか一方しか表記していないこともあります。
4　町村名を記す場合、郡名は省略します。平成の大合併によって市町村名が変更になった地域で旧市町村名を記す場合、原則として現在の市町村名を併記します。
5　諸説あるものについては、一般的と思われる説を採用していますが、その他の説や解釈を否定するものではありません。
6　記述は2023年2月現在を原則としていますが、参考資料によっては、それより前のデータを基にしている場合があります。
7　各項目記載の問い合わせ先は2023年2月現在のものです。
8　執筆に当たっては、巻末の参考文献のほかに、各自治体のホームページやパンフレットなども参考にしています。

第1章

歴史

佐竹義宣像
（秋田市天徳寺所蔵）

第1章

歴 史

秋田は考古の時代から自然に恵まれ、独特の文化を育んだ。奈良期以降、中央政府との幾多の接触から豪族清原氏が育ち、後三年合戦などを経て土地を媒介とした封建制度が誕生した。鎌倉以降、中央の権力に寄り添い権力基盤を確立し、複数の近世大名が育った。江戸時代には米や林鉱業を介し国内市場との関係を深めるが、数度の凶作と財政難への対応の中から優れた思想家が生まれた。明治以降、篤農家による地道な努力により農業県秋田が作られた。

1. 考古の時代

　旧石器、縄文、弥生の各時代に、特色ある遺跡が数多く発掘されている。これら考古学の成果の一つとして、縄文土器の文様の分布から、秋田市と田沢湖を結ぶラインを境に北側は青森と同一の円筒式が、南側は新潟や山形と同一の大木式土器形式が出土しており、当時の交易圏が南と北の二局に分かれていたとされている。

米ヶ森遺跡
よねがもりいせき
（大仙市協和荒川）

　雄物川支流の荒川の右岸標高100m前後の河岸段丘上にある旧石器時代末期から縄文時代中期までの集落遺跡。314mの米ヶ森の南山麓にあり、出土した石器からナイフ形石器を主体とする時代と旧石器末期に栄えたバイカル湖周辺を起源とする細石刃を主体とする時期のあったことが分かった。なかでも米ヶ森型台形石器、米ヶ森型ナイフ形石器など石器製作技法の標式とされるものが多数出土した。県内で旧石器時代研究の端緒となった遺跡である。

（大仙市提供）

地蔵田遺跡
じぞうでんいせき
（秋田市御所野地蔵田）

昭和60（1985）年に秋田市教育委員会が発掘。旧石器時代から弥生時代まで人々が住んでいた遺跡。この遺跡で注目されるのは木柵で集落を囲んだ弥生時代前期のムラが発見されたこと。

　弥生時代、ムラの防衛のために九州から近畿地方では吉野ヶ里遺跡に代表される環濠集落が、瀬戸内地方では高地性集落がこれまで分かっていたが、この木柵集落の発見により東北地方北部での防衛集落を知ることができ注目され、平成8（1996）年11月に国の史跡に指定。出土した土器の中には稲作技術の伝播とつながる九州福岡の遠賀川系土器も確認されている。

　平成13（2001）年から、当時のムラの様子を広く県民に伝えるための復元・整備が地元の学校や市民の手作りで行う手法で実施され、延べ1700人以上が参加している。市は、ここを「弥生っ村」と名付け木柵復元体験や竪穴住居での体験学習などのイベントを通して史跡の保存・活用を図っている。

杉沢台遺跡
すぎさわだいいせき
（能代市磐杉沢台）

米代川の北岸の東雲台地、標高35mの台地にある縄文前期から古代の間の集落遺跡。

長軸31m、短軸8.8m、面積222㎡の超大型住居を含む大型住居跡4棟が発見されて学会が大いに注目した遺跡。発掘報告書では「大きな集団が集結して種々の祭祀や儀礼を行う」場として利用されたものと説明している。国指定史跡。

（秋田県埋蔵文化財センター所蔵）

縄文遺跡群

国連教育科学文化機関（ユネスコ）の世界文化遺産に、北海道、青森、岩手、秋田の17遺跡で構成する「北海道・北東北の縄文遺跡群」が登録された。遺跡群には秋田の大湯環状列石（鹿角市）と伊勢堂岱遺跡（北秋田市）が含まれている。

大湯環状列石
おおゆかんじょうれっせき
（鹿角市十和田大湯）

昭和6（1931）年に発見された縄文時代後期前半（約4千年前）の遺跡。県道を挟んで万座遺跡（北西）と野中堂遺跡（南東）の二つの環状列石がある。野中堂遺跡は最大径44m、万座遺跡は最大径52mに達する。ストーンサークルとも呼ばれ、よく知られる日時計状のものなどいくつかのタイプに分かれる小単位の組石が二重の環状に配置された配石遺構である。遺跡の使用目的については諸説あるが、共同墓地との説が有力視されている。国指定特別史跡。

大湯環状列石

伊勢堂岱遺跡
いせどうたいいせき
（北秋田市脇神）

平成7（1995）年、大館能代空港のアクセス道路建設に先立つ調査で発見された縄文時代後期前半の遺跡。複数の環状列石や掘立柱建物跡、土壙墓のほか多くの遺物が発見された。環状列石はこれまで四つが発見されており、いずれも大規模なものである。またヒョウタン形土器・板状土偶・キノコ形土製品など、儀器・呪術具と推定される多種多様の遺物が発見されており、単なる墓域ではなくさまざまな祭祀が行われた場ではないかと考えられている。国指定史跡。

伊勢堂岱遺跡

2.古代中世の時代

　大和朝廷は秋田の地元民を蝦夷と称し、政府に服属した代表者を俘囚長とし、秋田城を行政の拠点として数度の抵抗に遭いながらも内地化を進めた。平安時代、出羽俘囚長の清原氏と陸奥の安倍氏の二大勢力が源氏の介入で対立した後、平泉藤原氏が樹立された。鎌倉政権成立後、秋田の御家人大河氏は反鎌倉を掲げ兵力を結集し自己の主張を展開した。

出羽柵
でわのさく（でわのき・いではのき）
（秋田市）

　律令国家が設置した古代城柵。『続日本紀』和銅2（709）年7月1日の記事に初めてその名が登場する。当初は山形県庄内地方に設置されたようだが、『続日本紀』に天平5（733）年12月26日、秋田村高清水岡（秋田市）へ移設されたとある。天平宝字4（760）年ごろ、秋田城と表現されて以後出羽柵の名前は現れなくなる。

元慶の乱
がんぎょうのらん

　元慶2（878）年、秋田城司良岑近の苛政に対し北秋田・米代川流域の俘囚（帰順した蝦夷）が蜂起した。反乱勢力は秋田城などを襲い、秋田川（雄物川）以北の独立を要求した。出羽の兵ではこの乱を抑えきれず、政府は藤原保則を出羽権守に任命、また小野春風を鎮守府将軍として派遣し鎮圧に当たらせた。保則は俘囚に食糧を支給するなどして懐柔、春風は陸奥から入って米代川流域の豪族を説得しつつ秋田に向かい、これら寛大な政策によってようやく乱は終息した。

秋田城跡
あきたじょうあと
（秋田市寺内）

　奈良～平安時代、出羽国秋田（現秋田市高清水公園内）に置かれた軍事・行政拠点。天平宝字4（760）年に初めて「阿支太城」の名が登場し、この頃に前身の出羽柵から改称されたらしい。秋田城には国府が置かれ、出羽北部の統治を行った。また、渤海の使者を迎える迎賓館としての機能を持っていたと考えられる。秋田城は蝦夷の反乱による放棄・停廃・占拠、また天長7（830）年の大地震による秋田城倒壊とともに四天王寺も壊滅し、地域における統治に影響を与えるなどの経過をたどりながら11世紀まで存続したが、前九年合戦以降衰退していったようである。平成10（1998）年には外郭東門と築地塀が復元された。国指定史跡。

払田柵跡
ほったのさくあと
（大仙市・美郷町）

　9～10世紀ころの城柵官衙。地上高約3.6mの外柵は東西約1370m、南北約780mの楕円状で、面積約88haと東北でも最大級の規模をもつ。外柵の内側に外郭で囲まれた政庁などがあり、軍事・行政機能を持った役所であると同時に、柵内では鉄の生産や鍛冶、祭祀などが行われていたと考えられている。外柵、外郭とも東西南北に門があり、高さ9.7mの外柵南門が復元されている。古文書などに記述がなく、歴史上の名称は確定していない。国指定史跡。

前九年合戦
ぜんくねんかっせん

　永承6（1051）年〜康平5（1062）年、陸奥国奥六郡（岩手県北上川流域）を支配した豪族安倍氏を陸奥守兼鎮守府将軍の源頼義らが滅ぼした戦乱。安倍氏に大敗を喫した頼義は、出羽山北（横手・平鹿・仙北）の俘囚の長清原氏に助けを求め、清原武則を総大将とする1万の援軍を得てやっと勝利することができた。この戦いの後、清原武則は鎮守府将軍に任じられ、奥羽最大の勢力を持つに至った。

後三年合戦
ごさんねんかっせん

　永保3（1083）〜寛治元（1087）年、清原氏の内紛に端を発した戦乱。清原真衡（武則の孫）の無礼に怒った義理の叔父・吉彦秀武が、真衡の異母弟家衡・家衡の異父兄清衡を誘って真衡を攻めた。陸奥国守の源義家がこれに介入して清衡・家衡は降伏したが、真衡が没したため義家は2人を許し、真衡の所領を二分して与えた。この分配に不満を持った家衡が清衡を襲い妻子を殺害したため、応徳3（1086）年、源義家は大軍を発して家衡を攻めたが、家衡は沼柵（推定地：横手市雄物川町沼館）に籠ってこれを退けた。翌年家衡は武則の子・武衡の援護を受け、その進言に従って金沢柵（横手市金沢）に移り、籠城して頑強な抵抗を続けたが、ついに落城、清原氏は滅亡した。

　清衡は前九年合戦で滅んだ藤原経清の子で、その母（安倍頼時の娘）を清原武貞が後妻としたもので、清原氏とは血のつながりがない。そこで戦後本来の姓である藤原氏を名乗り、平泉に本拠を移して奥州藤原三代の基礎をつくった。

戎谷南山模写「後三年合戦絵詞」千任が金沢柵の櫓から源義家を罵倒する場面

金沢柵
かねざわのさく（かねざわのき）
（横手市）

　後三年合戦で清原氏が立てこもった最後の軍事拠点。山の上にある要害とされ源義家は2カ月にも及ぶ兵糧攻めでこれを破った。

　横手盆地中央の東端に位置する金沢城跡（金沢公園）と陣館遺跡が推定地とされている。金沢城跡は本丸、北の丸、西の丸などから建物跡や遺物が発掘され、北の丸の建物付近から火災の痕跡が検出されたが、後三年合戦当時の11世紀の遺物は発見されていない。羽州街道を挟んで向かい合う小さな丘陵の陣館遺跡からは、2010年の発掘調査で当時の遺物が出土しており、より低い位置に柵があった可能性もある。

　義家が上空を飛ぶ雁の乱れで伏兵を見破った故事の舞台は、金沢柵の南西、西沼立馬郊といわれている。

清原氏
きよはらし

　平安時代出羽仙北地域で律令政府に服属していた蝦夷のことを俘囚と称していたが、清原氏はその俘囚の長で当地域に数多くの一族を配置し、それぞれの地域を開発する主であるとともに一族・郎党を武装させ家臣化している強力な武士団でもあった。根拠地はいまだ明確ではないが横手の大鳥井山遺跡はその候補地の一つとなっている。

　その勢力範囲は男鹿、南秋田から雄勝地域にまで及ぶとされている。代表的人物として清原武則は康平5（1062）年、源頼義の要請で岩手の俘囚長安倍一族を厨川柵で滅ぼし（前九年合戦）、従五位下に叙され鎮守府将軍に任命され、陸奥・出羽を支配する実力者となった。清原武貞は武則の嫡子で胆沢城に本拠を移した。彼の子の真衡、家衡そして後妻の子清衡、以上3人の間での遺領相続争いを主因とした後三年合戦により清原氏は滅亡し、勝利者の清衡は実父の姓藤原を名乗り、岩手平泉に本拠を移し奥州藤原三代の祖となった。

大河兼任の乱
おおかわかねとうのらん

　文治5〜6（1189〜90）年、八郎潟東岸に勢力を持った豪族・大河氏が鎌倉政権に対して起こした反乱。『吾妻鏡』によれば、兼任は2人の子と共に7千人の勢力で挙兵して多賀城を目指した。八郎潟の凍結した湖面を進軍中に氷が割れ、5千人を一挙に失うが、男鹿・秋田・津軽で敵を破り、平泉で陣容を整えた時には1万の兵力に膨れ上がった。幕府は千葉常胤・比企能員を征討軍として派遣。兼任はこれに敗戦を重ね、最後には陸奥栗原で斬殺されたとされる。また、大河氏の出自は木曽義仲の裔孫ともいわれる。

板碑
いたび

　板状あるいは大きな自然石の上部に菩薩を表す種子（種字）や仏の姿などを彫り、下の方に製作年や造立の目的や願文などを刻んだ鎌倉から室町期の石塔のこと。県内では351基（昭和55（1980）年時点）確認されており、その最古のものは鹿角市八幡平長平の鎌倉末期にあたる正安元（1299）年である。雄勝、平鹿、八郎潟周辺に多く分布し、大館、北秋田、山本、秋田は少ないか皆無である。石材はほとんど所在地周辺で産出されるものを使用している。また年号の中には南朝政権が使っていた年号が刻まれている板碑もある（鹿角地方）。このことから南朝年号と北朝年号のそれぞれの板碑の分布を明らかにすることで秋田地方での両朝の勢力範囲を知ることができる。

八郎潟町小池集落にある板碑

3.戦国時代

　室町期、幕府から地頭に任命された武将を中心に居館を構え、勢力の拡大を図るために合戦が展開された。県北部に安東氏、内陸では戸沢氏と地頭由来の小野寺氏が二大勢力となり、その周辺に本堂、六郷の両氏がいた。由利地方では海岸部の仁賀保氏と内陸の矢島氏を中心に離合集散が繰り返された。

安東氏
あんどうし
（秋田市）

　鎌倉時代後期に秋田に定着した武将。北津軽の十三湊（とさみなと）を本拠とし、秋田之湊を攻めて男鹿に入った湊安東氏（上国家）、南部氏に攻められ十三湊から蝦夷に逃れ、南下して能代に入った檜山安東氏（下国家）の2系統がある。野代（能代）、湊（土崎）を利用した海運で力を蓄え、実季の時代に湊合戦で勝利を収めると、秋田の大半を支配する勢力となり、「北羽第一の大名」と呼ばれるまでになった。関ヶ原の合戦後の国替えで、秋田を離れ常陸宍戸（茨城県）に移り、さらに三春（福島県）に移った。

檜山城
ひやまじょう
（能代市）

　能代市檜山にあった中世の城館。檜山安東氏が本拠とした典型的な山城。秋田城介を代々継承していた安達氏が弘安8（1285）年、安達泰盛の霜月騒動で滅亡し、その後、秋田城介（ちかすえ）は断片的な記録のみで安東愛季にいたる。安東系図には代々城介を継いだことになっているが、確証はない。檜山城を本拠とした安東氏は野代（能代）湊を活用し、多方面と交易を行い特に対岸の朝鮮・中国などの物資を扱っていたといわれる。佐竹氏の入部以降は小場氏・多賀谷氏が管理したが、幕府の一国一城令により元和6（1620）年に破却された。

脇本城址
わきもとじょうし
（男鹿市脇本）

男鹿半島の南側に位置する男鹿市脇本にある山城。室町から安土・桃山時代にかけて武将安東氏が居城した。標高100m前後の丘陵地に面積約150haあり、規模は東北地方で最大級。城の諸施設の跡がよく残っていることから平成16（2004）年に国の史跡に指定された。天正5（1577）年ごろ安東愛季により改修され、湊合戦（天正17年）から江戸幕府による一国一城令（1615年）までの間に廃城になったと推定される。城の立地は南方に日本海、東に八郎潟、森吉山、遠くは南方に鳥海山まで見渡すことができ、海沿いを活動の拠点として勢力を拡大してきた安東氏が、この地を城として選んだ理由が分かる。遺構の構造や地名などから「内館地区」「馬乗り場地区」など五つの地区に分けられ、麓の脇本本郷集落は城下町的地割を今も残している。

（男鹿半島・大潟ジオパーク推進協議会提供）

湊合戦
みなとがっせん

天正17（1589）年、安東家を二分した戦い。「秋田家文書」によると、安東愛季の死去後、まだ少年の実季が檜山安東家を継いだ。湊城主の道季は戸沢氏の援助を得て檜山を攻めたが、長期の籠城に耐えた実季が由利衆の援助も得てこれを破ったとされる。ただし『奥羽永慶軍記』『六郡郡邑記』など資料によってその内容は大きく異なる。いずれにしろ、戦いに勝利した実季が宗家の地位を確立し、実季は湊城に本拠を移した。

秋田実季
あきたさねすえ

天正4（1576）～万治2（1659）年。佐竹氏入部まで秋田に勢力を振るった戦国大名。父・愛季の死により12歳で檜山安東家を継ぐ。湊合戦に勝利して湊安東家を併合し、本拠を湊城に移した。秋田・豊島・檜山・比内を支配し出羽最大の大名として秀吉から5万2400石余を安堵される。関ヶ原の戦後、常陸（茨城県）宍戸5万石を与えられ、国替え後は秋田氏を名乗った。一族の不和が幕府の機嫌を損ね、伊勢国（三重県）朝熊に流され同地で没した。

湊城
みなとじょう
（秋田市）

秋田の土崎湊にあった城館。湊安東氏は秋田城、檜山安東氏は檜山城を本拠としていたが、湊合戦で湊・檜山両家が統一されると、秋田実季は平城である湊城の大改築を行い、ここを本拠とした。軍事機能よりも雄物川舟運や日本海海運を重視したものと思われる。佐竹氏の入部により居城の久保田城が築かれると湊城は破却された。

戸沢氏
とざわし

中世後期、角館城（仙北市）を本拠とした豪族。鎌倉初期に滴石戸沢郷（岩手県雫石）に拠って戸沢氏を称した。その後出羽仙北に進出し、角館城を拠点とした。秀吉の小田原攻めにも出陣し、小田原合戦後4万4千石余を安堵された。関ヶ原後、常陸（茨城県）松岡藩4万石、次に出羽（山形県）新庄藩6万石に転封となり、新庄藩主として明治を迎えた。

六郷氏
ろくごうし

室町時代中期に六郷（美郷町）に土着した豪族。秀吉から4500石余を安堵され、関ヶ原の戦いでは徳川方に立って小野寺氏を攻撃した。その功績で戦後常陸（茨城県）府中1万石の大名となった。さらに大坂冬の陣にも参戦して手柄をたて、本荘2万石を与えられた。幕末の戊辰戦争では秋田藩と共に勤皇側にたち庄内藩と戦い、新政府から1万石の下賜を受けた。

本堂城址

ほんどうじょうし
(美郷町本堂城回)

　室町〜戦国末期まで仙北中郡の国人であった本堂氏の居城跡。付近の丘陵に山城を持つが、ここは仙北平野の中に作られた平城で天文年間（1532〜55年）に築城されたと推定。本丸、土塁、内堀の跡があり、県内では珍しく良好な状態で残されている。戦国末期の城下絵図によると本丸は東西140ｍ、南北180ｍ。内堀を含めると東西181ｍ、南北272ｍで西側の外堀は矢島川を利用している。土塁は基底部が6ｍ、高さ3〜4ｍ。城の東方2kmの所に100軒余りの城下町が見られる。本堂忠親の時に豊臣秀吉から8983石余りの朱印状を交付される。慶長7(1602)年、茂親の時常陸国志筑に8500石の旗本として転封し廃城となる。

小野寺氏

おのでらし

　中世・戦国期に秋田県南部で勢力を振るった豪族。雄勝郡を地頭として支配し、稲庭地方を本拠としたが、戦国期には平鹿地方に進出、輝道の時代には山形真室地方にまで勢力を伸ばした。輝道の子・義道の時代になると勢力が衰え、秀吉から雄勝郡を削られる形で領地を安堵された（3万1600石余）。関ヶ原の戦いでは石田方の上杉氏に加担したため、周辺の諸勢力に攻められ降伏（大森合戦）。戦後石見国（島根県）津和野に配流となった。

本堂氏

ほんどうし

　鎌倉時代から出羽仙北中郡本堂を勢力の本拠地としていた。忠親の天正18(1590)年、小田原合戦に参戦し、秀吉から本領の8983石を安堵された。その子茂親は佐竹氏の秋田入部と入れ替えになり、常陸（茨城県）志筑に陣屋を構え、8500石余を知行した。佐竹入部により、秋田の豪族は小野寺氏を除きいずれも常陸に転封となったが、元和8(1622)年由利地方を支配した山形最上氏改易に伴い、本荘に六郷氏、塩越に仁賀保氏、矢島に打越氏（のち生駒氏）などは秋田に帰封した。しかし本堂氏は明治維新まで常陸にとどまり、新政府軍の東征助力の功として1万110石を領し、大名の列に加えられた。

由利十二頭

ゆりじゅうにとう

　戦国時代に由利本荘地域に割拠した豪族の総称。仁賀保氏、子吉氏、潟保氏、滝沢氏、矢島氏、玉米氏、下村氏、石沢氏、打越氏、赤尾津氏、羽根川氏、岩屋氏、鮎川氏、芹田氏など、実際は12氏族以上いる。仁賀保・矢島以外は小勢力で、互いに争いを繰り返したが、秀吉によって由利五人衆（仁賀保、滝沢、打越、赤尾津、岩屋）が定められて十二頭の時代は終わった。

4. それぞれの藩領

　一般的に領域は分水嶺や河川を基準として分けられることが多いが、由利地方には相給といわれる村落が複数見られる。これは江戸幕府による領主の移封政策の中で、自然村落が一領主ではなく複数の領主によって支配されていることをいう。また、由利地方には飛地など複雑な領域状況が多い。

秋田藩
あきたはん

慶長7（1602）年～明治4（1871）年、由利・鹿角を除く秋田県の大半を支配した藩。20万5800石余。佐竹義宣が初代、12代義堯が最後の藩主。秋田杉などの山林資源や銀・銅などの鉱物資源と新田開発で初期の藩財政は豊かだったが、資源の減少で財政難に苦しんだ。佐竹氏の居城は久保田城（秋田城とも言う）、藩校は9代義和が設けた明徳館。

久保田城
くぼたじょう
（秋田市）

佐竹氏の当主（屋形様と表現している）の居城。藩の正式記録「佐竹家譜」では一貫して秋田城と表記。秋田氏の居城であった湊城は手狭であり、交易の地である湊は軍事的に不都合として、初代佐竹義宣が土崎湊から内陸の神明山に平山城を築き、慶長9（1604）年に秋田城と命名し居城とした。本丸、二の丸の周囲に内濠、三の丸の周囲に幅70mの外濠を配した。櫓はあったが高い石垣や天守閣は築かなかった。

　なお、久保田城の名称が使用されたのは、明治2（1869）年の版籍奉還後の2年間、久保田藩と命名していた時期があったため旧居城を久保田城と表現したなごりが慣用的に残っていると推定される。

亀田藩
かめだはん

旧岩城町亀田を藩庁とし、北・桂根境川、南・子吉川、東・雄物川を境界とした地域を治めた。岩城氏は元磐城平藩（現福島県）11万3千石。慶長7（1602）年改易となったが、のち信濃の国（長野県）川中島1万石の大名となる。江戸時代初期、亀田地域は最上氏、次いで本多正純の改易に伴い元和9（1623）年川中島から岩城吉隆が入部し、亀田藩2万石の初代藩主となった。吉隆が佐竹義宣の養子となったため、義宣の弟・多賀谷宣家の子・重隆が藩主となる。無城（のち城主格となる）だが亀田陣屋を亀田城（天鷺城）と称した。藩校は6代隆恕が設けた長善館で、好学の気風が強かった。

本荘藩
ほんじょうはん

子吉川南岸を中心に、北に亀田藩、南に仁賀保氏領、東に打越氏領と接する範囲を治めた藩。元和9（1623）年六郷政乗が初代藩主として入部。2代政勝のとき、生駒氏の入部に伴い旧東由利町を割譲し、代わりに旧金浦・象潟町地域を領地に加えた。居城は鶴舞城、藩校修身館。藩財政は当初から苦しく、酒田の豪商本間家などと結びつき、商圏としては酒田圏に入った。一時本間の支援を断たれ、先祖の地六郷の豪商栗林家の支援を受けたこともあった。

仁賀保領

元和9（1623）年10月、仁賀保氏は常陸国武田5千石から、戦国時代に住んでいた故郷の仁賀保地域に1万石の大名として帰ってきた。居城は由利城（塩越城とも言う）。領地は旧仁賀保町の大半と金浦町、象潟町の全てで合計42カ村。初代藩主の仁賀保挙誠は入部の翌年寛永元（1624）年2月に死去し、その遺領の相続は挙誠の遺志に従い長男に7千石、次男に2千石、三男に千石と分知され、それぞれが幕府の旗本となった。その後、長男蔵人良俊が後継がないまま寛永8（1631）年死去したため、7千石は幕府領となり、隣領譜代大名庄内藩酒井氏の預地となった。結局、この年以降仁賀保氏領は2家合わせて3千石に減少した。

南部領

鹿角郡は南部氏10万石の領地の一部。村数は67カ村（花輪通22カ村、毛馬内通45カ村）。『秋田県史』によると郡内の総石高は享保2（1717）年1万8358石、安政4（1857）年2万778石。支配形態は花輪城に中野氏が城代、毛馬内城に毛馬内氏が、後には桜庭氏が城代に、大湯城に北氏が入り、これら三氏の城代が秋田藩との鉱山を巡る境界争論や津軽藩との境の警固に当たった。地方知行を採用していたので、南部氏の直臣家臣団と三城代が抱えている陪臣家臣団が存在していた。例えば毛馬内城代の桜庭氏の陪臣家臣は合計88人。米年貢の税率は21〜33%余りと低率であったが、雑種の課税（クルミ、山の芋、タケノコなど）の多様さに特色がある。

生駒領

寛永17（1640）年7月、讃岐国（現香川県）17万石の高松城主生駒高俊は、家臣間の対立事件である生駒騒動の責任を問われ由利矢島に配流となり、賄料1万石を与えられた。

当初の領地は寛永8（1631）年に病没し改易となった旧仁賀保領7千石と、寛永11（1634）年後継なしで改易となった旧打越光久領（矢島・鳥海地域）3千石であった。しかし、改易が言い渡されてから4日後に、新たな生駒氏領のうち海岸部の金浦・仁賀保地域の一部 4639石余りが六郷氏領となり、代わりにこれまで六郷氏領であった東由利地域の同額石高の村々が生駒氏領となる所領交換が行われた。その結果、生駒氏領は矢島・鳥海地域、仁賀保地域（旧象潟町上郷地域の一部）、東由利地域、そして仙北大沢地域と 四つの地域によって構成された。なお、天保2（1831）年からの幕府による生駒氏領、岩城氏領、佐竹氏領、そして幕府領を巻き込んだ一連の領地替えで旧象潟町の上浜、上郷地域10カ村が新たに生駒氏領となる代わりに、仙北大沢郷の宿村などが佐竹氏領となった。

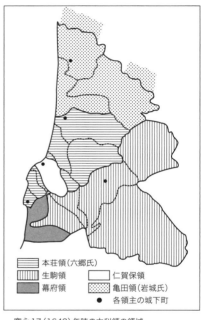

凡例
- 本荘領（六郷氏）
- 生駒領
- 仁賀保領
- 幕府領
- 亀田領（岩城氏）
- ● 各領主の城下町

寛永17（1640）年時の由利領の領域

羽州街道

江戸時代初期に整備された街道。最も重要な五街道に通じるものを脇街道といい、羽州街道は桑折宿（福島県桑折町）で奥州街道から分かれ、金山峠（山形県上山市）、院内峠を越えて秋田領に入り、矢立峠を越えて津軽領碇ヶ関に抜け、油川宿（青森市）に至る。秋田市以南では、ほぼ現在の国道13号、以北では国道7号に当たる。寛永4（1627）年、佐竹義宣の嗣子義隆決定の事業として街道整備が行われた。街道には一里塚、宿場、また南北の領界には口留番所が設けられた。参勤交代の際、秋田を含め多くの藩が利用した。

幕府領
ばくふりょう

元和9（1623）年、本多正純の改易に伴い由利領には仁賀保挙誠1万石、六郷政乗2万石、岩城吉隆2万石、打越左近3千石の4領主が入部した。その折、仁賀保氏領の中に配分の端数158石余りが生じ、これが幕府領になった。この高がどこの村に該当するのか今もって不明である。その後、幕府領は仁賀保主馬の没（寛永5〈1628〉年）で700石が加わり858石となり、寛永8（1631）年に仁賀保7千石家の改易で7858石に増加。寛永11（1634）年打越氏改易で1万858石に、寛永14（1637）年本多正純没で1千石が加わり1万1858石となる。しかし、寛永17（1640）年、生駒高俊の入部で幕府領の中から1万石が生駒氏領となったことで、幕府領は1858石余（仁賀保地域の上浜、上郷10カ村）となった。その後、天保2（1831）年に幕府が行った出羽地域の領地替えで小砂川を除く他の村々は生駒氏領に編成替えとなった。その結果、江戸時代のほとんどを幕府領として存続しえたのは小砂川村のみであった。

5.藩主とそれを支えた人々

　藩の運営を藩主単独で推し進めることが不可能だったこの時代、藩主を支える才能あふれる数多くの家臣たちの補佐により遂行されていた。これらの家臣の中には、後世の人々や家の後継者らに役立ててもらおうと自らの事績を細かく記録する人もおり、多くの日記が残された。

佐竹義宣
さたけよしのぶ

元亀元（1570）～寛永10（1633）年。秋田藩初代藩主。17歳で家督を継ぎ、常陸国（茨城県）を統一した。54万5千石余の大大名であったが、関ヶ原の戦いに積極的でなかったことから転封となり、慶長7（1602）年、秋田に入部した。当初湊城に入ったが、新たに久保田に城を築き居城とした。入部直後は各地で一揆が勃発するなど不穏な状況だったが、検地の実施、城下町の整備、鉱山の開発など内政の安定に努めた。

佐竹義宣像
（秋田市天徳寺所蔵）

渋江内膳政光
しぶえないぜんまさみつ

　天正2（1574）～慶長19（1614）年。秋田藩初期の家老。小山氏の一族荒川氏の出身で後に常陸で佐竹義宣に仕え、後に渋江氏を継いだ。秋田転封後家老となり禄高3千石余り。藩の統一検地の先竿・中竿の実質的責任者で、この際の検地手法が「渋江田法」とされ、長く秋田藩の土地制度の基本となる。また、林業でも「国の宝は山なり、（中略）山の衰えはすなわち国の衰えなり」として秋田杉の保護と育成に尽力。慶長19（1614）年の大坂冬の陣で最も激戦とされた今福合戦で、先手大将として勝利に導くも敵弾に倒れ戦死。以後、子孫は代々家老の家格となり城内の一部、旧県民会館跡地（新文化施設「あきた芸術劇場」建設地）に屋敷を与えられ刈和野給人を組下衆に持った。

梅津政景日記
うめづまさかげにっき

　天正9（1581）年〜寛永10（1633）年。兄の憲忠と共に初期の藩政を支えた人物が著した秋田藩の藩政全般に関わる最古の日記。

　宇都宮生まれで父・兄と共に常陸太田に移り佐竹義宣に仕える。秋田に移封後算用に優れていたことから院内銀山の山奉行を勤めるなど、藩財政の確立に奔走する。晩年の6年間、兄と共に兄弟で家老を務める。日記は慶長17（1612）年から寛永10（1633）年まで記したもので鉱山経営、領内統治、対幕府関係など多岐にわたっている。そのため鉱山史、幕藩体制史、キリスト教史など国内外の多くの研究者から一級史料として尊重され利用されている。県の有形文化財。

　日記は「大日本古記録」の「梅津政景日記」全九巻として東京大学史料編纂所から出版されている。

（秋田県公文書館所蔵）

梅津憲忠
うめづのりただ

　元亀3（1572）〜寛永7（1630）年。秋田藩初期の家老。宇都宮生まれで浪人の後、佐竹義宣に仕え半右衛門と称した。秋田に転封後藩主義宣の側近として重用された。以後渋江内膳政光と共に初期の藩政を支え、大坂冬の陣では「佐竹の黄鬼」と勇名をとどろかせて2代将軍秀忠から感状を与えられた。渋江政光死後の藩政を全面的に支えた功臣で、梅津家は代々家老の家柄となった。弟は院内銀山奉行や家老となった政景。屋敷は城の外堀に面した旧県立美術館（秋田市文化創造館）の敷地の一部。角間川給人を組下に持った。寛永4（1627）年当時知行高3500石。

（秋田県公文書館所蔵）

佐竹義和
さたけよしまさ

　安永4（1775）〜文化12（1815）年。秋田藩9代藩主。天明5（1785）年、11歳で藩主となり、後見の叔父義方・家老匹田斎と共に寛政改革と呼ばれる諸政策を推進した。疲弊した農村の立て直しを図り、郡奉行の設置、新田開発、領内産物の保護、殖産興業などに力を注いだ。ほかに林制改革、銅山改革、藩校の設置など改革は多岐にわたり、多大な業績を残して名君とうたわれた。

佐竹義和像（秋田市天徳寺所蔵）

渋江和光日記
しぶえまさみつにっき

　秋田藩廻座格の渋江内膳家の11代和光によって、文化11（1814）年から天保10（1839）年12月までつづられた日記。和光は、24歳から49歳の間に計3回、延べ23年間家老に次ぐ役職である御相手番を務めた。そのため藩政に関わる記述が多い。政策決定に至る重臣間の見解や意見の相違、藩政への痛烈な批判、個人攻撃をつぶさに記し、記録者の心情も書かれている。同種の他日記と異なり、藩政の裏事情が記録されている点が大きな特徴といえる。和光家の私生活も詳細に書かれており、家計の逼迫状況、重臣間の交友関係、趣味の狩と漁、人参や桑への関心、乳母の採用、陪臣と家政機関など、これまで明らかでなかった重臣家臣の生活状況が浮かび上がってくる日記として各方面から利用されている。

　県公文書館から「渋江和光日記」全12巻が刊行されている。

（秋田県公文書館所蔵）

秋田蘭画

佐竹義敦
さたけよしあつ

寛延元(1748)～天明5(1785)年。秋田藩8代藩主。領内鉱山の衰退、居城の火災、阿仁銅山取り上げの危機などもあったが、安永2(1773)年、鉱山の再開発のため平賀源内と石見銀山の山師吉田屋理兵衛を呼んでいる。その結果は後年成果となって表れるが、藩財政の悪化には苦しんだ。書画に巧みで号は曙山。平賀源内の下で洋風画を学び帰国した小田野直武を久保田に呼び寄せ、その技法を習得。自らも洋風画を描き、いわゆる「秋田蘭画」の代表画家の1人となった。代表作に「湖山風景図」など。また「画法綱領」などの画論もある。

小田野直武
おだのなおたけ

寛延2(1749)～安永9(1780)年。秋田蘭画の中心人物として名高い。角館居住の組下(直臣)の武士の子に生まれ、少年期より画才を現した。安永2(1773)年、秋田藩に招かれた平賀源内にその才を認められ、江戸に上り源内の下で西洋の写実画法を学んだ。翌年杉田玄白ら訳の『解体新書』図版の下絵を描いた。安永6(1777)年帰国、翌年藩主義敦から秋田詰に登用され、義敦(曙山)に洋風画の技法を伝授した。義敦に随伴して江戸に上るが、安永8(1779)年に謹慎を命じられ帰国、翌年急死した。

小田野直武「不忍池図」(秋田県立近代美術館蔵)

6. 文化

　秋田は幕末期、人々に大きな影響を与えた思想家、経世学者が育った地だった。学問の基礎は藩校明徳館の教育にあった。学館で学んだ者の中から藩政に携わる有能な人材が育った。一方、他国出身の文化人による調査記録や紀行文は今日の民俗学や紀行文学に大いに貢献し、高い文化水準を誇る秋田の土台となった。

安藤昌益
あんどうしょうえき

元禄16(1703)～宝暦12(1762)年。大館市出身の思想家。八戸(青森県)で町医者を営んだ後、大館に居住。役人や農民など多くの門弟を抱え、身分制度や宗教を批判し、農耕を基本に据えた社会主義的な思想を説いた。死後門弟たちは昌益を「守農太神」としてあがめ、碑を建立し、社寺と対立して藩の処分を受けた。主な著作に『自然真営道』など。大館市の温泉寺に墓がある。

佐藤信淵
さとうのぶひろ

　明和6（1769）～嘉永3（1850）年、羽後町生まれ。「しんえん」は俗称。医師・農学者・経済学者。16歳で江戸の医師・蘭学者宇田川玄随に入門、20歳で辞し諸国を遊歴、47歳の時、当時40歳だった平田篤胤に入門し、その思想に強い影響を受ける。重商主義・絶対主義国家論を説き、膨大な著作を残した。各藩に献策し、時の老中・水野忠邦も強い関心を持ったという。政策に採用されることはなかったが、明治～戦前の為政者に影響を与えた。

（彌高神社所蔵）

平田篤胤
ひらたあつたね

　安永5（1776）～天保14（1843）年、久保田（秋田市）生まれ。医師・国学者。20歳で秋田を出奔し、25歳の時、江戸で松山（岡山）藩士・平田篤穏の養子となった。本居宣長に強い影響を受け、宣長の没後宣長が主宰していた私塾に入門、宣長の古道説を推し進めた。文化9（1812）年の著作『霊能真柱』の頃から独自色を強め、心霊に強い関心を示した。国粋主義的な思想は、尊王攘夷派の精神的支柱となったが幕府に疎まれ、天保12（1841）年著述を禁止され秋田に帰国、不遇のうちに67歳で世を去った。

（国立歴史民俗博物館所蔵）

平田篤胤墓地（奥墓）
ひらたあつたねぼち（おくつき）
（秋田市手形大沢）

　この地を生前平田篤胤は墓地と定めていた。安山岩の自然石に、表「平田篤胤之奥墓」、裏「天保十四年癸卯閏九月十一日」と刻されている。伊勢神宮および師の本居宣長の墓所のある伊勢国（現三重県）に向かって正装正座で葬られたと伝えられている。墓の後方には室織瀬と後室のお里勢の両夫人の招魂碑がある。昭和9（1934）年に国指定史跡。

菅江真澄
すがえますみ

　宝暦4（1754）？～文政12（1829）年、三河（愛知県）生まれ。本名白井英二。信越、東北、北海道まで各地を紀行し、享和元（1801）年以降は秋田領内で活動。博学の人で、自然、民俗、文学、歴史、考古、地理、本草など、図絵を交えた多数の著作を残し『菅江真澄遊覧記』と総称されている。初めてナマハゲを記録するなど、秋田の民俗・歴史を研究する上で貴重な資料となっている『月の出羽路仙北郡』執筆中に病に倒れ、梅沢（仙北市）で病み、角館神明社で死去したとも、梅沢で死去し遺体が角館に運ばれたともいわれる。墓は秋田市寺内にある。

（秋田県立博物館所蔵）

奥の細道（松尾芭蕉）
おくのほそみち（まつおばしょう）

元禄2（1689）年、俳人松尾芭蕉は『奥の細道』の旅で象潟を訪れた。当時の象潟は入り江に多くの小島が浮かび、宮城の松島とともに景勝地として世に知られていた。芭蕉は両地について「松島は笑ふが如く、象潟はうらむがごとし」と述べ、「象潟や雨に西施がねぶの花」の句を詠んでいる。この美しい土地も、文化元（1804）年6月4日の大地震で海底が隆起し陸地となり、今では水田の中に点在する小島にその面影を残すにとどまっている。

戊辰戦争
ぼしんせんそう

慶応4（1868）～明治2（1869）年、鳥羽・伏見の戦いから五稜郭戦争までの、明治新政府軍と旧幕府・諸藩の戦い。秋田藩は当初東北諸藩と共に奥羽越列藩同盟を結び、朝敵とされた会津藩を支援する立場をとった。しかし藩内では参戦か中立かで意見が分かれ、新政府と仙台藩の双方からの働き掛けもあって対立が収まらなかった。慶応4（1868）年7月4日、12代藩主義堯が「一藩勤皇」を決定、仙台藩の使者は勤皇グループの手で斬殺された。亀田、本荘、矢島などの諸藩も秋田藩に同調した。

秋田藩の同盟離脱を受け、庄内、米沢、仙台軍は由利・院内から、南部藩は鹿角から秋田領内に侵攻した。秋田側は敗戦を重ね、横手城は陥落、本荘藩は鶴舞城に自ら火を放って退却、亀田藩は降伏して同盟軍に加わるなど、秋田の南部はほとんど同盟軍に占領された。北部でも南部軍によって大館城が陥落、北秋田市まで攻め込まれた。これに対し薩長肥を中心とする新政府軍は海路を使って続々と援軍を送り込み、戦況が好転し始めた。そして9月11～12日、久保田郊外の椿台で決戦し、ようやく同盟軍を打ち破った。3カ月間の戦いで、両軍合わせて600人を超える死者（半数以上が秋田藩）を出し、放火・略奪などで一般民衆にも甚大な被害が及んだ。

秋田市寺内の仙台藩殉難碑

全良寺官修墓地
ぜんりょうじかんしゅうぼち
（秋田市八橋本町）

臨済宗妙心寺派。秋田藩の初期の家老渋江内膳隆光が作った寺院で同氏の氏寺。同氏から寺領50石を与えられていた。11世海山禅益は境内裏手の一部に戊辰戦争で戦死した明治政府軍の戦死者16藩523基（665霊）を埋葬する官修墓地（秋田市史跡指定）を石工の辻源之助の協力を得て完成させる。墓石には人名をはじめ出身藩名、年齢、戦死の場所等が詳細に刻まれており、今でも西南諸藩の遺族の関係者が季節ごと墓参している。明治政府の内務省が修繕費を出して管理していたので官修墓地とされた。

辻辰之助
つじたつのすけ

文政2（1819）年～明治8（1875）年。仙北郡六郷出身の勤王思想家。平田神道に心酔し家業（こうじ屋、酒屋、米穀商）の傍ら各地を訪ね、勤王志士と交流を深め、秋田藩を勤王藩にするため藩の上級武士（小野崎三郎、石塚孫太夫、茂木秀之助）への勧誘活動を熱心に行う。

また、来るべき戦争に備えて周辺諸藩の動向や地形を入念に調査し進軍時の道筋を藩に提案するなど、行動する思想家でもあった。戊辰戦争では六郷周辺の同志を結集し有志隊（血判状では19人）を組織し公家の沢三位や桂太郎と密に情報を交換している。新政府による恩賞が不公平なことを訴えたが認められず不運の内に病没する。大正7（1918）年正五位に追贈される。墓は六郷の円福寺にある。

明徳館
めいとくかん
（秋田市）

秋田藩の藩校。佐竹義和の寛政改革で、人材育成を目的に創設が決められ、寛政2（1790）年落成。当初の名称は明道館。初代祭酒（学長）は中山菁莪。講義内容は四書五経などの漢籍が中心で、寛政7（1795）年に医学館、文政8（1825）年には和学方を併設、地方の藩士のために郷校と交流するなど整備が進められた。

7.秋田の産業

藩政期を中心に基幹産業であった米作りは、新田開発への努力と篤農家による農業技術の向上に見るべきものがあった。そのほか鉱山開発と繊維産業への挑戦が長く続けられている。更に日本海沿岸の村を悩ませた砂防対策で効果を上げた事業を忘れることはできない。

院内銀山
いんないぎんざん
（湯沢市）

秋田藩初期の財政を支えた重要な鉱山。慶長11（1606）年に銀鉱脈が村山宗兵衛、森治郎左衛門、渡辺勝右衛門、石山伝助の4人によって発見されると、たちまち各地から山師など鉱山技術者・労働者が集まり、院内は藩内最大の町となった。院内銀山は藩が山奉行を置いて直接支配する直山であった。奉行配下の諸役人支配の下、山師らが経営した。藩は幕府へ運上銀を納めたが、この地での採鉱や商工業への課税と、米や精錬用鉛の専売などで莫大な利益を得られた。

（湯沢市ジオパーク推進協議会提供）

阿仁銅山
あにどうざん
（北秋田市）

佐竹氏入部以前からの金山、また院内に次ぐ銀山としても知られたが、17世紀末には衰退していた。銅山としては寛文10（1670）年に開発が始まった。正徳5（1715）年には幕府によって長崎手当山に指定されるなど、銅産出では全国で最も重要な鉱山の一つだった。ただし銅の価格が低く抑えられていたため経営は楽ではなく、商人に開発を任せる請山と直接支配する直山を何度か繰り返し、最終的には山師の大坂屋に銅山経営を委ねることになった。

阿仁異人館
あにいじんかん
（北秋田市阿仁銀山）

鉱山技師として招いた西洋人のために明治15（1882）年に建造したれんが造りの洋風建築。れんがは設計者のドイツ人メッケルが地元で焼かせたものだといわれている。現存する県内最古の洋風建築で、国の重要文化財。阿仁鉱山の歴史や資料を紹介する伝承館が隣接している。

薬園
やくえん

秋田藩が領民に常備薬として藩独自に製造した薬（御学館御製薬）を配布するため文政3（1820）年ごろに城西堀の台所町に作った薬草園のこと。領民に藩校明徳館に併設された医学館の薬園方が中心となり、甘草、川芎、半夏、当帰、黄蓮、浜防風などを薬園で育て薬種とし、それに阿仁マタギが狩りで得た熊の胆を加えて藩独自に薬を作った。国産となるまでになり富山置薬を領内から排除することに成功した。薬園は後に川尻上野に移り人参栽培にも挑戦する。角館、横手、大館にも小規模ながら薬園が作られる。甘草の普及では六郷高野村の肝煎湯川清四郎、薬園経営の資金面では新家で牛島の郷士柳原正太郎らの貢献が大きかった。

栗田定之丞
くりたさだのじょう

文化・文政期（1804〜1830年）に、砂防林事業に尽力した秋田藩の武士。秋田県沿岸は大部分が砂浜であり、日本海からの北西風による飛砂の被害が大きかった。定之丞は砂留役として、飛砂から町を守り農業を興すため、試行錯誤を繰り返し植林を成功させた。山本、秋田、河辺の三郡海岸に着手し、現在、能代市の「風の松原」は日本五大松原にあげられる。飛砂の被害を救った恩に報いるため、没後、秋田市新屋に栗田神社が建てられた。

（栗田神社所蔵）

高橋武左衛門
たかはしぶざえもん

元文5（1740）〜文政12（1829）年。平鹿郡境町村（横手市）下境の豪農の子に生まれる。24歳で肝煎となり、村民救済・荒地開拓に努めた。藩より仙北、河辺、秋田3郡の検田を命じられ、その功により郷士となり苗字帯刀・御目見えなどを許された。武左衛門が下境〜横手に開通させた直線道路は旦那街道と呼ばれた。安永8（1779）年ころから四ツ小屋、御野場（秋田市）の開発を計画、享和元（1801）〜文化11（1814）年で広大な原野を400haの美田に変えた。藩主義和は褒美を与えたうえ、社堂を建て自ら筆を執って「先農之神」とし、御納戸倉を建て窮民救済に当てた。また各地の開発に努めるが工事半ばに倒れた。安政5（1858）年の久保田火災や戊辰戦争の際、その御納戸倉が開かれて多くの被害者を救った。

石川善兵衛
いしかわぜんべえ

?〜文政4（1821）年。亀田藩の石脇周辺の海岸部を中心に5代89年にわたる防砂植林事業で面積250町歩に黒松1151万本を植えた石川一族の2代目。父の長兵衛は藩の命令で天明4（1784）年から砂嵐を防止するため黒松の植林を行い、善兵衛は石脇町の町代を務めながらネムノキを最初に植えて飛砂を防ぎながら植林を続け、天明8（1788）年から文政4年に没するまでの34年間に700万株の松を植えて石脇村を砂から守った。その功により子孫が嘉永7（1854）年に二人扶持の士分となった。

渡部斧松
わたなべおのまつ

寛政5（1793）〜安政3（1856）年。檜山（能代市）生まれ。篤農家。27歳の時、おじと共に鳥居長根（男鹿市若美）の開拓を始め、寒風山麓の滝の頭から水を引く難工事を5年がかりで完成させ、文政8（1825）年に新村「渡部村」が誕生した。このほか藩内各地で新田開発や治水工事に尽力した。死後、渡部神社に祀られている。

高橋正作
たかはししょうさく

　享和3（1803）～明治27（1894）年。江戸後期から明治20年代にかけて活躍した雄勝地方の農業指導者。24歳の時、桑崎村の肝煎となり、当時洪水の常襲地帯で貧困に苦しむ村に開墾と杉の植林を奨励。私財を投入し自らも先頭となり村高の増大に成功した。天保飢饉に際しては自らの耕地を担保に資金を作り、村人の救済費用とした。困窮対策として近くの院内銀山で不足している木炭の生産に取り組み村を救った。以後、親郷肝煎となり桑の育成や油による防虫にも取り組んだ。文久3（1863）年、若き日の石川理紀之助が1年半にわたり郡内に滞在して正作の教えを受けた。明治に入ると石川と共に農業技術向上のため種苗交換会の運営に協力した。明治26（1893）年、緑綬褒章を受けている。

石川理紀之助
いしかわりきのすけ

弘化2（1845）～大正4（1915）年。明治時代の秋田県を代表する農村指導者で、「農聖」と呼ばれている。秋田郡小泉村（現在の秋田市金足小泉）の豪農奈良家に生まれ、21歳のとき同郡山田村（現在の潟上市昭和豊川山田）の石川家の養子となった。28歳から秋田県庁勧業課に勤め、明治11（1878）年に現在も続く種苗交換会の前身となる種子交換会を開催した。しかし、上からの農業指導に限界を感じ、39歳で県庁を辞職。村人と共に冷害などにより疲弊していた山田村の建て直しに取り組み成功。以後各地で農業指導や村の建て直しを行った。農民を組織化して集団的研究に努め、中でも各地の篤農家を集めて結成した「歴観農話連」における活動は、秋田県農業の発展に多大な功績があった。

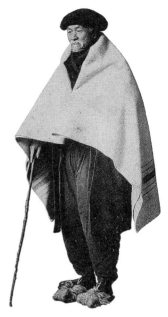

（潟上市教育委員会提供）

那波三郎右衛門祐生
なばさぶろううえもんゆうせい

　安永元（1772）年～天保8（1837）年。那波家は慶長19（1614）年の大坂冬の陣の折、秋田藩初代藩主佐竹義宣と関わった縁で後に秋田に移り住み、藩の御用商人となって財をなし、秋田畝織や秋田八丈の生産に尽力。

　8代当主の祐生は文政11（1828）年、久保田町奉行の橋本五郎左衛門と協力して親を失った孤児を救済するなど貧民救済事業を計画。趣旨に賛同した191人からの献金2千両と銀10貫匁を資金として武士の知行高230石を購入し、年貢分を運営資金として感恩講を立ち上げた。天保飢饉に際しては、飢餓状態にあった約千世帯の人々を救済し、その後は久保田以外の各郡にも事業を拡大した。明治以降も今日に至るまで、事業は脈々と受け継がれている。大正7（1918）年には正五位を追贈されている。

（社会福祉法人 感恩講提供）

秋成社
しゅうせいしゃ

　廃藩置県後、生活の困窮した士族の生活を援助する目的で結成された士族授産団体。明治12（1879）年秋田藩士羽生氏熟ら133人が金禄公債証書を出資金として、政府の援助も受けて発足した。開墾、牧畜、養蚕、機業などを経営。県の支援もあって明治15（1882）年には社員340人の大団体になった。大張野（秋田市河辺）の開墾では近代農法を取り入れ、私立農学校を設立するなど順調に発展したが、明治中頃から不景気などで衰退し、明治37（1904）年解散した。秋田の士族授産団体では、ほかに康済義社が知られている。

山中新十郎
やまなかしんじゅうろう

文政元(1818)年～明治10(1877)年。平鹿郡増田生まれ。義兄は久保田の豪商那波三郎右衛門。生家は葉たばこ、生糸の取引で財をなしていた。秋田藩の財政を再建する志をもって身に付けた才覚を生かし藩庁に殖産興業策を建白するが認められなかった。実力を蓄えてからと考え秋田城下大町に「山新」の名で呉服や綿織物を扱う商店を開いて成功し、城下で有力商人となる。

嘉永5(1852)年、町所用達、郡方織物用達に任命され、安政6(1859)年に藩の許可を得て縞木綿の織物事業に着手。城下9カ所に工場を作り、「山新木綿」の名で藩外に販路を広げる。戊辰戦争では小荷駄方支配人に任命され、政府軍への食料、武器、弾薬の供給を一手に引き請ける。土崎に入港した外国船と交渉し、代金10万両を義兄那波三郎右衛門と2人で支払いを保証して大量の鉄砲を購入。これを前線へ運び秋田藩の勝利につなげたとされている。

明治に入り秋田の発展のために銀行の設置が急務と考え、秋の宮出身の豪商菅礼治らと共に第四十八国立銀行(現秋田銀行)を創設する礎を作っていたが、急病のため60歳で没している。

墓は郊外五庵山(秋田市泉)にある。

8.政変・災害

歴史の流れの中で穏やかな日々だけではなく、自然災害や人災によって緊迫した時がしばしばあった。これら非日常的な出来事に人々はどのように対応し、危機を乗り越えたのかを知ることができる。

銀札事件
ぎんさつじけん

宝暦事件・秋田事件ともいう。宝暦5(1755)年、秋田藩は財政立て直し策として銀札(銀貨と交換できる藩札)を発行し、領内の銀貨を集めようとした。しかし領民は銀貨との交換を渋り、銀札を手にした者はすぐに銀貨と交換しようとしたため、銀札はたちまち暴落した。時の藩主佐竹義明は側近の銀札推進派を擁護しようとしたが、門閥層の批判や幕府の処罰の可能性から、ついには疑獄事件として宝暦7(1757)年に大量の処分者を出すに至った。後にこの事件を藩主の継承問題と絡め、「お家騒動」として描いた物語も生まれた。

秋田藩宝暦銀札(佐竹史料館所蔵)

巳年のけかち(天保飢饉)
みどしのけかち(てんぽうききん)

藩政期の秋田では71回の凶作があったが、宝暦5(1755)年、天明3(1783)年、天保4(1833)年が大凶作として記録されている。特に天保4年の飢饉は、巳年に当たるため秋田では「巳年のけかち(飢饉)」として、その悲惨な状況が各地に語り伝えられている。藩ではお救い小屋を設置するなどして対策を取ったが、飢えや疫病で多数の死者を出し、その数は10万人(当時の藩人口の25%)に達したとする説もある。

北浦一揆
きたうらいっき

天保5（1834）年仙北郡で起こった藩政期最大の一揆。同年1月、長野役屋に近隣40数カ村から数千人の農民が押しかけ、飯米の支給や借上米の停止などの要求をした（前北浦一揆）。原因は藩による阿仁銅山用の米の確保にあり、担当役人の交代で当初の話より厳しい条件で強制しようとしたことに怒ったものだった。続く2月には西長野村の農民を先頭に、やはり数千人が集まり、各地の肝煎宅を襲った（奥北浦一揆）。この一揆では、藩の政策に反発する極めて政治的な要求がなされ、一揆後、藩主義厚自らが人心を鎮めるために仙北地方を巡回するなど、藩が受けた衝撃は大きかった。

象潟地震
きさかたじしん

江戸時代後期の文化元（1804）年6月4日の夜10時ごろに象潟沖を震源として発生したマグニチュード7.1の直下型大地震。被害範囲は子吉川以南から山形県庄内地域までの海岸部。旗本仁賀保家に残された資料などから死者は分かる限りで366人、全半壊家屋7726軒であった。

　震源地に近い景勝地・象潟を含む塩越地域では地盤が1.8m余りも隆起し、松尾芭蕉も訪れた最北の歌枕の地「象潟」は一夜でドロ沼になった。地震後、跡地の開田を計画する本荘藩の動きを知った古利蚶満寺住職覚林は風景の一部でも残してほしいと京都の閑院宮家の支援を背景に反対運動を展開した。

　現在、往時の面影は水田の中に点在する小島としてわずかに残っている。

陸地化する以前の象潟が描かれた「紙本着色象潟図屏風」［部分］（にかほ市象潟郷土資料館蔵）

強首地震
こわくびじしん

大正3（1914）年3月15日未明、大沢郷（大仙市）付近を震源としたマグニチュード6.4の地震。死者94人、負傷者324人、倒壊家屋1215戸と仙北郡を中心に大きな被害を出した。

日本海中部地震
にほんかいちゅうぶじしん

昭和58（1983）年5月26日、能代沖の日本海を震源とするマグニチュード7.7の大地震。この地震で100人以上の死者を出したが、建物の倒壊による被害は少なく、その大半は津波によるものであった。特に男鹿市加茂青砂を訪れていた旧合川南小学校（北秋田市）の児童が多数巻き込まれた悲劇は象徴的であった。また、能代市や秋田市など広範囲で地盤の液状化現象も報告されている。5月26日は「県民防災の日」に定められた。

48豪雪
よんぱちごうせつ

昭和48（1973）年11月から翌年3月までの冬季、日本海沿岸東北地方を襲った雪害。横手観測所では2月に最大積雪深259cmを記録、交通機関がマヒし、2月26日から奥羽本線が5日間ストップするなど、深刻な影響が出た。現在でも豪雪があるたびに「48豪雪以来の」「48豪雪に匹敵する」などと比較に使われている。

9.民権運動盛んとなる

　中央政界でのさまざまな変化に秋田の人々がどのように対応し、行動したかを知ることで秋田の人々の心にある潜在的な精神を知ることができる。

秋田県の成立
あきたけんのせいりつ

　明治4（1871）年7月14日、明治政府の廃藩置県によって秋田県が誕生した。この時の秋田県は旧秋田藩地域のみで、前年2月に秋田藩から分かれた岩崎藩は岩崎県、亀田藩、本荘藩、矢島藩はそれぞれ亀田県、本荘県、矢島県となった。また仁賀保領（酒田藩）は山形県、鹿角郡は当時江刺県に属していた。これらの地域が全て編入され、現在の秋田県が成立したのは同年11月2日のことである。初代権令（ごんれい）（のちの県知事）は元佐賀藩士・島義勇。なお、現在「県の記念日」は8月29日であるが、これは秋田県が誕生した7月14日（陰暦）を太陽暦に置きかえた月日。

秋田立志会
あきたりっしかい

　平鹿郡吉田村（横手市）生まれの柴田浅五郎が、明治13（1880）年に結成した民権政社。立志会は平鹿・雄勝郡の困窮農民・士族らの支持を受け勢力を急拡大した。柴田は各地の民権グループと交わり、国会開設の請願活動を続けるうち、次第に急進的な考えを持つようになった。明治14（1881）年に一部の会員が秋田事件を起こし、柴田ら主要な活動家が逮捕されて解体寸前となったが、明治15（1882）年には秋田自由党として再び勢力を拡大した。

秋田事件
あきたじけん

　秋田立志会の会員が政府転覆を企てて起こしたとされる軍資金強奪事件。明治14（1881）年5〜6月、平鹿郡醍醐村、阿気村（あげむら）（いずれも横手市）で豪農が襲われた。かねてから立志会の活動弾圧を狙ってスパイを送り込んでいた警察は、六十数人の会員を逮捕した。その結果、二手に分かれた会員が横手・平鹿で軍資金を奪ったのち秋田を襲い、政府転覆を謀るという計画が発覚した。

秋田改進党
あきたかいしんとう

　立憲君主制・改良主義を主張した自由民権政党。明治15（1882）年6月、前朝野新聞記者の大久保鉄作、真契社の成田直衛、秋田政談会の鈴木喜一などが結成した。党員に県議が多く、県民負担軽減に努力した。また機関紙として「秋田日報」を発行し、主幹に犬養毅を招くなどした。しかし同紙はたびたび発行停止処分を受け、明治17（1884）年7月に休刊、内部対立もあって活動休止状態となった。

秋田自由党
あきたじゆうとう

　板垣退助の自由党と連携をとった県内政党。秋田事件で衰退した秋田立志会を母体とし、明治15（1882）年半ばころ組織された。立志会の地盤を受け継ぎ、党員の多くは下層農民や没落士族であった。明治17（1884）年には党員数400人を超え、全国の自由党の中でも有数の規模を誇った。

10.近代の文化

　近代化の流れの中で地主制が抱える負の部分に目覚めた人々による啓蒙活動は、日本思想史の観点から見て先駆的役割を果たしたと一定の評価を受けている。

日本奥地紀行
にほんおくちきこう

　イギリス人女性イザベラ・バードが、明治11（1878）年に東北・北海道などを旅して著した旅行記。山形から院内峠を越えて秋田入りし、湯沢、横手、六郷を経て神宮寺からは雄物川を舟で下り久保田（秋田市）に滞在。南秋田、檜山、大館を経て矢立峠から青森に抜けた。バードによるスケッチも収録され、当時の風俗を知るうえで貴重な資料。久保田では織物工場、学校、病院などを見学し、洋食を楽しむなど、文明開化の様子がうかがえる一方、農村の貧しさなども指摘している。

阿仁前田村小作争議
あにまえだむらこさくそうぎ

　秋田は日本有数の大地主県で、争議件数も多かった。阿仁前田村（北秋田市）の大地主・庄司家と阿仁部農民同盟組合との争議はその最大のもの。大正14（1925）年、小作料の大幅引き上げに反発した小作人が永小作権を主張して組合を結成、昭和2（1927）年、訴訟に発展した。判決は地主側に有利に出たため、組合側は全国農民組合秋田県連合会に応援を求め、可児義雄が指導に当たった。一方地主側も自警団を組織し対立が激化、昭和4（1929）年11月には双方多数の負傷者を出す流血の事態となった。その後、小作権確立と引き換えに可児ら指導者が自首し和解が成立した。

種蒔く人
たねまくひと

　プロレタリア雑誌。大正10（1921）年2月、金子洋文、小牧近江（いずれも秋田市土崎生まれ）らが中心となって土崎で印刷・発行。わずか200部の発行だったが、レーニンの第3インターを日本で初めて紹介するなど、社会主義運動に大きな影響を与えた。資金不足から3号で休刊したが、同年10月には東京で再刊した。創刊号をはじめ、たびたび発禁処分を受けながら、大正12（1923）年10月の関東大震災まで続き、わが国の解放運動・芸術運動に大きな足跡を残した。

11.第2次世界大戦前後

　欧米列強に伍して一等国に向かいひたすら走り続けてきた日本資本主義の構造的欠陥をリセットすることができず、大戦へと突き進んでいく過程を知ることができる。

歩兵第十七連隊
ほへいだいじゅうしちれんたい

　旧陸軍の秋田の「郷土部隊」。明治18（1885）年、仙台第2師団歩兵第17連隊として創設され、明治31（1898）年9月20日、秋田の兵舎に移り郷土部隊となった。日清・日露戦争に出兵し、特に日露戦争では明治38（1905）年、黒溝台の激戦で274人の戦死者を出した。日中戦争では満州に動員され、太平洋戦争で昭和19（1944）年南方戦線に移されフィリピンで終戦を迎えた。秋田市中通4丁目に「歩兵第十七連隊跡」の碑（写真）がある。

満蒙開拓移民
まんもうかいたくいみん

昭和初期の不況や凶作対策として、国は海外移民を積極的に勧めた。当初は南米が主であったが、日中戦争のさなか満州国が成立すると、満州（中国北東部）が主な移住先となった。当初は武装移民の形をとったが、やがて一般移民団が次々に満州に渡り、秋田県からは約60移民団7800人余を数えた。また武装移民団の流れをくみ、満蒙開拓青少年義勇軍も数多く送り込まれた。戦況の悪化とともに現地では働き手が次々と徴集され、終戦後の引き揚げでも多数の犠牲者を出した。

秋田市寺内の護国神社にある
「満蒙開拓青少年義勇軍慰霊碑」

花岡事件
はなおかじけん

昭和20（1945）年6月30日の夜に花岡町（現大館市）の花岡鉱山に強制連行されていた中国人労働者らが指導員5人を殺害し、800人余りが周辺に逃走。山狩りを行い事件が一応収拾されるまで、1週間余り掛かった事件のこと。逃走者のほとんどが逮捕され、拷問の末、およそ113人が死亡したとされている。

事件の背景には鹿島組による花岡川や大森川の改修工事での重労働、食料不足、虐待など不当な扱いがあったとされ、140人余りが死亡、約50人余りが重病になった。三度にわたる強制連行で花岡鉱業所に連れてこられた中国人986人のうち、418人が重労働やこの事件で死亡し、生存者の多くは同年11月に中国に帰国した。後年、事件発生の地となった中山寮の近くに「日中不再戦友好碑」が、拷問が行われた共楽館の一角に追悼像が建立された。今でも生存者を招き慰霊の行事がとり行われている。

花岡十瀬野公園墓地の「中国殉難烈士慰霊之碑」

土崎空襲
つちざきくうしゅう

昭和20（1945）年8月14日深夜、秋田市土崎にあった旧日本石油秋田製油所を標的にB29爆撃機を中心とする141機の米軍機が襲来、4時間にわたり約1万2千発余の爆弾を投下、市民を含め250人余りが死亡する大被害を受けた。日本は14日に連合国側にポツダム宣言受諾を伝えており、空襲が終わった15日は終戦の日で、太平洋戦争最後の空襲となった。土崎港湾公園の「平和を祈る乙女の像」をはじめ、土崎の各地に慰霊碑が建てられている。

爆撃された旧日本石油秋田製油所の「被爆倉庫」の内部。
2017年に解体され、柱や梁の一部が土崎みなと歴史伝承館に展示されている

農地改革
のうちかいかく

戦後、民主化政策の一環として行われた土地改革。秋田県では昭和20（1945）年11月、実施機関である農地部が設置され、市町村ごとに農地委員会を設けた。昭和22（1947）年3月から昭和27（1952）年10月まで24回にわたり、地主からの土地買い上げと耕作者への土地売り渡しを行った。また牛馬の飼料や肥料の採草地も同様に解放が進められた。大地主制は崩壊し、大量の自作農が出現、戦後の秋田県農業発展の基礎を築いた。

12. 寺院

それぞれの地域で篤く信仰され続けてきた寺院の由来を知る。

長谷寺 ちょうこくじ
(由利本荘市赤田上田表)

安永4(1775)年、名僧として名高い是山泰覚が開山。天明4(1784)年、亀田藩主隆韶から遺贈された奈良長谷寺本尊と同木の仏を胎蔵仏とした高さ約9mの十一面観音像を造立し、「赤田の大仏」として知られるようになった。寛政7(1795)年、6代藩主隆恕から寺領を賜り、岩城氏の祈願所となった。現在の観音像・本殿は明治21(1888)年の火災後に再建されたものである。

永泉寺 ようせんじ
(由利本荘市出戸町給人町)

寛永16(1639)年、本荘藩主六郷政勝によって六郷氏の菩提寺として建立された。六郷氏の保護を受け、多くの名僧を輩出するなど大いに栄えた。たびたび火災に遭い、特に平成6(1994)年の火災では山門・鐘楼を残して全焼した。山門は慶応元(1865)年の建造、屋根は入母屋造り千鳥破風付き、左右に金剛力士像を配し、本荘を代表する建築となっている。県指定文化財。

蚶満寺 かんまんじ
(にかほ市象潟町象潟島)

仁寿3(853)年創建と伝えられる。初め天台宗、のち真言宗、そして曹洞宗となり、江戸時代には曹洞禅の僧堂「羽海法窟」として世に知られた。山門は江戸時代中期の建造物といわれ、閑院宮家の御祈願所となったことから瓦に菊の紋章が用いられている。松尾芭蕉が象潟を訪れた際詠んだ句碑があり、観光名所として有名。そのほかに北条時頼のツツジ、夜泣きのツバキなど「七不思議」と呼ばれる伝承が残っている。

天徳寺 てんとくじ
(秋田市泉三嶽根)

寛正3(1462)年、佐竹家14代義人が夫人の菩提のため、常陸太田西山(茨城県)に創建。佐竹氏の秋田転封に伴い、佐竹家の菩提寺として久保田城下楢山村に移された。寛永元(1624)年火災に遭い、翌年現在地に移った。延宝4(1676)年にも火災に遭い、宝永6(1709)年再興され現在に至る。佐竹氏累代の肖像画をはじめ、多数の寺宝を有し、毎年8月に行われる虫干しは一般公開されている。

万体仏 まんたいぶつ
(男鹿市北浦真山白根坂台)

菅江真澄の『男鹿の春風』に、正徳4(1714)年、僧・普明が刻んだ木端仏との伝承が書かれている。三間四方の小さなお堂で、内部の壁面や天井に杉の木彫りの地蔵が約1万3千体並んでいる。もとは真山の光飯寺(現在の真山神社)金剛童子堂であったが、明治の神仏分離令で現在地に移った。

妙慶寺
みょうけいじ
（由利本荘市岩城亀田最上町）

寛永6（1629）年、亀田藩主岩城宣隆の後室・顕性院（真田幸村の娘、直、お田の方）が開創した。初め久保田（秋田市）にあり、2代重隆のときに亀田に移された。現在の堂宇は大正4（1915）年の再建。寺宝の甲冑は顕性院の遺品で、兜の鍬形には真田家の紋・六連銭がついている（県の有形文化財）。また妙慶寺は県の史跡にも指定されており、シーボルト事件で亀田藩の預人となった長崎大通詞（通訳）馬場為八郎の碑もある。なお、亀田藩主は初代が吉隆、2代が重隆（宣隆の子）というのが正式で、宣隆（多賀谷宣家）は番代として、亀田藩に入った。しかし地元では宣隆を藩主として扱っており、宣隆を2代藩主、または初代藩主とする場合もある。

補陀寺
ほだじ
（秋田市山内松原）

正平4（1349）年、比内松原（大館市）に安東盛季が月泉良印を招いて開き、その後間もなく現在地に移ったと伝えられている。安東氏・佐竹氏の保護を受け、曹洞宗大本山總持寺の直末として栄え、末寺37、孫・曾孫寺50を数え、「東奥の小本山」といわれた。二世無等良雄は、後醍醐天皇の側近だった藤原藤房卿だという伝説があり、藤房卿の墓とされる石塔がある。

13. 神社

地域に残る神社を知ることで信仰され続けてきた重みを知る。

唐松神社
からまつじんじゃ
（大仙市協和境下台）

神功皇后創建、源義家の再建と伝えられる。唐松山山頂にあったが、延宝8（1680）年に秋田藩3代藩主・佐竹義処が現在地に移した。参道の杉並木はこのとき植えられたと伝えられ、樹齢300年を超えるものもある。秋田県を代表する杉並木として県指定天然記念物となっている。神社は安産・子宝の神として古くから信仰を集めている。奥殿、木造の獅子頭は室町時代末期の作と推定され、県指定有形文化財となっている。

古四王神社
こしおうじんじゃ
（大仙市大曲古四王際）

元亀元（1570）年、大曲孔雀城主冨樫左衛門太郎が、領主戸沢氏の奉行として飛騨の名工甚兵衛に造らせたといわれている。入母屋造りこけら葺き、妻入りの本殿は、くぎを1本も使わない豪快な組み合わせ建築と優美な彫刻が随所に施され、和・唐・天竺様を融合した独特の建築様式。国指定重要文化財。

水神社 すいじんじゃ
(大仙市豊川観音堂)

延宝5(1677)年、玉川から水を引くための下堰を開墾中に青銅の鏡が発見された。藩に報告したところ堰神(水神)として祀るようにと、米3石と社地を賜ったのが水神社の起こりである。この鏡は「線刻千手観音等鏡像」として、秋田県唯一の国宝に指定されている。中央に千手観音菩薩立像、その周囲に観音八部衆などが描かれている。裏面には花、蝶、水鳥の浮彫りの間に「崇紀仏師僧大趣具主延暦僧仁祐女具主藤源安女子」と毛彫りされている。毎年8月17日の例大祭にご開帳がある。

日吉八幡神社 ひえはちまんじんじゃ
(秋田市八橋本町)

もとは八橋山王社(八橋の山王さん)といったが、明治30(1897)年に日吉八幡神社と改称した。14世紀には下新城のち上新城にあり、元和元(1615)年に飯島から八橋に移転、外町(とまち)の鎮守となった。雄物川の氾濫により、寛文2(1662)年に現在地に移った。秋田県唯一の仏式木造三重塔があることで知られている。三重塔は宝永4(1707)年の建築(嘉永7〈1854〉年改築)、拝殿は安永7(1778)年、本殿は寛政9(1797)年建築の権現造り。

真山神社 しんざんじんじゃ
(男鹿市北浦真山)

12代景行天皇の時代、武内宿禰(たけのうちのすくね)が巡察の際、男鹿で真山に祈願したのが始まりとされる。平安時代以降、赤神明神と習合、別当光飯寺(現在は廃寺)が開かれた。橘氏・安東氏などの保護を受け藩政期には藩主佐竹氏の祈願所となった。明治の神仏分離令により元の神域に復し県社に列せられた。民俗行事ナマハゲの伝承と関わりが深く毎年2月に「なまはげ柴灯祭(せどまつり)」が行われる。境内のカヤの木は県指定天然記念物。

古四王神社 こしおうじんじゃ
(秋田市寺内児桜)

斉明天皇4(658)年、阿倍比羅夫(あべのひらふ)が蝦夷(えみし)対策で秋田に来たときに、自らの祖である大彦命(おおひこのみこと)を祀って創建したと伝えられている。社名の古四王は「越王」で、四道将軍の1人大彦命のこと。古代〜中世、出羽国の軍事・行政拠点であった秋田城に程近く、何らかの関係があったと考えられている。近世には安東氏・佐竹氏の保護を受け、明治15(1882)年には秋田県唯一の国幣小社に列せられた。

保呂羽山 波宇志別神社 ほろわさん はうしわけじんじゃ
(横手市大森町八沢木)

延喜式内社で、中世小野寺氏、近世は佐竹氏の保護を受けた歴史ある神社。本宮は保呂羽山山頂に、里宮が八沢木にある。里宮の神楽殿(写真)は室町時代の建築とされ、東北では唯一の両流造りで、国の重要文化財。里宮(大友神主宅)で毎年11月に行われる神事・霜月神楽(しもつきかぐら)は、1200年以上の伝統を誇り、国の重要無形文化財に指定されている。

御座石神社
ござのいしじんじゃ
（仙北市西木町桧木内相内潟）

慶安3（1650）年に秋田藩2代藩主佐竹義隆が田沢湖を遊覧した際、腰掛けて休んだという「御座石」に由来する。田沢湖の龍神辰子を祀った神社で、本殿内には龍の姿の辰子像が、道路を挟んで湖側には辰子の座像（よく知られる金色の立像とは別）がある。また辰子が飲んで龍となったという「潟頭の霊泉」、辰子が姿を映したという「鏡石」などがある。不老長寿のご利益を求めて多くの参拝者が訪れる。

三輪神社
みわじんじゃ
（羽後町杉宮宮林）

杉木立に囲まれ、地元では「杉の明神様」と呼ばれている。養老年間（717〜724）の創建と伝えられている。平安末期の平泉の藤原氏、中世には小野寺氏、近世には佐竹氏の庇護を受けた。本殿は三間社流造り、向拝一間、銅板葺き（もとはこけら葺き）。形式から室町時代後期の建立と考えられている。本殿と並んで境内社・須賀神社本殿が建っており、こちらは正保4（1647）年の建立。入母屋造り妻入り。どちらも国の重要文化財に指定されている。

14.建物

秋田には藩政期以来の豪農民家が多数残っている。また、上級武士の住宅もその家の居住者の戦国末期からの活動が古文書や古記録から詳細に分かる点で注目される。

旧黒澤家住宅
きゅうくろさわけじゅうたく
（秋田市楢山石塚谷地）

秋田藩上級武士黒澤氏（知行高500余）が藩政後期の文政12（1829）年ごろから居住していた中通3丁目にあった母屋、表門、土蔵、木小屋、氏神堂などを一括この地に移築、復元したもの。平成元（1989）年に国の重要文化財となる。この住宅は当時の上級武士の屋敷が丸ごと残っており全国的にも貴重。建物の中で最も古い部分は17世紀末にさかのぼる。黒澤氏は戦国期横手小野寺氏の重臣で山内黒澤城主であったが佐竹入部後地元の武士として採用され家老渋江内膳政光に協力して先竿・中竿の検地に参加。その後院内銀山奉行となり大坂冬の陣の今福合戦の武功で2代将軍秀忠から感状を与えられた。子孫は裏判奉行、郡奉行、寺社奉行などを務めるなど常に藩の重臣として活躍した。

旧奈良家住宅
きゅうならけじゅうたく
（秋田市金足小泉上前）

宝暦年間（1751〜64年）、豪農奈良家の9代目喜兵衛が3年の歳月を費やして完成させた建物。建物両端が前面に突き出す両中門造りといわれる形式で、秋田県中央沿岸部の大型農家建築物を代表するものとして、国の重要文化財に指定されている。現在は秋田県立博物館の分館として公開され、内部では民具などが展示されている。

旧日新館
きゅうにっしんかん
（横手市城南町）

明治35（1902）年、旧制横手中学校（現横手高校）の米人英語教師チャールス・C・チャンプリンの赴任に合わせて建築され、昭和30（1955）年まで歴代英語教師の住宅として使用された。県内で現存する明治期の木造洋風住宅建築としては唯一のもの。素木作りの簡潔な住宅で、2階のバルコニー、窓の額縁や櫛形の庇など当時の姿を伝えている。県指定有形文化財。現在は個人所有であるが毎週水曜日に公開されている。

鈴木家住宅
すずきけじゅうたく
（羽後町飯沢先達沢）

江戸時代初期（1600年代末）の建築と推定され、由利本荘市矢島町の土田家住宅とともに秋田県で最も古い民家である。建築当時は入母屋の厩中門の部分がない寄棟造りで、享保18（1733）年に増築され中門造りとなった。鈴木家は源義経の家臣の末裔とされ、奥州合戦後この地に落ち延びたと伝えられている。藩政期には肝煎を務めて苗字帯刀を許された名家であった。国指定重要文化財。

土田家住宅
つちだけじゅうたく
（由利本荘市矢島町相庭館）

土田家は木曽義仲の家臣の末裔といわれ、藩政期には名字帯刀を許されたという名家。この家は、延宝6（1678）年没の初代清左エ門が建てたものと伝えられており、構造や工法からも17世紀の建築とみられている。雄勝郡羽後町の鈴木家住宅とともに、秋田県で現存する最も古い民家。中門造りの系統のものであるが、中世以来の武家住宅の系譜を引く「主殿造り」の要素を持ち合わせている。国指定重要文化財。

三浦家住宅
みうらけじゅうたく
（秋田市金足黒川）

藩政期に代々黒川村の肝煎を務めた三浦家の住宅。中世城館の黒川館の高台に屋敷を構え豪農で林業も経営し黒川油田の開発に伴い、大正7（1918）年、邸内に郵便局を置くなど地域の発展に大きく貢献。主屋は面積561㎡、文久元（1861）年建築の両中門造りで東北地方で最大規模。米蔵、文庫蔵、表門、鎮守社があり豪農の屋敷建築の形態を知る上で歴史的価値が高い。平成18（2006）年12月、国の重要文化財に指定された。

嵯峨家住宅
さがけじゅうたく
（秋田市太平目長崎）

　19世紀前半の建造とされる。城下近郊太平の豪農民家として価値が認められ、昭和48（1973）年国の重要文化財に指定。太平川が家の南方を流れ、家の裏手には舞鶴館跡がある。主屋前方に天保6（1835）年と大正5（1916）年に建てられた土蔵もあり、近世の有力農民の居宅を伝えている。中世に太平地域で勢力を持っていた大江氏の家臣であったとの記録があり、代々利左衛門（理左衛門）と称し肝煎を務めていた。藩主を迎えたことを物語る御成門がある。

また、菅江真澄が文化8（1811）年、太平山登山のため同家を訪れている。家の造りは両中門造りで間取りは土間、オイ、寝床、オジョメ、二座敷からなり秋田間取の古い典型的な家である。令和元（2019）年道路に面した板塀が修履された。

草彅家住宅
くさなぎけじゅうたく
（仙北市田沢湖町生保内下堂田）

　19世紀中頃に建てられた豪農民家で、昭和50（1975）年主屋と土間が国の重要文化財に指定された。建物の形式は曲屋。主屋は寄棟造り。南部の雫石地方の民家の影響を受けた建物である。

　なお同家所有（現在は県立博物館寄託）の検地竿は、元禄15（1702）年仙北郡荒川尻村での打直検地の際に使用したもので、秋田藩の検地は一間七尺で測量していたことを物的に証明する貴重な資料となっている。同資料は県の有形民俗文化財。

北鹿ハリストス正教会聖堂
ほくろくはりすとす
せいきょうかいせいどう
（大館市曲田）

　曲田地区の正教会（ロシア正教）信者・畠山市之助らが中心となり、明治25（1892）年に完成した教会。神田ニコライ堂建築にも携わった東京神田教会のシメオン貫洞が頭領として招かれ、地元大工を指導したといわれている。小規模ながら良質の秋田杉をふんだんに使った、ビザンチン様式の荘重な建物。現存するハリストス正教会の木造平屋建教会では日本最古の建築で、県の有形文化財に指定されている。聖堂内

のイコン（聖像画）は、正規の洋画教育を受けた日本最初の女流画家山下りん（洗礼名イリナ、安政4〈1857〉年生まれ）が、この聖堂のために描いたもので、美術史上貴重なものである（大館市文化財）。

第2章

観光・施設

大森山動物園

第2章

観光・施設

秋田県は、世界自然遺産の白神山地、十和田八幡平国立公園、三つの国定公園、八つの県立自然公園をはじめとした、豊かな自然に抱かれている。「秋田県民歌」には、その自然の素晴らしさを「山水皆これ　詩の国秋田」と歌い、その恵みを2番の歌詞で讃えている。自然環境とその中で培われてきた人々の営みから紡ぎだされた生活文化が、秋田の観光「資源」である。「資源」の価値を魅力あるものとするか否かは、時代を生きる私たちの課題である。

1. 県北の観光・施設

※項目末尾および写真の数字は地図(P52)内の位置を示しています。

県北エリアは、八峰町、藤里町、能代市、三種町、大館市、北秋田市、上小阿仁村、小坂町、鹿角市で構成される。自然環境に恵まれ、「鉱山・木材」に関連した産業が発達してきたエリア。

小坂鉄道レールパーク
こさかてつどうれーるぱーく
（小坂町）

小坂鉱山の鉱石輸送など貨物鉄道として敷設され、かつては旅客営業もしていたが、平成21(2009)年4月に100年の歴史に幕を閉じた小坂鉄道線路。その設備を利用して、明治百年通りの起点となる旧小坂鉄道小坂駅周辺を整備し、「観て・学んで・体験できる」レール遊びの複合施設として平成26(2014)年6月にグランドオープン。レールバイク乗車体験などのいろいろな遊び、貴重な車両の見学は、大人から子どもまで誰でも楽しめる。当時そのままの姿の機関車は懐かしい雰囲気と歴史を感じさせてくれる。寝台特急「あけぼの」24系客車を利用した宿泊施設「ブルートレインあけぼの」が平成27(2015)年10月に開設。　①

小坂町小坂鉱山古川20-9　◆問い合わせ先 ☎0186-25-8890

大館・小坂鉄道レールバイク
おおだて・こさかてつどうれーるばいく
（大館市）

レールバイクとは鉄道の線路の上を自転車のように漕いで走る乗り物。保線作業が主な用途であったが、ヨーロッパをはじめ世界中で廃線の活用策としてイベント等で使用されてもきた。100年の歴史に幕を閉じた旧小坂鉄道の線路上を、「軌道自転車」で走行するアクティビティとして平成21(2009)年に開設された。道のりは往復約4km、所用時間は約30分～40分ほど。アップダウンの道のりも気分は爽快。途中鉄橋を渡るときはスリリング。雄大な大自然の景観も楽しめる。　㉓

大館市雪沢字大滝30-2地内　◆問い合わせ先 ☎0186-50-2555（長木渓谷コースインフォメーションセンター）

小坂町近代化産業遺産
こさかまちきんだいかさんぎょういさん
（小坂町）

文久元（1861）年に発見された小坂鉱山によって、金、銀、さらには銅や亜鉛が採掘され、明治初期から日本有数の鉱山の町として栄えた小坂町。「明治百年通り」には往時の繁栄ぶりを伝える国指定重要文化財「康楽館」「小坂鉱山事務所」、旧小坂鉄道の施設や設備など近代化産業遺産が残されている。明治期の文化やモダンなセンスを感じることができるシンボルの康楽館は、現在も常打芝居や歌舞伎公演が行われる日本最古の木造芝居小屋であり、年間を通して多くの観光客でにぎわう。　②

小坂町　◆問い合わせ先　☎0186-29-3901（小坂町役場）

大湯ストーンサークル館
おおゆすとーんさーくるかん
（鹿角市）

約4000年前の縄文遺跡である大湯環状列石（ストーンサークル）の保存と活用に役立てようと、遺跡に隣接して平成14（2002）年4月にオープンした施設。大湯環状列石の学術調査に基づき、ストーンサークルの形成段階などについてパネルや模型などで説明している。また、土器や装飾品などの出土品も展示。館内の縄文工房では、土器や勾玉作りなどの体験学習もできる。　③

鹿角市十和田大湯万座45　◆問い合わせ先　☎0186-37-3822

十和田ホテル
とわだほてる
（小坂町）

1939（昭和14）年、東京オリンピック開催を前に外国人観光客の宿として政府の要請で建てられた。北東北の宮大工80名を集めて天然秋田杉の巨木を巧みに配し、圧倒的な建築美を誇る。外観や玄関の吹き抜けは歴史と伝統を讃え、「近代化産業遺産」「登録有形文化財」指定の格式高いホテルとして営業を続けている。　㉗

小坂町十和田湖鉛山無番地　◆問い合わせ先　☎0176-75-1122

道の駅こさか七滝
みちのえきこさかななたき
（小坂町）

県道大館十和田湖線、通称樹海ラインの沿線にある道の駅。東北自動車道・小坂ICと十和田湖をつなぐ樹海ラインは、四季折々の景観がすばらしい。日本の滝百選の一つである落差60m、7段にわたり流れ落ちる「七滝」があり、緑地広場は絶好の景勝スポットとなっている。滝を眺めながら食事できる「滝の茶屋 孫左衛門」を中心に「産直センター・ハートランドマーケット」「菜種油さく油施設エコサカ」「十和田湖高原ポーク桃豚加工まんまランド」「小坂七滝ワイナリー」がある。愛称「ハートランドこさか」。　①

小坂町上向藤原35-3
◆問い合わせ先　☎0186-29-3777

道の駅おおゆ
みちのえきおおゆ
（鹿角市）

大湯温泉郷に位置する癒しと健康がテーマの道の駅。希少性の高いブランド牛「かづの牛」の肉カフェと、源泉掛け流しの足湯があり、広々とした空間と眺めに心も体も癒される。湯けむりただよう交流市場をコンセプトに掲げ、建築設計のコンペティションを実施。結果、日本を代表する建築家・隈研吾氏が率いる隈研吾建築都市設計事務所が選定された。縁側に座って庭を眺めるように、大湯の美しい景色を楽しんでもらいたいという想いが込められた「賑わいを生み出すまちの『えんがわ』」という設計コンセプトが体現された建築物も魅力の一つ。　②

鹿角市十和田大湯字中谷地19
◆問い合わせ先　☎0186-22-4184
（株式会社 恋する鹿角カンパニー）

八幡平アスピーテライン
はちまんたいあすぴーてらいん
（鹿角市、仙北市）

八幡平を越えて秋田県鹿角市と岩手県八幡平市を結ぶ両県の「県道23号」の愛称。全長27㎞。有料道路として建設されたが、平成4（1992）年春から無料開放されている。「アスピーテ」とはドイツ語で「楯状火山」を意味し、八幡平の地形的な成り立ちに由来している。奥羽山脈を横断するため、1年の半分近くが通行止めとなるが、春の開通直後の雪の回廊が名物の一つになっている。周辺の温泉巡りや紅葉狩りなどに人気の高いドライブルート。例年5月下旬～6月上旬、八幡平山頂近くの鏡沼で、雪解けの様子が竜の目のように見える「八幡平ドラゴンアイ」と呼ばれる現象が見られる。　④

鹿角市八幡平、仙北市玉川　◆問い合わせ先 ☎0186-30-0248（鹿角市産業活力課）

後生掛温泉
ごしょうがけおんせん
（鹿角市）

「馬で来て足駄で帰る後生掛」と謳われたほど古くから温泉療養の湯として親しまれてきた。木箱から首だけ出して温まる「箱蒸し風呂」、気泡が肌を刺激する「火山風呂」、美肌効果のある「泥風呂」、自然の蒸気を利用した「蒸気サウナ」、マッサージ効果のある「打たせ湯」「露天風呂」などがある。★泉質＝単純硫黄泉　★効能＝神経痛、リウマチ、事故後遺症、ぜんそくなど♨1

鹿角市八幡平熊沢国有林内　◆問い合わせ先 ☎0186-31-2221

蒸ノ湯温泉ふけの湯
ふけのゆおんせん　ふけのゆ
（鹿角市）

発見は今からおよそ300年前の寛永年間（1624年～）といわれる八幡平最古の湯。かつてはオンドル小屋が何棟も並ぶ一大湯治温泉だったが、昭和48（1973）年の土砂崩れ災害で崩壊し、現在は旅館部のみの営業になっている。子宝の湯として知られ、館内のふけの湯神社には大小多数の「金勢様」が祀られている。★泉質＝単純硫黄温泉、単純泉　★効能＝皮膚病、アトピー、神経痛、リウマチ、不妊症、関節痛、五十肩、冷え性、婦人病など　♨2

鹿角市八幡平熊沢国有林内　◆問い合わせ先 ☎0186-31-2131

秋田八幡平スキー場
あきたはちまんたいすきーじょう
（鹿角市）

秋田八幡平山麓の標高980mから1200mの高地にあり、ゲレンデは中規模ながら、例年県内では最も早く滑走可能になるスキー場の一つで、オープンを待ちわびるスキーヤーが多い。また滑走可能期間は翌年5月ごろまでと長く、スキーシーズンの序盤と終盤に特に多くのスキーヤーやスノーボーダーで賑わう人気の高いスキー場である。周辺には秋田八幡平温泉郷の温泉宿が点在し、温泉とスキーの両方を楽しみに訪れる人が多い。　⑤

鹿角市八幡平熊沢外8国有林　◆問い合わせ先 ☎0186-31-2020

総合運動施設アルパス・花輪スキー場
そうごううんどうしせつあるぱす・はなわすきーじょう
（鹿角市）

アリーナやスキー場のほか、陸上競技場、テニスコート、スケートボードパークなどを備える東北随一のスポーツ複合施設。すぐ隣には公園もあり、子どもからお年寄りまで楽しめる。トレーニングセンター、レストランも併設し、冬期は花輪スキー場も運営する。スキー場には初心者コースもあるゲレンデや、森林に囲まれたカントリーコース、ジャンプ台まで備えられており、シーズン中は国体やインターハイなど全国規模の大会も開催される。また、館内には温泉や宿泊施設も完備されている。　⑥

鹿角市花輪字百合沢81-1　◆問い合わせ先 ☎0186-23-8000

史跡尾去沢鉱山
しせきおさりざわこうざん
（鹿角市）

和銅元（708）年の発見から昭和53（1978）年まで1300年近くもの歴史を誇り、かつて日本三大銅山の一つといわれた鹿角市の尾去沢鉱山の跡地に作られた観光施設。江戸時代の手掘り坑道や近代坑の跡を歩いて回れる全長1.7kmの観光坑道をはじめ、純金砂金採りや天然石掘りなどの体験メニューも楽しめる。　⑦

鹿角市尾去沢獅子沢13-5　◆問い合わせ先 ☎0186-22-0123

関　善
せきぜん
（鹿角市）

安政3（1856）年に創業し昭和58（1983）年に廃業した造り酒屋「旧関善酒店」の主屋で、NPO団体が保存と活用の活動を行っており、内部を見学することもできる。現在の建物は明治38（1905）年の花輪大火で類焼後再建されたもので、雪国特有の「こみせ（こもせ）」を持つ明治の商家の形態をよく残している。また、内部の吹き抜けは、明治時代の商家として日本最大級の木造架構といわれている。地域の貴重な文化遺産として、県道拡張の際には曳家によって保存が図られた。国登録有形文化財。　⑧

鹿角市花輪上花輪85　◆問い合わせ先 ☎0186-23-7799
（NPO関善賑わい屋敷）

道の駅かづの
みちのえきかづの
（鹿角市）

鹿角市花輪の国道282号沿いにある。令和3（2021）年4月にリニューアルオープン。「あんとらあ」は、鹿の角を意味する英語のantlerに由来する。地元の農産物などを取りそろえたマルシェやレストランのほか、みそつけたんぽ作りができるきりたんぽ館がある。一番の目玉は、「花輪ばやし」の屋台を展示する祭り展示館。絢爛豪華なことで知られる毎年8月の「花輪ばやし」の屋台が展示されていて、通年で見学することができる。　③

鹿角市花輪新田町 11-4
◆問い合わせ先 ☎0186-22-0555

鹿角市先人顕彰館
かづのしせんじんけんしょうかん
（鹿角市）

世界的な東洋史家といわれる内藤湖南や、十和田湖でのヒメマスの養殖に成功し十和田湖の国立公園編入にも尽力した和井内貞行など、鹿角ゆかりの先人の資料の収集、事蹟の調査研究と、その展示を行っている。和井内貞行の伝記映画『われ幻の魚を見たり』もビデオで見られる。また、郷土ゆかりの各界の先駆者を取り上げる「先人顕彰シリーズ」として展示コーナーを設け、一定の期間ごとに順次展示紹介している。　⑨

鹿角市十和田毛馬内柏崎3-2
◆問い合わせ先 ☎0186-35-5250

秋田犬会館
あきたいぬかいかん
（大館市）

昭和2（1927）年発足の秋田犬保存会の創立50周年を記念して、昭和53（1978）年に開館した。昭和6（1931）年に日本犬で初めて国の天然記念物に指定された秋田犬の知識を得ることができる。マタギの左多六と愛犬シロの物語を描いたパノラマ、忠犬ハチ公の解説や生前の写真、平福穂庵らが描いた犬の絵画などを展示している。毎年5月に秋田犬本部展覧会が大館市内で開催されている。　⑩

大館市三ノ丸13-1　◆問い合わせ先 ☎0186-42-2502

忠犬ハチ公像
ちゅうけんはちこうぞう
（大館市）

戦前、忠犬ハチ公と秋田犬のふる里である大館駅前には渋谷駅前のハチ公像と同一原型による銅像があったが、戦中の金属回収令で渋谷の像とともに撤収された。渋谷の像は昭和23（1948）年に再建されたが、大館ではハチ公没後50年にあたる昭和59（1984）年に銅像再建の機運が高まり、昭和62（1987）年に現在の銅像が完成した。渋谷の像は晩年の姿で左耳が折れているが、「秋田犬の里」のハチ公像は両耳がピンと立った若い頃の姿で新たに作られた。　⑪

大館市観光交流施設「秋田犬の里」＝大館市御成町1-13-1　◆問い合わせ先 ☎0186-59-4649

大館市観光交流施設
秋田犬の里
おおだてしかんこうこうりゅうしせつ
あきたいぬのさと
（大館市）

大館生まれの忠犬ハチ公が、飼い主を待ち続けた大正時代の渋谷駅をモデルとした観光交流施設。館内には秋田犬に関する資料を展示する「秋田犬ミュージアム」や「お土産コーナー」のほか、本物の秋田犬に会える「秋田犬展示室」がある。また芝生広場には渋谷駅から移設された鉄道車両「青ガエル」を展示。駐車場前には旧小坂鉄道の廃線が敷かれており、その線路上を走る「手こぎトロッコ」を期間限定で運行している。　⑫

大館市御成町1-13-1　◆問い合わせ先 ☎0186-59-4649

ニプロハチ公ドーム
にぷろはちこうどーむ
（大館市）

平成9（1997）年に完成したドーム状の多目的空間施設。野球をはじめとした各種スポーツ大会、コンサート、イベントなどを天候に左右されずに開催できる。骨組みには秋田杉の集成材が用いられ、木造のドームとしては世界最大級の規模を誇っている。樹齢60年以上の秋田杉が2万5000本使用された。ドームの卵形の形状は、野球試合時の打球の軌道や冬の季節風への抵抗の低減、夏場の自然換気の効率などを計算して設計されたものだ。　⑬

大館市上代野稲荷台1-1　◆問い合わせ先 ☎0186-45-2500

大館郷土博物館
おおだてきょうどはくぶつかん
（大館市）

統合のため使われなくなった旧大館東高校の校舎を活用して平成8（1996）年に開館した。展示館、美術工芸展示室、こども科学室、曲げわっぱ展示室がある。大館市内にある6件の国指定天然記念物の紹介や大館の主産業であった農業、林業、鉱業に関する資料、旧石器時代から近代までの大館の歴史、大館ゆかりの画人の作品などを展示している。大館の伝統工芸である曲げわっぱや木工品なども600点余りを順次展示している。　⑭

大館市釈迦内字獅子ヶ森1　◆問い合わせ先 ☎0186-43-7133

伊勢堂岱縄文館
いせどうたいじょうもんかん
（北秋田市）

伊勢堂岱遺跡の保存と活用を目的に、展示室、体験コーナー、ミュージアショップ、トイレなどを備えた施設として、平成28（2016）年に遺跡東側に開館。展示室には伊勢堂岱遺跡や市内の縄文遺跡から出土した土偶・土器などを展示し、遺跡をわかりやすく説明した映像をみることができる。　㉔

北秋田市脇神字小ケ田中田100-1　◆問い合わせ先 ☎0186-84-8710

北欧の杜公園
ほくおうのもりこうえん
（北秋田市）

平成6（1994）年にオープンした県立公園。ここの一帯の北欧の景観を思わせる牧歌的な自然環境を活用し、北欧フィンランドをモデルにして、県北部の広域的な余暇活動の場として整備された。総面積200haの広大な敷地の中にパークゴルフ場、テニスコート、オートキャンプ場、遊具のそろったわんぱく広場、野鳥観察舎、イベント広場、なべっこ広場、犬の冒険広場などがある。平成20（2008）年には第59回全国植樹祭の会場になった。　⑮

北秋田市上杉中山沢128　◆問い合わせ先 ☎0186-78-3300

道の駅やたて峠
みちのえきやたてとうげ
（大館市）

矢立峠は国道7号の秋田と青森の県境にある、標高258mの分水嶺。道の駅はその峠の秋田県寄りの地点にある。施設の中心は温泉宿泊施設の「大館矢立ハイツ」。宿泊、食事、日帰り入浴ができるほか、宴会場、会議室など多様な施設を有し、郷土料理の「きりたんぽ鍋」も食することができる。温泉の泉質は含鉄・ナトリウム－塩化物泉。矢立峠の一帯は樹齢数百年の秋田杉の天然林で、道の駅の浴場からも杉林を眺めながら入浴できる。　④

大館市長走陣場311
◆問い合わせ先　☎0186-51-2311

道の駅ひない
みちのえきひない
（大館市）

大館市比内町の国道285号沿いにあり、十和田湖や八幡平へのドライブの行き帰りに利用しやすい。全国的に人気の高い比内地鶏の本場であるだけに、レストランにはきりたんぽ鍋や比内地鶏の親子丼、比内地鶏ラーメンといったメニューが並び、名物になっている。ほかに、地元の農畜産物が並ぶ直売所や休憩コーナー、情報提供コーナーなどがある。直売所「とっと館」では、比内地鶏の肉や卵を買い求めることもできる。　⑤

大館市比内町扇田新大堤下93-11
◆問い合わせ先　☎0186-55-1000

道の駅あに
<ruby>みちのえきあに<rt></rt></ruby>
（北秋田市）

　国道105号の仙北市角館と北秋田市鷹巣間約100kmのちょうど中間に位置する。阿仁と仙北を隔てる大覚野峠の阿仁側の最後の休憩ポイントだ。地域の人々が持ち寄った農産物、山菜や民芸品などを販売する農林水産物直売所、地元の特産品、農産物、山菜などの食材を利用したメニューが並ぶレストランがある。道の駅近くで国道を分岐すると、市営阿仁熊牧場「くまくま園」、マタギ資料館などのある打当地区がある。　6

北秋田市阿仁比立内家ノ後8-1
◆問い合わせ先　☎0186-69-2575

道の駅たかのす
<ruby>みちのえきたかのす<rt></rt></ruby>
（北秋田市）

　北秋田市の国道7号沿いにある。この地には約750年前から伝わる「綴子大太鼓祭り」があり、道の駅内に「大太鼓の館」がある。館内には実際にギネスブックにも認定された世界一の大太鼓が展示されている。祭りの模様は映像で鑑賞できるほか、世界中の打楽器を展示するコーナーもあり、一部は実際に触れて音色を楽しむこともできる。レストランでは地元の特産である「ししとう」を使った「ししとうラーメン」や「ししとうソフト」が名物。　7

北秋田市綴子大堤道下62-1
◆問い合わせ先　☎0186-63-0111

打当温泉
<ruby>うっとうおんせん<rt></rt></ruby>
（北秋田市）

　平成12（2000）年に「打当温泉マタギの湯」として新装オープン。大浴場のほか、露天風呂などがある。館内には阿仁マタギの文化や生活を紹介する「マタギ資料館」が併設されており、ツキノワグマ、キツネ、タヌキなどの剥製、狩りの道具や衣装、記録写真などの資料を展示。QRコードを読み取ると音声ガイドを利用できる。また、近くにはヒグマ、ツキノワグマなど約60頭が飼育されて餌やりや子グマとの触れ合いもできる「くまくま園」がある。★泉質＝ナトリウム・カルシウム－塩化物泉　★効能＝婦人病、皮膚病、神経痛など　♨3

北秋田市阿仁打当仙北渡道上ミ67　◆問い合わせ先　☎0186-84-2612

ゴンドラで行く森吉山
<ruby>ごんどらでいくもりよしさん<rt></rt></ruby>
（北秋田市）

　標高1454mの森吉山には、8合目まで約20分の阿仁ゴンドラが運行し、花の百名山や樹氷で知られる360度の壮大なパノラマを望むことができる。夏には可憐な高山植物が見られ、秋には美しい紅葉も楽しめ、登山や奥阿仁、奥森吉、妖精の森への縦走コースの連絡手段としても利用されている。なかでも圧巻なのは、果てしなく広がる白銀のうねりと妖しく輝くアオモリトドマツの樹氷の群れが広がる冬の森吉山だ。森吉山の樹氷はゴンドラ山頂駅舎からも見ることができ、徒歩5分で樹氷群観賞というのが魅力となっている。　25

北秋田市阿仁鍵ノ滝79-5（阿仁スキー場）
◆問い合わせ先　☎0186-82-3311（森吉山阿仁スキー場）

浜辺の歌音楽館
<ruby>はまべのうたおんがくかん<rt></rt></ruby>
（北秋田市）

　北秋田市米内沢出身の作曲家・成田為三を顕彰する博物館として昭和63（1988）年に開館した。1階は、為三の作品や生涯をナレーションと音楽でたどるリスニングルーム。2階では、為三の活動を自筆の楽譜や書簡、愛用品、出版された書籍や楽譜などの展示で紹介する。代表曲をピアノが自動演奏する中、マリオネットのピエロ、おしゃべりかなりや、為三が会話を通して音楽に対する思いを語る「出会いステージ」が見どころ。　16

北秋田市米内沢寺の下17-4　◆問い合わせ先　☎0186-72-3014

白神山地と秋田県
しらかみさんちとあきたけん

世界自然遺産「白神山地」を秋田県側で体験できるスポットは3カ所。世界自然遺産核心地域とほぼ同じ原生的ブナ林が体感でき、樹齢300年ともいわれるブナやホオノキ、シナノキなどの巨木が見られる『岳岱自然観察教育林』。山頂からブナ原生林や日本海など、360度の大パノラマを満喫できる『二ツ森』。樹齢300年以上のブナやミズナラの巨木が見られる『留山』。白神山地やブナ、動植物について学ぶことができる施設は2カ所。岳岱自然観察教育林に向かう沿道にあり、模型やパネル、標本などで白神山地の生態や自然環境を学べる『白神山地世界遺産センター（藤里館）』（写真①）。二ツ森ルートの入口にあり、森林体験施設であるとともに、白神山地やブナに関する学習展示施設である『八森ぶなっこランド』（写真②）。

◆問い合わせ先　☎0185-55-8006
（山本地域振興局総務企画部地域企画課）

道の駅 大館能代空港
みちのえきおおだてのしろくうこう
（北秋田市）

北秋田市で3番目、県内で30番目として、平成22（2010）年9月12日にオープン。空港前庭に24時間利用できる第3駐車場を設置、トイレも24時間利用可能にして、石川県能登空港に次いで全国2番目となる「空港」に「道の駅」の機能を加えたユニークな道の駅である。観光案内や交通情報の提供、特産品販売やレストラン営業などは空港ターミナルビルで行う。県北部地域は世界遺産「白神山地」や伊勢堂岱遺跡、十和田八幡平国立公園など全国でも有数の観光資源を有している。空港は首都圏を結ぶ空の玄関口。道の駅は大館能代空港ICを起点に、日本海沿岸東北自動車道でそれぞれの観光地へのアクセスポイントになる。
⑧

北秋田市脇神字からむし岱21-144
◆問い合わせ先　☎0186-62-5330
（大館能代空港ターミナルビル株式会社）

道の駅ふたつい
みちのえきふたつい
（能代市）

明治天皇皇后両陛下にまつわる恋文で有名な県立自然公園「きみまち阪」の近くにあり、愛称は「きみまちの里」。悠々と流れる米代川を挟んで、対岸には原生林に覆われた七座山を見ることができる建物は、アーチ状のホールを挟んで両側にウイングが伸び全長100mにも及ぶ、木造としては巨大な2800㎡の平屋建。産直お土産品、レストラン、歴史資料コーナー、キッズルーム、3×3バスケットボールコート、ドッグランなども併設される複合型施設でもある。きみまち阪の桜の花びらから分離した「秋田美桜酵母」を使用のクラフトビール「きみまち美桜ビール」や、能代市鶴形で育った黒毛和牛「鶴形牛霜降りロースのローストビーフ丼」などの名物が評判。平成30（2018）年8月にリニューアルオープン。　⑨

能代市二ツ井町小繋字泉51
◆問い合わせ先　☎0185-74-5118

道の駅みねはま
みちのえきみねはま
（八峰町）

　国道101号沿いで旧峰浜村時代に造られたレジャー施設「ポンポコ山」をベースにして開設した道の駅。物産直売所「おらほの館」では、地元石川地区に古くから伝わる石川そばを食べられる。地場のそば粉を使い、豆乳をつなぎにして練り上げた江戸時代から伝わる伝統の郷土食だ。また、そば打ち体験も行っている。ポンポコ山にはグラウンドゴルフ場やバンガロー村などがある。⓾

八峰町峰浜沼田ホンコ谷地147-6
◆問い合わせ先　☎0185-76-4649

道の駅はちもり
みちのえきはちもり
（八峰町）

　青森県境にほど近い国道101号沿いにある。ここには古くから「お殿水」と呼ばれる湧き水があり、その湧き水の周辺を整備して道の駅としたものだ。「お殿水」は白神山地を水源とする湧き水で、この地に立ち寄った津軽2代藩主信牧がこの水を絶賛したのが名称の由来といわれている。湧き水はいつでも自由に飲んだり、汲んで持ち帰ったりすることができる。売店・軽食コーナーには、水産加工品などが並ぶ。⑪

八峰町八森字乙の水72-4
◆問い合わせ先　☎0185-78-2300

素波里国民休養地
すばりこくみんきゅうようち
（藤里町）

　昭和45（1970）年、粕毛川上流に素波里ダムが完成し、人造湖の素波里湖が誕生した際に整備された園地で、当時の環境庁により国民休養地として指定を受けた。人と自然との関わりを見学できる展示施設にワーケーション設備も兼ねる「ふるさと自然公園センター」、特産の羊肉ホゲットが食べられる「サフォークの館」、子ども向け大型遊具、グラウンドゴルフ場、バッテリーカー、おもしろ自転車などがある。屋外ステージエリアもあり、白神山地ブナの森マラソン、白神はしぇるライダー（ストライダーイベント）、白神ピクニックデイ（紅葉祭り）などのイベントが行われている。⑰

藤里町粕毛南鹿瀬内38
◆問い合わせ先　☎0185-79-1571（レストハウス白神）

きみまち阪県立自然公園
きみまちざかけんりつしぜんこうえん
（能代市）

　米代川の川岸に迫る険しい地形で、かつては羽州街道の難所の一つだった。藤琴川に橋が架けられた明治14（1881）年に、東北巡幸中の明治天皇の到着を、皇后の手紙がこの地で待ち受けていたと言い伝えられ、のちに明治天皇から「後后阪」と命名された。桜やツツジ、紅葉の名所としても知られ、奇岩怪石の立ち並ぶさまは屏風絵のようでもあると評される。きみまち阪命名の由来にちなみ「きみまち恋文全国コンテスト」が催され、有名になった。⑱

能代市二ツ井町小繁
◆問い合わせ先　☎0185-73-5075（NPO法人　二ツ井町観光協会）

サンドクラフトin みたね
さんどくらふと いんみたね
（三種町）

　環境省認定日本の「快水浴場百選」に選定される釜谷浜海水浴場で繰り広げる砂像制作展示イベント。国内外の砂像彫刻家が手掛ける大型砂像から地域住民の手による個性あふれる中型や小型などの砂像が出展される。小型一般の部、小型子どもの部の2部門で砂像の芸術性等を競うなどのコンテストも開催。併せて、芸能、スポーツ、食などが楽しめる。平成9(1997)年から開催される日本海に面した砂浜の町ならではのイベント。㉖

三種町大口釜谷71（釜谷浜海水浴場）
◆問い合わせ先　☎0185-85-4830（三種町サンドクラフト実行委員会）

旧料亭 金勇
きゅうりょうていかねゆう
（能代市）

能代市旧料亭金勇は、昭和12（1937）年に建造された木都能代を代表する建物。木工加工技術の繁栄を伝える歴史的建築物として評価され、平成10（1998）年に国の登録有形文化財となった。館内は天然秋田杉の良材を余すことなく使用しており、当時の素晴らしい建築技術を見ることができる。特に「満月の間」の長さ9.1m中杢天井板や、1畳の大きさもある杢板を卍型に配した大広間の格天井は必見の価値あり。平成20（2008）年に料亭が廃業。その後、建物と敷地が能代市に寄贈された。現在は能代市の観光交流施設として開館中で、館内見学は無料。部屋を借りて、食事会やイベント会場としても利用できる。　⑲

能代市柳町13-8　◆問い合わせ先　☎0185-55-3355

サイエンスパーク・能代市子ども館
さいえんすぱーく・のしろしこどもかん
（能代市）

遊びや体験、学びを通して、子どもたちに科学への興味・関心や知識を深めてもらい、宇宙への夢を膨らませてもらおうと昭和62（1987）年に開設された。1階ホールには木のおもちゃなどの知育玩具があり、考える力や集中力が鍛えられるパズルやゲームは大人も楽しめる。ノビシロ宇宙ラボは宇宙がテーマの展示室。1階にはシンボル展示の大型ネット遊具や各展示アイテムがあり、ロケットや宇宙を体験的に学ぶことができるほか、宇宙への興味を引き出す未就学児専用の遊び場キッズラボがある。2階にはロケットや人工衛星の模型、実物大のロケット部品（協力＝ＪＡＸＡ宇宙科学研究所）が展示されている。直径10m、客席数100のデジタル式プラネタリウムでは、全天周フルカラーのＣＧ映像が映し出される。ファミリーや一般向けの番組が通常投映されており、観覧料は中学生以下が無料。モデルロケット教室などの宇宙関連講座や、自然観察講座、かがくあそびやミニ工作なども行われている。　⑳

能代市大町10-1　◆問い合わせ先　☎0185-52-1277

道の駅ことおか
みちのえきことおか
（三種町）

国道7号沿いの秋田市と能代市のほぼ中間に位置する。近隣の高石野遺跡からは縄文時代の土笛が出土していることで知られ、道の駅の核施設「サンバリオ」は、土器を模した逆円錐形の外観が特徴的。1階レストランでは、三種町産そら豆を使用した豆板醤入りの「ことおか餃子」が好評。隣接する農産物直売施設でお土産用に冷凍餃子も販売している。
⑫

三種町鹿渡高石野126-1
◆問い合わせ先　☎0185-87-4311

道の駅かみこあに
みちのえきかみこあに
（上小阿仁村）

上小阿仁村の国道285号沿いにあり、秋田市と十和田八幡平方面とのほぼ中間点に位置し、森吉山や阿仁方面への分岐点でもある。地元産の野菜や山菜、キノコなどを中心に特産品や土産品などを扱う物産センターのほか、飲食関係では「秋田杉の館」で、複数のテナントが多様なメニューを提供しているので、食事での立ち寄りにも最適。村特産の食用ほおずきを使ったほおずきソフトや馬肉料理が名物。春から秋にかけて5回行われる山野草展示会ではコアニチドリなど、その季節の山野草が展示される。　⑬

上小阿仁村小沢田字向川原66-1
◆問い合わせ先　☎0186-77-3238

能代エナジアムパーク
のしろえなじあむぱーく
（能代市）

能代火力発電所に隣接していて、熱帯植物園を中心に、地球やエネルギーのことを学べるサザンドームなどがある。熱帯植物園は発電所の排熱を利用した施設で、約460種類、3300本の熱帯の植物が茂るさまはジャングルのようでもある。「能代ねぶながし館」には、能代の毎年8月の伝統行事である「ねぶながし」の山車や、坂上田村麻呂の時代まで歴史がさかのぼるといわれている伝統の能代凧が展示されている。 ㉑

能代市字大森山1-6　◆問い合わせ先 ☎0185-52-2955

能代ロケット実験場
のしろろけっとじっけんじょう
（能代市）

宇宙航空研究開発機構（JAXA）の付属研究施設の一つで、観測ロケットや科学衛星および探査機打ち上げ用ロケットの各種固体ロケットモーターの地上燃焼試験を行っている。近年では、液体水素を燃料とする再使用型ロケットの地上燃焼試験や、水素エネルギーを社会インフラとして使用するための関連試験も行っている。実験場内で行われる実験の映像や施設を見学することができる。小惑星探査機「はやぶさ」が注目を集め、人気のスポットとなっている。 ㉒

能代市浅内字下西山1　◆問い合わせ先 ☎0185-52-7123

県北の観光施設〈項目位置図〉

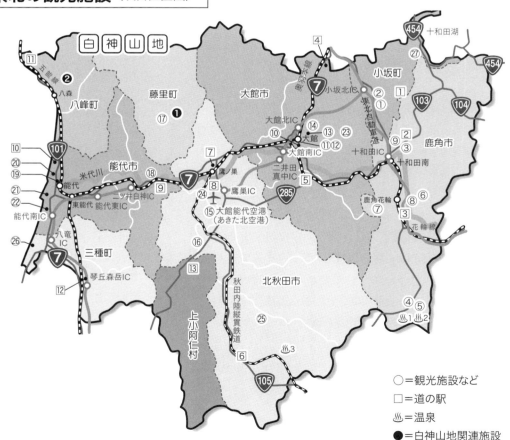

○=観光施設など
□=道の駅
♨=温泉
●=白神山地関連施設

2.県央の観光・施設

※項目末尾の数字は地図（P69）内の位置を示しています。

　県央エリアは、大潟村、八郎潟町、井川町、男鹿市、潟上市、五城目町、秋田市、由利本荘市、にかほ市で構成される。県都秋田市を中心に日本海沿岸地域にあり、気候風土も同じく、エリア内交流も盛ん。

五城目朝市
ごじょうめあさいち
（五城目町）

　今から520年余り前、馬場目の地頭・安東季宗が齊藤弥七郎に命じて、町村に「市神」を祭らせ、市を開いたのが始まりと伝えられる歴史のある朝市。毎月2、5、7、0の付く日には、下タ町通り商店街の約250mを車両通行止めにして、早朝から昼すぎまで、30軒近くの露店が道の両側に連なり賑わいを見せる。並べられる品も、朝採り野菜から、山菜、キノコ、花、川魚や海魚、漬物や加工品など多様。　①

五城目町下タ町通り　◆問い合わせ先 ☎018-852-5222
（五城目町商工振興課）

五城目町森林資料館
ごじょうめまちしんりんしりょうかん
（五城目町）

　16世紀後半に藤原内記秀盛の居城だった前平山山頂の砂沢城跡に、天守閣を模して昭和59（1984）年に開館した。森林に支えられて発展してきた五城目町の歴史、文化、民俗、産業などの紹介を通して、森林の豊かさや機能などを伝える。森林のはたらき、森林に関する歴史、育成と伐採の道具の今昔、森林と動植物、製材と木工製品など、森林を多角的に見られるように展示している。　②

五城目町兎品沢62-2　◆問い合わせ先 ☎018-852-3110

道の駅五城目
みちのえきごじょうめ
（五城目町）

　五城目町中心部から上小阿仁村方面に向かう国道285号沿いにある。物産館、食事処、カフェといった商業施設があるほか、折々のイベントなどを発信し、地域の観光拠点となっている。物産館は四季を通じて地元の農産品が豊富にそろい、食事処では名物のだまこ鍋（テイクアウト可）、カフェでは特産のキイチゴを使用したキイチゴサンデーが人気を博している。また、敷地内に自然観察園があり、季節の草花を楽しめる絶好のミニハイキングコースとなっている。　①

五城目町富津内下山内上広ヶ野76-1
◆問い合わせ先　☎018-879-8411

八郎潟町オリンピック記念会館
はちろうがたまちおりんぴっくきねんかいかん
（八郎潟町）

　八郎潟町からは金メダリスト2人を含む4人のオリンピック選手が選出されている。その偉業を讃えて建設された施設。各選手の記念品の展示をしているほか、記念館を含め8つのスポーツ施設がある。無料で利用できるためトレーニングなどでも多くの人々に利用されている。　⑥⓪

八郎潟町夜叉袋中羽立1-1　◆問い合わせ先　☎018-875-5500

生態系公園 せいたいけいこうえん
（大潟村）

　秋田県を代表する六つの植物群落（ブナ、オオシラビソ、スギ、ケヤキ、アカマツ、カツラ）を再現するほか、水辺の植物、里山の植物、身近な植物など約150種2万本の樹木が植えられている。また、三つの温室では、珍しい熱帯の植物や花木などが展示されている。　④

大潟村東1-1
◆問い合わせ先　☎0185-45-3106

道の駅おおがた みちのえきおおがた
（大潟村）

　八郎潟の干拓で生まれた大潟村を南北に縦断する県道42号のほぼ中間地点に平成20（2008）年に県内27番目の道の駅としてオープンした。核となる施設は平成12（2000）年から同地で稼働中の産直センター「潟の店」。大潟村干拓博物館が隣接していて、日本第二の広さを誇る湖だった八郎潟から大潟村が生まれた流れをたどることができて興味深い。周辺には温泉施設などもあり、男鹿半島観光の中継点としても利用されている。　②

大潟村西5-2
◆問い合わせ先　☎0185-22-4141

日本国花苑 にほんこっかえん
（井川町）

　昭和47（1972）年4月に、昭和天皇のご訪欧、秋田県立県百年、地元小学校の統合校舎の建設などを記念し、日本各地から集められた桜200種2000本を2年がかりで植樹した公園で、学術的にも貴重な公園。天皇陛下ご訪欧の際、ヨーロッパ7カ国に送られた桜と同じ品種の桜も植栽された。平成元（1989）年からは、芝生広場やパターゴルフ場、テニスコート、バラ園、ツツジなどの花木園などを整備し、総面積約40haの四季を通じていろいろな花を楽しめる公園となった。　⑤

井川町浜井川二階102-1　◆問い合わせ先　☎018-874-4418
（井川町産業課）

大潟村干拓博物館 おおがたむらかんたくはくぶつかん
（大潟村）

　かつて日本第二の面積を持つ湖だった八郎潟を干拓して誕生した大潟村で、干拓事業と大潟村の歴史、農業、環境について後世に伝える博物館として平成12（2000）年に開館した。八郎潟の生い立ちや伝説などを語る「潟の記憶」、干拓の概要を示す「新生の大地」、大潟村の農業を紹介する「豊かなる大地」、営農・生活・自然ワークショップを行う「大地との共生」などの展示ゾーンからなり、多くの映像や写真、模型、ジオラマで分かりやすく紹介している。　⑥

大潟村西5-2　◆問い合わせ先　☎0185-22-4113

大潟村ソーラースポーツライン おおがたむらそーらーすぽーつらいん
（大潟村）

　平成5（1993）年に大潟村で第1回ワールド・ソーラー・カーラリーが開催されたことを契機にして、その翌年に完成したクリーンエネルギー競技会専用のコース。大潟村の平坦で広大な地形を生かし、他の一般道と平面交差しない直線的な一周約25kmの周回コースになっている。国際ソーラーカー連盟の公認コースで、毎年ソーラーカーレースや電気自動車レースが開催されており、自転車ロードレース、マラソンなどにも利用されている。　⑦

大潟村方上61-16　◆問い合わせ先　☎0185-45-2111（大潟村）

桜・菜の花ロード
さくら・なのはなろーど
（大潟村）

大潟村を走る県道298号沿いに総延長11kmにわたって咲く菜の花は、同じく県道沿いに植えられた桜、黒松との際立つコントラストで、ドライバーの目を楽しませている。桜と菜の花の見頃は4月下旬から5月上旬まで。菜の花ロードのほかにも、大潟村には1.8haの菜の花畑が広がる。大潟村の菜の花ロードは環境省の「かおり風景100選」に選ばれている。　⑧

大潟村　◆問い合わせ先　☎0185-45-3653（大潟村産業振興課）

寒風山回転展望台
かんぷうざんかいてんてんぼうだい
（男鹿市）

男鹿半島の付け根に位置する寒風山は標高355mの全山緑の芝生に覆われた休火山。その山頂にある回転展望台は、フロアが約13分間で1回転する仕組みになっており、居ながらにして、男鹿半島の真山、本山、入道崎、日本海、鳥海山、秋田平野、大潟村、白神山地と360度のパノラマを楽しむことができる。営業期間は3月中旬から12月上旬。展望台館内にはレストランが併設され、ご当地グルメなどが味わえる。　⑨

男鹿市脇本富永寒風山62-1　◆問い合わせ先　☎0185-25-3055

雲昌寺のあじさい
うんしょうじのあじさい
（男鹿市）

副住職が20年の歳月を費やし、手塩にかけて育てた「あじさい」で境内は埋め尽くされる。独自の育成方法によって一株につく花の数が多く、満開の頃には一面が青色に染まる。絨毯のように咲き誇り、眼前には男鹿の海と漁港が広がり、感動を呼び起こす息を呑む風景が創りだされる。　㉑

男鹿市北浦北浦字北浦57　◆問い合わせ先　☎0185-24-4700
（男鹿市観光協会）

滝の頭
たきのかしら
（男鹿市）

男鹿市の主な水源で、古くから農業用水や飲料水などの上水道として利用され、その神々しさから敬われてきた滝の頭湧水地。寒風山に降った雨が20年以上かけて湧き出したもので、湧水量は1日当り2万5000〜3万5000t。鬱蒼とした深い森の緑とエメラルドグリーンの水面が醸しだす風景は、幻想的な雰囲気に包まれている。道路沿いには無料で給水できる施設があり、特に休日には多くの人で賑わう。　⑬

男鹿市五里合鮪川字上鮪川34
◆問い合わせ先　☎0185-46-4105
（男鹿市企業局 ガス上下水道課）

ゴジラ岩
ごじらいわ
（男鹿市）

男鹿半島国定公園の南側の海岸、潮瀬崎にある岩で、シルエットがゴジラの頭部に似ていることから、平成7（1995）年に男鹿市の写真愛好家が命名し、話題となった。潮瀬崎は奇岩がそそり立つ名勝の地である。その岩礁地帯に下りて潮瀬崎灯台に向かって歩いていくと右手に現れる。眼もあり口を開けて、吠えているようなシーン。夕陽に浮かぶ時間帯が最適。　⑩

男鹿市船川港小浜
◆問い合わせ先　☎0185-24-4700
（男鹿市観光協会）

道の駅おが
みちのえきおが
（男鹿市）

　男鹿半島初の道の駅として
開設。愛称は「オガーレ」。周辺
200m圏内にはJR男鹿線男鹿駅
と船川港があり、男鹿観光のゲー
トウェイとなっている。男鹿の海
で獲れた新鮮な魚介類や朝採り
した旬の野菜、郷土色あふれる地
産の加工品や工芸品など、男鹿な
らではの物産・特産をそろえ、レ
ストラン、軽食機能を備えた複合
観光施設。ジェラートショップ「お
がジェラート」では、四季折々8種
類のジェラートを販売。男鹿産の
塩を使用した「海のジェラート」や
地元産のメロン、ナシを使ったフ
レーバーが人気。　③
男鹿市船川港船川字新浜町1-19
◆問い合わせ先　☎0185-47-7515

道の駅しょうわ
みちのえきしょうわ
（潟上市）

　潟上市元木山公園近くの国道
7号から東に入ってすぐ。ベースと
なる「ブルーメッセあきた」は、花
の町といわれる昭和地区で生産
された新鮮で丈夫な草花をはじ
め、産直野菜や特産品などを取り
揃えたショッピングスペース「アグ
リプラザ昭和」、美しい花を見な
がら飲食できるレストラン「花の
大地」、世界の熱帯植物や四季の
花々であふれるガラス張りの明る
い「鑑賞温室」、季節の花で埋め尽
くされた「芝生花壇広場」、起伏に
富んだ4コース32ホールを常設
した「昭和グラウンド・ゴルフ場」
など、自然と触れ合える魅力の複
合施設である。　④
潟上市昭和豊川竜毛山ノ下1-1
◆問い合わせ先　☎018-855-5041

なまはげ館・
男鹿真山神社伝承館
なまはげかん・
おがしんざんじんじゃでんしょうかん
（男鹿市）

　男鹿の「ナマハゲ行事」を観光客向
けに紹介する施設。平成11（1999）
年開館のなまはげ館は、ナマハゲ行
事の全容を映像で紹介し、市内の地
域や集落ごとに異なるナマハゲの面と衣装を展示している。明
治40（1907）年建築の男鹿地方の茅葺き農家を移築して平成7
（1995）年に開館した男鹿真山伝承館では、観光客がナマハゲ
行事を通年で模擬体験できる。
両館の運営母体は異なるが、共
通券を発行してセットで楽しめ
るようにしている。　⑪

男鹿市北浦真山水喰沢　◆問い合わせ先　☎0185-22-5050（なまはげ館）
　　　　　　　　　　　　　　　☎0185-33-3033（男鹿真山伝承館）

男鹿水族館GAO
おがすいぞくかんがお
（男鹿市戸賀塩浜）

　秋田の海に生息する魚を中心に、約
400種1万点の生きものを展示。「男鹿
の海大水槽」は、総水量815tと館内
最大の水槽であり、春から夏にかけて男鹿の海に生息する約40
種2000匹の生きものを展示している。秋田県の県魚であるハタ
ハタの生態、食文化などを知ることができるコーナーもあり、その
中でハタハタを通年展示している。そして、水族館としては珍しい
ホッキョクグマの展示を行っている。陸上最大の肉食獣と言われ
るだけのダイナ
ミックさや、愛嬌
たっぷりの姿が
魅力だ。　⑫

男鹿市戸賀塩浜　◆問い合わせ先　☎0185-32-2221

ギャラリーブルーホール
（潟上市）

「ヤマキウ」の名で知られる味噌・醤油の醸造を手掛ける小玉醸造株式会社が、「太平山」ブランドで全国にその名を轟かせることになる酒造りを始めたのが大正2（1913）年。その100年の歴史を重ねる蔵元の酒蔵をリノベーションして、平成21（2009）年秋に開館したギャラリー。大正時代に建てられた煉瓦造りの酒蔵の中は、秋田杉の香りがほのかに漂い、静かなスペースとなっている。招待作家による展覧会を展開するほかに、さまざまなアーティストによる講演会やコンサートなども開催している。酒蔵とギャラリーのコラボレーションで地域観光のスポットにもなっている。⑭

潟上市飯田川飯塚字飯塚34-1　◆問い合わせ先 ☎018-877-5772
（小玉醸造株式会社）

郷土文化保存伝習館
（石川翁資料館）
きょうどぶんかほぞんでんしゅうかん
（いしかわおうしりょうかん）
（潟上市）

県指定史跡の石川理紀之助遺跡地内に昭和56（1981）年に開館した。明治から大正にかけて農村指導者として活躍し、生涯を貧農救済活動にささげたほか、米質改善の指導、現在の種苗交換会の前身「種子交換会」を創設した理紀之助の人物像を、著書、遺品、蔵書、収蔵品などで紹介している。そのほか、郷土の歴史、民俗、産業などの理解に役立つ諸資料を保存展示している。遺跡内には「尚庵」「備荒倉」「梅廼舎」「三井文庫」などがある。⑮

潟上市昭和豊川山田家の上63　◆問い合わせ先 ☎018-877-6919

秋田県立中央公園
あきたけんりつちゅうおうこうえん
（秋田市）

昭和56（1981）年に開港した秋田空港を取り囲むように造られた583.8haの公園。自然観察ゾーン、青少年教育ゾーン、ファミリーピクニックゾーン、空港前庭ゾーンで構成されている。各種のスポーツ競技施設があり、冬季間でも人工芝でスポーツができる屋根付きグラウンドのスカイドームがシンボル的存在。ほかに、フィールドアスレチック場、ファミリーキャンプ場、マウンテンバイクコース、パークゴルフ場などがある。⑯

秋田市雄和椿川駒坂台4-1　◆問い合わせ先 ☎018-886-3131

道の駅てんのう
みちのえきてんのう
（潟上市）

「天王グリーンランド」の愛称で親しまれ、男鹿の山々、日本海、八郎潟の残存湖が一望できる高さ59.8mの「天王スカイタワー」がランドマークとなっている。約20haの広大な園内には、「ピクニック広場」や「バーベキュー広場」、入浴施設「天王温泉くらら」、国の重要無形民俗文化財の『東湖八坂神社の統人行事』を紹介する「伝承館」のほか、レストラン・加工施設を兼ね備えた直売施設「食菜館くらら」、ナイター照明付き人工芝の「フットボールセンター」がある人気のスポットでもある。⑤

潟上市天王江川上谷地109-2
◆問い合わせ先　☎018-878-6588

秋田県立小泉潟公園
あきたけんりつこいずみがたこうえん
（秋田市）

秋田県立博物館の周辺に広がる男潟、女潟を中心として、後方に広がる小高い丘陵地を生かして、自然の風致、景勝の保全と野外レクリエーションの場として整備された県立公園。日本庭園の水心苑、菖蒲園、噴水広場、多目的広場、1周2800mのサイクリングロード、テニスコートなどがある。水心苑は大阪万博記念日本庭園の設計者である田治六郎農学博士設計の林泉廻遊式の日本庭園で名園とされている。⑰

秋田市金足鳰崎後谷地21
◆問い合わせ先　☎018-873-5272

秋田国際ダリア園
あきたこくさいだりあえん
（秋田市）

　日本のみならず世界でも高く評価され「ダリアの神様」とも呼ばれるダリア育種家の鷲澤幸治氏が、昭和62（1987）年に開園。秋田空港近くにある見晴らしの良い約1.2haの敷地一面に、約700種の品種約7000株のダリアが咲き誇っている。全国から生産者や市場関係者のみならず、開園期間の8月初旬から11月初旬には多くの観光客も訪れるスポットとなっている。かつては主に仏壇に供えられる地味な存在だったダリアを、新品種を次々と生み出し、イベントや結婚式などハレの日を彩る人気の花へと押し上げてきた。日本で流通するダリアのおよそ7割を生み出し、海外からも注目を集めている。　㊶

秋田市雄和妙法字糠塚21
◆問い合わせ先　☎018-886-2969

太平山リゾート公園
たいへいざんりぞーとこうえん
（秋田市）

　平成元（1989）年策定の「秋田市太平山リゾートパーク総合整備計画調査報告書」に基づいて、秋田市仁別の太平山西麓に整備された公園。屋内温水プールと温泉浴施設の「クアドーム ザ・ブーン」「太平山スキー場オーパス」の二つの大型施設を核にして、森林学習館「木こりの宿」、太平山自然学習センター「まんたらめ」、グラウンド・ゴルフ場「グリーンパル」、テニスコート、キャンプ場・バンガロー、オートキャンプ場、トレーラーハウス、運動広場、ピクニック広場、植物園などがある。　⑲

秋田市仁別字小水沢134　◆問い合わせ先 ☎018-827-2270

仁別国民の森
にべつこくみんのもり
（秋田市）

　太平山、赤倉岳、馬場目岳などに囲まれた地域約2800haの森林が昭和41（1966）年に明治100年事業として「国民の森」に指定され、その後「仁別自然休養林」に設定されている。秋田藩の時代から御直山として直轄保護管理を受けてきた樹齢160〜260年の天然秋田スギのまとまった森林があり、林内に整備された遊歩道を散策しながら観察することができる。仁別森林博物館には、天然秋田スギに関する展示をはじめ、仁別の自然、林業の歴史、実際に使用されていたディーゼル機関車や蒸気機関車など森林鉄道に関する資料が展示されている。　⑳

秋田市仁別務沢国有林　◆問い合わせ先 ☎018-882-2311
仁別森林博物館　　　◆問い合わせ先 ☎018-827-2322

秋田市大森山動物園
（あきぎんオモリンの森）
あきたしおおもりやまどうぶつえん
（あきぎんおもりんのもり）
（秋田市）

　昭和48（1973）年9月1日、日本海に面した大森山の中腹に開園。園内中心部には湧水性の「塩曳潟」を有する特徴的な地形となっている。「動物と語らう森」をテーマに、ユキヒョウやキリン、レッサーパンダなど約90種540点の動物を飼育展示している。園内には遊園地「アニパ」もある。年間入園者は約24万人。イメージキャラクターは「オモリン」。愛称は命名権により令和7（2025）年2月まで「大森山動物園〜あきぎんオモリンの森〜」が使用される。　㉑

秋田市浜田字潟端154　◆問い合わせ先 ☎018-828-5508

ポートタワー・セリオン
（秋田市）

セリオンは、物流拠点の港を観光施設としても利用する旧運輸省の「ポートルネッサンス21」構想の一環で、平成6（1994）年に秋田港に誕生した展望タワー。高さは143mで、展望室は高さ100m。男鹿半島や鳥海山、太平山などを一望できる360度のパノラマが楽しめる。物産館や飲食店、キッズコーナーがあり、「買う」「食べる」「遊ぶ」が揃うスポットでもある。隣接するセリオンリスタは、冬季などの厳しい気象条件の秋田港でも年間を通じて緑と親しめるように設けられた覆い付き緑地。　　㉒

秋田市土崎港西1-9-1　◆問い合わせ先　☎018-857-3381

秋田城跡
歴史資料館
あきたじょうあとれきししりょうかん
（秋田市）

秋田城跡は、奈良時代から平安時代にかけて東北地方の日本海側（出羽国）に置かれた大規模な地方官庁の遺跡で、歴史資料館では最北の古代城柵でもある秋田城跡の出土品を展示公開し、史跡について分かりやすくガイダンスを行っている。館内では漆紙文書や木簡、和同開珎銀銭、非鉄製小札甲（ひてつせいこざねよろい）などの貴重な遺物を展示している。また、秋田城跡の模型や、漆紙文書などを特殊な赤外線カメラで判読する体験コーナーも設置している。資料館東側の史跡公園では政庁や外郭東門と瓦葺築地塀、全国でも珍しい立派な古代水洗厠舎（かわや）などが復元されている。　　㉓

秋田市寺内焼山9-6　◆問い合わせ先　☎018-845-1837

道の駅あきた港
みちのえきあきたこう
（秋田市）

秋田港のシンボルである全高143mの秋田市ポートタワーセリオンを中心に、全面ガラス張りの全天候型屋内緑地「セリオンリスタ」、スポーツ＆イベントなどにも利用できる「秋田港振興センター（セリオンプラザ）」、屋外の「イベント広場」など複数のターミナル施設からなる大規模な道の駅。1階にはレストラン、ショッピングコーナーもある。男鹿半島方面への観光の玄関口として、また、警察署、消防署、市役所支所などの公共施設にも近接し、土崎地域の情報の拠点ともなっている。ライトアップによる夜景は素晴らしい眺め。　[6]

秋田市土崎港西
◆問い合わせ先　☎018-857-3381

土崎みなと歴史伝承館
つちざきみなとれきしでんしょうかん
（秋田市）

秋田市土崎地区の歴史と文化を伝える施設として、平成30（2018）年3月24日に開館。ユネスコ無形文化遺産に登録された土崎神明社祭の曳山行事、通称土崎港曳山まつりの魅力を紹介する吹き抜けのホールでは、高さ約11.5mもある特大サイズの曳山（ひきやま）を間近に見ることができる。太平洋戦争の終戦前夜、日本最後の空襲の一つとされている土崎空襲に関するホールでは、標的となり被害に遭った旧日本石油秋田製油所の建物の一部を移設して展示し、戦争の悲惨さを伝えている。北前船の寄港地であった土崎の歴史を、タッチパネルを使って分かりやすく展示。10分の1のサイズの北前船の模型も展示されている。　㉔

秋田市土崎港西3-10-27
◆問い合わせ先　☎018-838-4244

鉱業博物館
こうぎょうはくぶつかん
（秋田市）

秋田大学大学院国際資源学研究科付属の博物館。秋田県は国内でも地下資源に恵まれた地域の一つであり、秋田大学の前身が鉱山技術者を育成するために日本で唯一設立された秋田鉱山専門学校であったこともあり、開校以来収集されていた地質・鉱工業関係の資料を広く一般にも公開する目的で昭和36（1961）年に開館した。所蔵資料は2万点を超える。そのうち3300点余りを展示しており、国内有数のコレクションを誇る。㉕

秋田市手形字大沢28-2
◆問い合わせ先 ☎018-889-2461

秋田市民俗芸能伝承館
（ねぶり流し館）
あきたしみんぞくげいのうでんしょうかん
（ねぶりながしかん）
（秋田市）

竿燈をはじめとする秋田市の民俗行事や芸能の保存伝承のため、平成4（1992）年に開館。愛称は、竿燈の起源といわれる七夕行事「ねぶり流し」から。1階の展示ホールでは実物の竿燈や梵天を常設展示しており、来館者が実際に竿燈を持つ体験もできるほか、4月から10月までの土日祝日には竿燈の実演も行われる。また、隣接する市指定有形文化財の「旧金子家住宅」も見学することができる。㉖

秋田市大町1-3-30
◆問い合わせ先 ☎018-866-7091

秋田県立博物館
あきたけんりつはくぶつかん
（秋田市）

昭和50（1975）年、秋田市北部の県立小泉潟公園の中に人文・自然部門をもつ総合博物館として開館した。平成16（2004）年に、秋田の歴史と人々の営みを紹介する「人文展示室」や秋田の豊かな自然を紹介する「自然展示室」、化石のレプリカ製作や機織りなどさまざまな体験ができる「わくわくたんけん室」などを新設してリニューアルオープンした。「菅江真澄資料センター」と「秋田の先覚記念室」を併設、分館として国の重要文化財「旧奈良家住宅」がある。㉗

秋田市金足鵜崎字後山52 ◆問い合わせ先 ☎018-873-4121

佐竹史料館
さたけしりょうかん
（秋田市）

旧秋田市美術館の建物を利用して、平成2（1990）年に開館。関ヶ原の合戦ののちに転封された佐竹義宣に始まる秋田藩主佐竹氏の統治の歴史を、甲冑や古文書などの資料でたどることができる。史料館のある千秋公園は秋田藩久保田城跡であり、園内に復原された御隅櫓、御物頭御番所、久保田城表門などとともに、藩政時代の秋田の歴史研究に供されている。㉘

秋田市千秋公園1-4
※改築のため休館中（令和7年2月頃まで予定）

佐竹義宣所用　人色皮包仏胴黒糸縅具足
（佐竹史料館所蔵）

秋田市立
赤れんが郷土館
あきたしりつあかれんがきょうどかん
（秋田市）

明治45（1912）年に完成し、昭和44（1969）年まで店舗として使われていた旧秋田銀行本店本館に新館を加えて、昭和60（1985）年に開館した。銀行時代の雰囲気を伝える館内では、国重要文化財に指定されている建物に関する資料と銀線細工、八橋人形といった秋田市の伝統工芸品を常設展示しているほか、版画家・勝平得之の作品の常設展示、秋田市出身の鍛金家・関谷四郎の作品の常設展示などを行っている。㉙

秋田市大町3-3-21 ◆問い合わせ先 ☎018-864-6851

千秋公園
せんしゅうこうえん
（秋田市）

慶長8（1603）年に初代秋田藩主佐竹義宣が自然の台地を利用して築城した久保田城の城跡を、明治29（1896）年、造園家長岡安平の設計により公園として整備。千秋公園（当初は千秋園）とは秋田県出身の漢学者狩野良知の命名で、秋田の「秋」に長久の意の「千」を冠したもの。本丸の石段や門跡、御物頭御番所や堀の一部などが残っているほか、御隅櫓や、表門なども復元されている。公益財団法人日本さくらの会が選定した「さくら名所100選」の一つ。　㉚

秋田市千秋公園　◆問い合わせ先 ☎018-888-5753（秋田市公園課）

アトリオン
（秋田市）

平成元（1989）年11月18日にオープン。秋田県と秋田市と日本生命が共同で建設した地下3階、地上12階の文化施設とオフィスの複合施設「秋田総合生活文化会館・美術館」の愛称である。ケルン社製のパイプオルガンが設置された音楽ホールは、天井や壁面に「秋田杉」をふんだんに張り巡らせ、木の材質を生かした温かくて柔らかい響きが特長である。2階には戦後ニューヨークで活躍した岡田謙三の作品や小田野直武、佐竹曙山（義敦）などの秋田蘭画、郷土ゆかりの画家・写真家の作品を中心に集められている秋田市立千秋美術館が、地下1階には秋田県内のお土産品を集めた「あきた県産品プラザ」がある。　㉛

秋田市中通2-3-8　◆問い合わせ先 ☎018-836-7865
（大星ビル管理株式会社）

秋田市立千秋美術館
あきたしりつせんしゅうびじゅつかん
（秋田市）

昭和33（1958）年、秋田市美術館として開館し、平成元（1989）年に秋田総合生活文化会館（アトリオン）内に移って秋田市立千秋美術館と改称した。藩政時代に秋田で開花した秋田蘭画など秋田にゆかりの美術品を所蔵し、アメリカで活躍した画家・岡田謙三の作品を常設展示する記念館を併設している。小田野直武、佐竹曙山（義敦）などの秋田蘭画の作品を中心に平福穂庵・百穂父子の作品などを展示するほか、企画展を年数回開催している。　㉜

秋田市中通2-3-8　◆問い合わせ先　☎018-836-7860
※改修工事のため休館中

秋田拠点センター アルヴェ
あきたきょてんせんたーあるゔぇ
（秋田市）

秋田拠点センター・アルヴェは、平成16（2004）年7月に公共施設とホテルやクリニックなどの民間施設を機能連携させ、相乗効果によるにぎわい創出を目的に、JR秋田駅に直結する建物としてオープン。アルヴェの名称は彦星（Altair＝アルタイル）と織姫星（Vega＝ヴェガ）からなる造語で、交流拠点としてにぎわっていてほしい、何かがあると期待のできる場所であってほしいとの願いから、イタリア語のアルヴェアーレ（Alveare＝大勢の人が集まる場所）と秋田弁の「あるべ」を掛け合わせた名称である。　㉝

秋田市東通仲町4-1
◆問い合わせ先　☎018-887-5310
（秋田市民交流プラザ管理室）

あきた文学資料館
あきたぶんがくしりょうかん
（秋田市）

秋田にゆかりの文学資料の散逸を回避するため、資料の収集・保存を目的として、平成18（2006）年に旧秋田東高校跡地に開館した。本県出身の文学者の自筆原稿、書簡や、県内で発行された文芸誌など、秋田の近代文学史を語るうえで欠かせない貴重な資料を数多く収集・保存している。館内には、展示室、講座室などがあり、定期的に特別展や文学講座が開かれている。　㉞

秋田市中通6-6-10
◆問い合わせ先 ☎018-884-7760

新屋ガラス工房
あらやがらすこうぼう
（秋田市）

　秋田市新屋地区に「住民主体のまちづくりの推進」「歴史文化の伝承」「ものづくりの振興と地域交流」の拠点として、平成29（2017）年7月15日に開設された。地域のまちづくりの拠点として、訪れる誰もが、ガラス工房をはじめとする『ものづくり』を感じられる空間となっている。また、工房所属作家が秋田で独立を目指し、日々創作にいそしむ工房でもある。入場無料で、工房の見学やショップ・カフェの利用が可能。吹きガラス体験もできる（予約制）。　㉟

秋田市新屋表町5-2
◆問い合わせ先　☎018-853-4201

秋田県動物愛護センター ワンニャピアあきた
あきたけんどうぶつあいごせんたー
わんにゃぴああきた
（秋田市）

　秋田市浜田にあった秋田県動物管理センターの機能を拡充した動物愛護の新たな拠点として、令和元年（2019）年にオープン。新たな飼い主を待っている犬猫との出会いの場や、同居動物との生活上のアドバイス、健康相談に応じるほか、災害時の動物救護の体制づくり、秋田犬など秋田にちなんだ動物をテーマにした秋田の魅力の情報発信にも取り組む。㊱

秋田市雄和椿川字奥椿岱1
◆問い合わせ先　☎018-827-5051

あきた芸術劇場 ミルハス
あきたげいじゅつげきじょう みるはす
（秋田市）

　老朽化していた秋田県民会館と秋田市文化会館に代わるものとして、秋田県民会館の跡地に、県と市が共同で令和4（2022）年6月に開館した新しい文化施設。高い音響性能と舞台機能を併せ持つ大ホール（2007席）と臨場感を重視した中ホール（800席）をはじめ、二つの小ホール、練習室、研修室、創作室がある。館内は、秋田杉がふんだんに使用されているほか、樺細工や川連漆器、大館曲げわっぱなどの伝統工芸品が随所に散りばめられ、秋田らしさに溢れている。⑱

秋田市千秋明徳町2-52　◆問い合わせ先　☎018-838-5822

エリアなかいち
えりあなかいち
（秋田市）

　秋田市中心部にある千秋公園に面した大規模な空閑地を再開発して、「秋田の行事」をはじめとする藤田嗣治作品を展示する秋田県立美術館、秋田市が運営する文化交流施設であるにぎわい交流館AU、商業施設＠4の3、駐車場、住宅棟の 四つの施設と広場から構成されるエリア。名称は公募により決められた。また、千秋公園内の与次郎稲荷神社（與次郎稲荷神社）に祀られている狐を図案化した「与次郎」がマスコットキャラクターとなっている。中心市街地に賑わいを創出することを目指す、芸術や文化交流の拠点である。　㊲

秋田市中通1-4　◆問い合わせ先　☎018-874-7500
（秋田まちづくり株式会社）

秋田県立美術館
あきたけんりつびじゅつかん
（秋田市）

　世界的な画家藤田嗣治が昭和12（1937）年当時の秋田を描いた幅20mに及ぶ大壁画「秋田の行事」を常設展示している美術館。ほかに「眠れる女」「北平の力士」「自画像」など、1930年代の作品の展観では日本最大級の規模を持つ平野政吉美術財団所蔵の藤田作品や資料を展示している。新しい街の文化的シンボルとして「エリアなかいち」に移転新築、平成25（2013）年9月28日に開館した。建築家安藤忠雄氏が設計した建物は「秋田の行事」を中心とした静寂ながら動きのある展示室空間と、水庭越しに千秋公園の美しい風景を存分に楽しむことができる解放感あるラウンジ空

間、そして美術館と街とをつなぐ大きな三角形吹抜けのエントランスホールより構成されている。 ㊳

秋田市中通1-4-2　◆問い合わせ先 ☎018-853-8686

こまちスタジアム
こまちすたじあむ
（秋田市）

昭和47（1972）年完成の秋田県立球場が老朽化したため、場所を移転して平成15（2003）年に新しい県立野球場として建設された。「こまちスタジアム」は一般公募によって付けられた愛称。収容人員は約2万5000人、プロ野球公式戦も行われる。ネット裏メインスタンドを覆う白い大屋根は米粒をイメージし、4基のナイター照明塔は竿燈をモチーフにして、秋田色を出している。球場内ロビーには、県出身プロ野球選手関係の資料などの展示がある。 ㊴

秋田市新屋町字砂奴寄4-6　◆問い合わせ先 ☎018-895-5056

さきがけ八橋球場
（八橋運動公園硬式野球場）
さきがけやばせきゅうじょう
（やばせうんどうこうえんこうしきやきゅうじょう）
（秋田市）

昭和16（1941）年に完成し、今も本県野球界の中心的施設。全県少年野球大会が戦後再開して以降、その主会場で「少年野球の聖地」とも言われる。昭和24（1949）年に本県初のプロ野球が開催されたのも当時の秋田市営八橋球場だった。高校野球、社会人野球を含め数多くの名勝負の舞台となった。改修を重ね、フィールドや各種設備の充実が図られてきた。 ㊵

秋田市八橋運動公園1-7　◆問い合わせ先 ☎018-867-1000

鳥海山
木のおもちゃ館
ちょうかいさんきのおもちゃかん
（由利本荘市）

明治末期から大正期の校舎の建築様式を引き継いだ昭和20年代の数少ない木造校舎であった鮎川小学校。建築当時のまま今日まで維持してきた全国的にも希少な校舎である。廃校後も地域の人々に守られてきた校舎を活用し、おもちゃや大型遊具を地元産木材を使用して設置するとともに、林業関係者や子育て支援団体の新たな活躍の場として子どもから大人までが楽しめる「多世代交流・木育拠点施設」を目指し、平成30（2018）年に開館した体験型施設。 ㊾

由利本荘市町村字鳴瀬台65-1　◆問い合わせ先 ☎0184-74-9070

ソユースタジアム
（八橋運動公園陸上競技場）
（やばせうんどうこうえんりくじょうきょうぎじょう）
（秋田市）

体育館や野球場など多様なスポーツ施設が集約する八橋運動公園の中核的施設として、昭和16（1941）年に完成。その後、昭和36（1961）年の秋田国体開催に合わせて全面改修が行われた。この年の国体は参加者への民泊の協力など県民の手厚いもてなしが好評で、「まごころ国体」として今でも語り草になっている。平成19（2007）年の「秋田わか杉国体」ではサッカーの競技会場として使用された。トラックは全天候型ウレタン舗装で400m×8コース。収容人員は約2万人。 ㊷

秋田市八橋運動公園1-101
◆問い合わせ先　☎018-823-1472

道の駅岩城
みちのえきいわき
（由利本荘市）

由利本荘市岩城の国道7号沿いにある。大浴場から日本海を眺められるナトリウム－塩化物強塩泉の温泉施設「港の湯」を中核施設として、平成12（2000）年5月にオープン。隣接して平成14（2002）年にオートキャンプ場が完成。ほかに、レストランや売店を備えた総合交流ターミナル「ケベック」、地元産物の直売店舗がある。売店では各種お土産品などを販売している。 ７

由利本荘市岩城内道川字新鶴潟192-43

道の駅おおうち
みちのえきおおうち
（由利本荘市）

　由利本荘市岩谷の国道105号沿いに平成12（2000）年4月にオープン。中核施設の総合交流ターミナル「ぽぽろっこ」には温泉「楠の湯」、宿泊施設、地元の農家が運営する直売コーナーなどがある。平成13（2001）年4月には旧亀田藩地域の農村文化を伝える資料や絵画、図書を展示する「出羽伝承館」と全面芝生張りでグラウンドゴルフなどを楽しめる「多目的広場」がオープンした。JR羽後岩谷駅とも自由連絡路でつながっている。　⑧
由利本荘市岩谷町西越36
◆問い合わせ先　☎0184-62-1126

道の駅東由利
みちのえきひがしゆり
（由利本荘市）

　由利本荘市東由利の国道107号沿いに平成7（1995）年にオープンした。庄屋をイメージした和風温泉施設「黄桜温泉・湯楽里」を中心に、スーパー、薬店、産地直売所などがテナントとして入るショッピングモールの「ふれあいプラザぷれっそ」がある。温泉は弱アルカリ性泉で、泡風呂、サウナなどもある。湯楽里内の食事処では、特産品のフランス鴨を使用したメニューや八塩山中腹の湧水を使った「ボツメキビール」がある。　⑨
由利本荘市東由利老方字畑田28
◆問い合わせ先　☎0184-69-2611

本荘公園
ほんじょうこうえん
（由利本荘市）

　山形の最上義光の重臣だった本城豊前守満茂（3万9千石余り）が、慶長18（1613）年に石垣を使わず土塁と壕による城として築いた城址で、城は尾崎城や鶴舞城などとも呼ばれていたが、戊辰戦争で焼失した。平成3（1991）年から公園の再整備に着手し、これまでに大手門や冠木門が完成、鶴舞温泉や温水プール「遊泳館」、休憩施設「本丸の館」、体験学習施設「修身館」なども園内にある。桜やつつじの名所としても有名。　㊸

由利本荘市尾崎　　◆問い合わせ先　☎0184-24-6349
（由利本荘市観光振興課）

アクアパル
（由利本荘市）

　ボート競技やカヌー競技が盛んな子吉川河口域にある河川利用型（総合レクリエーション）の拠点施設として平成8（1996）年にオープン。由利本荘市ボートプラザ「アクアパル」という名前の通り、施設の主要部にはボートやカヌー約70隻が収容可能な艇庫があり、近隣中学・高校ボート部や一般市民クルーが練習拠点として利用している。ほかに「水と川のミュージアム」、多目的ホール、会員制フィットネスジム、喫茶ラウンジなどを持つ複合施設となっている。　㊹

由利本荘市北裏地54-1　◆問い合わせ先　☎0184-22-5611

八塩いこいの森
やしおいこいのもり
（由利本荘市）

　八塩山麓の八塩ダムとその周辺に広がる約25haのアウトドアスポット。桜の名所として知られており、ソメイヨシノ900本、八重桜700本、黄色い花をつける名物の黄桜が400本ある。桜が終わると初夏にはアジサイ、秋には400本のもみじの紅葉が見られる。ダム湖周辺を散策できる遊歩道のほか、オートキャンプ場、パークゴルフ場などがある。　㊺

由利本荘市東由利田代沢中41-6　◆問い合わせ先　☎0184-69-2332

由利本荘総合防災公園 ナイスアリーナ

ゆりほんじょうそうごうぼうさいこうえん
ないすありーな
（由利本荘市）

由利本荘市が、国の防災・安全社会資本整備交付金を活用して整備、平成30（2018）年10月1日にオープンした。スポーツやコンサートなどのイベントでは最大5千人を収容でき、災害時には一時避難所として2万人、避難所として3千人を収容する。指定管理者としてミズノグループが運営。スーパーマーケットを展開する株式会社ナイスが命名権を取得し、「ナイスアリーナ」の名称が用いられている。

天井中央部にセンタービジョンを備えた「メインアリーナ」は東北最大級のフロア面積を誇り、プロスポーツの公式戦や各種スポーツの全国大会など、トップレベルの競技に加え、次世代を担う子供たちに夢と感動を与える各種イベントなどを開催できる。ほかに「サブアリーナ」「剣道場」「柔道場」「トレーニングルーム」「ランニングコース」を備え、コミュニティゾーンには、スポーツ合宿に利用する宿泊室や浴室、町内会・サークルなどの各種会合にも対応できる会議室や96畳の和室がある。別棟の「屋根付きグラウンド」には、床に人工芝を敷き詰め、硬式テニスやフットサルなど、多目的な利用が可能となっている。㊻

由利本荘市石脇字田尻野18　◆問い合わせ先 ☎0184-22-0001

ハーブワールド AKITA

はーぶわーるどあきた
（由利本荘市）

平成7（1995）年開設のハーブ園。園内には、ラベンダーやカモミール、セージなど約250種ほどの世界のハーブが植えられているハーブワールドガーデン、ハーブを材料にリースやせっけん作りができるハーブクラフト体験工房、200種類余りのハーブ苗を販売しているグリーン館、ハーブメニューを味わえるレストラン、ハーブティーやクッキー、ポプリ、サシェなどハーブ商品がそろうショップなどを備え、季節にはラベンダー摘みもできる。　㊼

由利本荘市西目町沼田新道下490-5　◆問い合わせ先 ☎0184-74-8155

由利本荘市文化交流館 カダーレ

ゆりほんじょうしぶんかこうりゅうかん　かだーれ
（由利本荘市）

由利組合総合病院の跡地に建設され、平成23（2011）年12月に開館した文化ホール、図書館、教育学習施設などの機能を備えた由利本荘市の複合公共施設。愛称の「カダーレ」は、「仲間に入って」という意味の方言「かだれ」にちなんだもので、「親しみを感じ、わかりやすく、しゃれた響きに聞こえる」との理由で選ばれた。約1110席のホールをはじめとし、市民活動室、ギャラリー、スタジオ、練習室、プラネタリウムなど多様な市民活動の場として利用できる施設が整うほか、飲食コーナーや観光情報案内コーナーがあり、市民交流の場ともなっている。　㊽

由利本荘市東町15
◆問い合わせ先 ☎0184-22-2500
（一般社団法人 カダーレ文化芸術振興会）

道の駅にしめ

みちのえきにしめ
（由利本荘市）

由利本荘市西目町の国道7号沿いにあり、国土交通省（旧建設省）管轄では、東北で第1号の道の駅として、平成7（1995）年9月にオープンした。道の駅としての施設はレストランと物販コーナーが中心だが、周辺には菜の花やヒマワリのお花畑、ハーブガーデン、入浴施設、ボーリング場、スーパーなどがあり、全体で賑わいの場を形成している。西目町に昔から伝わる米粉のお菓子「なんばこ」や西目産の「わい化りんご」など地元名物も販売している。　⑩

由利本荘市西目町沼田新道下1112-2
◆問い合わせ先　☎0184-33-4260

道の駅清水の里・鳥海郷
みちのえきしみずのさと・ちょうかいごう
（由利本荘市）

由利本荘市鳥海町の国道108号沿いにあり、由利本荘市中心部と湯沢市中心部のほぼ中間に位置する。メイン施設の「ほっといん鳥海」には、農産物の産直販売所やレストランが入り、野菜、山菜、果物、タケノコ、キノコの缶詰、加工品などが並べられている。隣接の農産物加工所では、特産品の松皮餅の製造を行っている。　⑪

由利本荘市鳥海町上笹子字堺台100
◆問い合わせ先　☎0184-59-2022

いちじくの産地・大竹集落
いちじくのさんち・おおたけしゅうらく
（にかほ市）

千年の村との異名も持ち、歴史の面影を忍ばせる風情が魅力的なにかほ市大竹集落は、商業栽培では北限の地とされるいちじくの生産地。約100世帯からなる集落の40戸が専業・兼業農家であり、県内産いちじくの約9割を栽培している。長年親しまれてきた甘露煮に加え、ワイン煮やジャム等を新たに商品化し、地域ブランド化と生産者の意識向上に努め、令和2（2020）年に地域の農林水産物などを守る「地理的表示（GI）」登録の原動力となった。　⑫

にかほ市大竹字下後26
◆問い合わせ先　☎0184-74-3617
　　　　　　　　　　（佐藤勘六商店）

由利本荘市民俗芸能伝承館まい一れ
ゆりほんじょうし
みんぞくげいのうでんしょうかん
まいーれ
（由利本荘市）

鳥海山信仰と密接な関係を持つ鳥海山麓に伝承された民俗芸能は多彩で、その華やかさは他の追随を許さないものがある。その伝統芸能を次世代に引き継ぐ拠点施設として、平成29（2017）年4月に鳥海地区に開設した民俗芸能伝承館。古民家をイメージした外観が印象的な建物は、木造平屋建てで延べ床面積は約860㎡。公募で「舞い」と「参る」を掛け合わせた造語が採用され、「まい一れ」と命名された。施設内は主に、和室62畳の公演場と展示室で構成。公演場の大型スクリーンでは民俗芸能の映像を鑑賞できる。展示室ではさまざまな表情の番楽面や獅子頭などが見学できる。毎月第3日曜日の午前10時半から定期公演、そのほかにも特別公演が行われる。　㊾

由利本荘市鳥海町伏見字久保135-9　◆問い合わせ先　☎0184-44-8556

勢至公園
せいしこうえん
（にかほ市）

県内で最初に花見ができるスポットとして知られ、約28haの園内に約700本のソメイヨシノが咲き誇る。ここの桜は日露戦争に出征した金浦出身の有志が明治40（1907）年に凱旋記念として植樹したことに始まる。桜と観音潟、竹嶋潟、鳥海山が織りなす景観が優れていると評価され、昭和52（1977）年に新観光秋田30景の一つに選ばれた。勢至山の「タブの木」は自生では北限の群落地であるとして、昭和47（1972）年に県の天然記念物に指定された。平成2（1990）年には白瀬南極探検隊記念館が開館した。　㊿

にかほ市金浦　◆問い合わせ先　☎0184-43-6608（にかほ市観光協会）

白瀬南極探検隊記念館
しらせなんきょくたんけんたいきねんかん
（にかほ市）

日本人で最初に南極探検に挑んだ旧金浦町出身の探検家・白瀬矗の偉業を後世に伝えるため、平成2（1990）年に開館。探検隊の業績や、南極探検の意義、南極の自然に関する資料を、現物やAVシステムによって展示する。白瀬矗の人物像、極地で見られるオーロラの神秘について、隊員血判状や名簿、寝袋、防寒服などのほか、昭和43（1968）年に極点まで到達した実物の雪上車、南極の岩石などを常設展示している。　51

にかほ市黒川岩潟15-3　◆問い合わせ先　☎0184-38-3765

TDK Museum
TDK 歴史みらい館
てぃーでぃーけーみゅーじあむ
てぃーでぃーけーれきしみらいかん
（にかほ市）

TDK創立者である齋藤憲三の出身地はにかほ市。創業期より秋田県内に多くの生産拠点を構え、現在ではグローバルに事業展開を行い、世界約30カ国に約100カ所の生産拠点、グループ会社を有する世界的企業となっている。創業70周年記念事業として、TDKのあゆみをモノづくりの歴史から紹介する「TDK歴史館」を建設。80周年を期に、全面リニューアルを行い「TDK歴史みらい館」として生まれ変わり、現在に至っている。TDKの製品・技術がどのように社会の進化に役立ってきたのか、さらに未来社会に対してどのように関わり進化していくのかを、フェライトから始まるTDKの強みである「磁性」を主軸に、映像や体感デモを通して、分かりやすく楽しく学べる。校外学習や社会科見学のスポットとして人気を集めている。㊾

にかほ市平沢字画書面15　◆問い合わせ先　☎0184-35-6580

フェライト
子ども科学館
ふぇらいとこどもかがくかん
（にかほ市）

電気製品に欠かせない部品であるフェライトを実用化させた齋藤憲三の出身地にちなみ、フェライトを軸に子どもの科学する心を育む施設として平成10（1998）年に開館した市教育委員会の施設。平成31（2019）年春に展示物の一部をリニューアルし、にかほ市のことを寝転びながら学べる「ワンダーシアター」や、ゲーム感覚でエネルギーについて学習できる「ぐるぐる発電アタック」、理科教室の黒板風の「ボルダリングジム」など、楽しみながら科学に親しむ趣向が増えた。科学館に隣接するサイエンスパークには、子どもたちが跳びはねられる「ふわふわドーム」がある。㊼

にかほ市平沢宝田4-1　◆問い合わせ先　☎0184-32-3150

道の駅象潟
みちのえききさかた
（にかほ市）

にかほ市象潟の国道7号沿いにある。展望塔、展望大浴場、レストランなどを備えた6階建ての複合施設が中核。ナトリウム-塩化物泉の天然温泉大浴場「眺海の湯」は4階にあり、湯船に漬かったまま日本海の水平線を眺めることができる。6階の展望塔からの国指定天然記念物の「九十九島」、鳥海山、日本海の眺望も人気がある。敷地内には温泉水を利用した無料の足湯があり、観光拠点センターが隣接している。⑫

にかほ市象潟町大塩越73-1
◆問い合わせ先　☎0184-32-5588

にかほ市観光拠点センター
にかほっと
にかほしかんこうきょてんせんたーにかほっと
（にかほ市）

道の駅象潟「ねむの丘」に隣接して、平成28（2016）年にオープンしたにかほ市の観光拠点センター。施設内には、周辺の観光情報を入手することができる観光協会や、飲食店、農林水産物販売店が入店しており、夏には旬の「天然岩ガキ」をその場で食べることができる。天然の温泉を利用した無料の足湯「あしほっと」は50人ほどが同時に利用できる広さがあり、夏の時期には、ゆっくり漬かりながら鳥海山を眺めることができる。㊾

にかほ市象潟町字大塩越36-1
◆問い合わせ先　☎0184-43-6608

鳥海高原 花立牧場公園

ちょうかいこうげんはなだてぼくじょうこうえん
（由利本荘市）

昭和38（1963）年にジャージー種乳牛の牧場として開設された花立牧場を中心とする、鳥海山北麓の鳥海高原のアウトドアスポット。花立牧場工房「ミルジー」では、ジャージー牛乳の特性を生かした牛乳やヨーグルト、アイスクリームの製造や新しい商品開発に取り組んでいる。周辺にはコテージ、ポニーランド花立、ゴーカート、パークゴルフなどの施設もある。平成6（1994）年に当時の環境庁が実施した星空継続観察の結果、全国で2番目に星がよく見える場所に選定された。 (55)

由利本荘市矢島町城内花立96　◆問い合わせ先 ☎0184-55-4953

南由利原高原 青少年旅行村

みなみゆりはらこうげんせいしょうねんりょこうそん
（由利本荘市）

鳥海山の「さかさ鳥海」が映る大谷地池を中心に四季折々の自然が満喫できる高原。青少年旅行村には、大谷地池を巡る1周10kmのサイクリングロードや、本格的天体ドームをはじめ、プラネタリウム、貸出用天体望遠鏡などを備えた天体観察施設「コスモワールド」、10区画のオートキャンプサイト、50区画のテントサイト、ケビンやスノーモービルランド、隣接してゴルフ練習場などがある。 (56)

由利本荘市西沢南由利原373　◆問い合わせ先 ☎0184-53-2126

仁賀保高原

にかほこうげん
（にかほ市）

鳥海山の北陵に位置する標高約500mの高原。風車が立ち並び、鳥海山や日本海の雄大な眺望に優れている。食堂がある休憩展望施設「ひばり荘」からは周囲遠方360度の大パノラマを楽しむことができる。広々とした牧草地の中に大小の湖沼が点在し、キャンプ場や一周約5kmのサイクリングロードもあり、美しい大自然の中でアクティビティーを楽しむこともできる。ジャージー牛を飼育する土田牧場も人気のスポットで、搾りたてのジャージー牛乳で作ったアイスクリームやチーズトーストが名物になっている。 (57)

にかほ市馬場曲師小屋　◆問い合わせ先 ☎0184-36-2129（仁賀保高原ひばり荘）

鳥海ブルーライン

ちょうかいぶるーらいん
（にかほ市）

にかほ市象潟町小滝から標高1150mの鳥海山5合目鉾立を経て、山形県遊佐町吹浦に至る全長34.9kmの山岳道路。昭和47（1972）年の開通当初は有料道路であったが、平成 9（1997）年4月より無料開放されている。積雪のため例年11月上旬に閉鎖になり、翌年4月下旬に開通する。開通直後の雪の回廊は風物詩。眼下には日本海の大パノラマが広がり、「ブルーラインから見た日本海」は新秋田8景にも選ばれている。 (58)

にかほ市象潟町　◆問い合わせ先 ☎0184-43-6608（にかほ市観光協会）

象潟郷土資料館
きさかたきょうどしりょうかん
（にかほ市）

女の子や子どもたちの可憐な姿を木版画で描いた、にかほ市象潟町出身の木版画家・池田修三は、その独特の作風から没後も根強い人気を持っていたが、秋田県が発行したフリーマガジン「のんびり」の特集がきっかけで注目を浴びた。その池田の作品約2700点を収蔵する施設としてこの資料館も注目を集めている。もともとは、象潟が鳥海山噴火から大小百以上の島々が点在する潟であった時代を経て、文化元（1804）年の大地震による変貌など、いにしえの象潟を知るための貴重な資料を所有、展示する施設である。　③

にかほ市象潟町字狐森31-1　◆問い合わせ先　☎0184-43-2005

県央の観光施設〈項目位置図〉

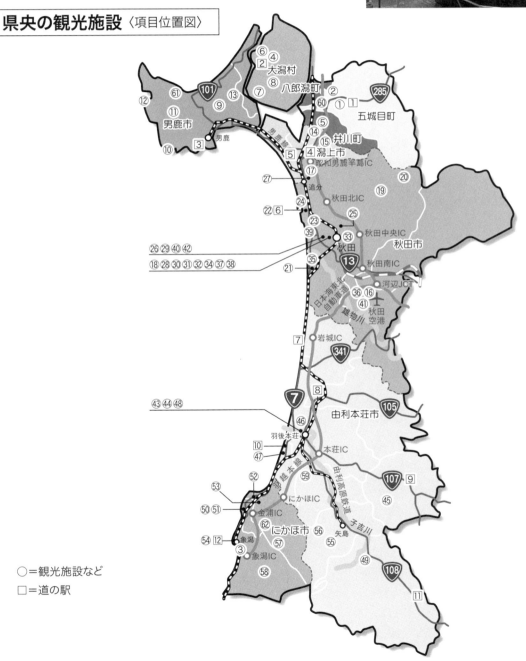

○＝観光施設など
□＝道の駅

3.県南の観光・施設

※項目末尾の数字は地図(P83)内の位置を示しています。

県南エリアは、仙北市、大仙市、美郷町、横手市、湯沢市、羽後町、東成瀬村で構成される。穀倉地帯で、米麹などの発酵文化も育まれてきた。農業をベースとした豊かな生活文化が魅力のエリア。

道の駅かみおか
みちのえきかみおか
(大仙市)

県内で7番目、国道13号では初めての道の駅として平成8(1996)年6月に大仙市北楢岡にオープンした。物産館では地元の「味どうらくの里万能つゆ」を使用したオリジナル商品のラスクやソフトクリームなどが好評。地元産「あきたこまち」や新鮮な野菜を使ったレストランがある。隣接して県指定史跡となっている江戸時代の一里塚があるが、道の両側に残っているのは秋田県ではここだけ。　　1

大仙市北楢岡船戸187
◆問い合わせ先　☎0187-72-4004

道の駅協和
みちのえききょうわ
(大仙市)

大仙市協和の国道46号沿いに県内25番目の道の駅として平成17(2005)年2月にオープンした。メイン施設の「四季の森」は集成材を使った木造建築で、地場産品の直売や地元の食材を使った食事を提供するレストランがある。交流提携している宮崎市(旧佐土原町)の農産物や特産品を販売するコーナーも設けられている。　2

大仙市協和荒川新田表15-2
◆問い合わせ先　☎018-881-6646

秋田県立農業科学館
あきたけんりつのうぎょうかがくかん
(大仙市)

秋田県農業の過去・現在・未来について科学的に楽しく理解を深める学習の場として、平成3(1991)年に設置された。第1展示室では機械化農業以前の農村生活を主に展示、第2展示室では自然環境・生産技術の仕組みを紹介している。そのほか、熱帯・亜熱帯性植物200種を育成する熱帯温室、国登録有形文化財の曲屋、果樹園、樹木園、花壇広場、芝生広場などがある。　　1

大仙市内小友中沢171-4　◆問い合わせ先　☎0187-68-2300

まほろば唐松
まほろばからまつ
(大仙市)

平成2(1990)年にふるさと創生事業の一環として造られた観光施設。中世時代にこの地にあった唐松城を再現している。歴史資料室、茶店、庭園などがある。一角にある能楽殿は県内で唯一の本格的な能舞台で、一流の演者による能、狂言の定期公演をはじめ、人形芝居、音楽公演なども行われている。能楽殿は現存最古の京都西本願寺の北能舞台を模して造られており、屋外で演じられていた能本来の姿を伝える舞台になっている。　　2

大仙市協和境唐松岳44-2　◆問い合わせ先　☎018-892-3500

花火伝統文化継承資料館
はなび・アム
はなびでんとうぶんかけいしょうしりょうかん
はなびあむ
（大仙市）

大仙市、大曲商工会議所、大仙市商工会が共同で策定した花火産業構想第Ⅰ期における「花火の文化的価値を高め、継承し、広く示す拠点」として平成30（2018）年8月5日に開館。1、2階には、生涯学習活動エリアとして多様な会議室を配置しており、サークル活動など市民の交流拠点として活用することができる。3、4階は花火伝統文化継承エリアとして、花火の歴史を知り、体験できる展示を行っており、3階では平成20年度からボランティア団体「花火伝統文化継承プロジェクト」との協働で収集した花火資料の展示を行っている。4階は展望展示ホールとなっており、大曲の街並みや丸子川と西山の景観を一望できるほか、高精細な映像を4面スクリーンに映写することで、花火に包み込まれたような迫力ある映像を楽しめる「はなびシアター」や、花火玉の模型を使って花火の打ち上げを体験することができる「はなび創作工房」などがある。　③

大仙市大曲大町7-19　◆問い合わせ先 ☎0187-73-7931

道の駅なかせん
みちのえきなかせん
（大仙市）

大仙市長野の国道105号沿いに平成9（1997）年10月にオープン。この地域が県内有数の米どころであることにちなみ、中核施設として農業総合管理施設「こめこめプラザ」を設けている。施設には野菜搾汁工場が稼働していて完熟トマトを絞った

トマジュースなどを製造し、その製造工程を外通路から見学できる。地元酒蔵「秀よし」が経営する酒蔵食堂では「発酵」をテーマにした料理を提供している。杜仲茶、杜仲めんなどの地元特産品も販売。ドンパン節発祥の地としても有名。田沢湖と横浜を結ぶ高速バス停留所がある。
③

大仙市長野高畑95-1
◆問い合わせ先　☎0187-56-4515

玉川温泉
（新玉川温泉）
たまがわおんせん
（しんたまがわおんせん）
（仙北市）

98℃という高温の源泉の湧出量は毎分約9000ℓ。1カ所の源泉の湧出量としては日本一を誇る。強酸性の湯と一帯から放出されるラジウムが病気の進行を抑える効果があるといわれ、不治の病が治ったとの逸話が数え切れないほど存在する日本屈指の治癒温泉。療養に効果が高いと評される「温泉王国・秋田」を象徴する、全国にその名を轟かせる名湯である。近隣地に伝統的な湯治療法を現代的なホテル設備で楽しめる新玉川温泉があり、バリアフリーに配慮したつくりとなっている。★泉質＝強酸性－含二酸化炭素・アルミニウム・鉄（Ⅱ）-塩化物泉 ★効能＝神経痛、リウマチ、胃腸病、糖尿病、循環器疾患など ♨1

仙北市田沢湖玉川渋黒沢 ◆問い合わせ先 ☎0187-58-3000

乳頭温泉郷
にゅうとうおんせんきょう
（仙北市）

十和田八幡平国立公園内の乳頭山麓に点在する「鶴の湯」「妙乃湯」「蟹場温泉」「大釜温泉」「黒湯温泉」「孫六温泉」「休暇村乳頭温泉郷」の7湯で構成される温泉郷。それぞれが独自に源泉を持ち、泉質は多種多様で温泉郷には10種類以上の源泉がある。ブナの原生林に囲まれ、そこを流れる先達川と支流沿いに点在し湯煙を上げている。各種温泉ランキングで、常にトップクラスに番付される日本有数の人気温泉地で、秘湯情緒が色濃く全国の温泉ファンが押し寄せる県内有数の観光スポットでもある。 ♨2

仙北市田沢湖 ◆問い合わせ先 ☎0187-43-2111（仙北市田沢湖観光情報センター「フォレイク」）

旧池田氏庭園
きゅういけだしていえん
（大仙市）

国指定名勝である旧池田氏庭園は、東北三大地主と称された池田家が所有する約42000m²メートル（12700坪）の広大な敷地に、近代造園の祖と呼ばれた造園家・長岡安平が明治時代後期から大正時代にかけて作庭した庭園で、高さ4mを誇る大型の雪見灯籠や国指定重要文化財である洋館などが配置された園内には四季折々の植物が咲き誇り、季節ごとにまったく異なる風景を楽しむことができる。 ㉑

大仙市高梨字大嶋1
◆問い合わせ先 ☎0187-63-8972（大仙市観光文化スポーツ部文化財課）

新潮社
記念文学館
しんちょうしゃきねんぶんがくかん
（仙北市）

新潮社創設者・佐藤義亮は仙北市（角館町）出身。郷土が誇る先人の功績を顕彰し平成12（2000）年に開館。生い立ちから、青年時代、晩年までを年譜で紹介し、貴重な資料とともに新潮社の沿革を辿りながら、明治以後の日本近代文学の歴史の一端をうかがい知ることもできる文化施設。文学に因んだイベントが開催されるのも魅力。外観は武家屋敷の街並みが残る角館にふさわしい蔵造りで、外壁には昭和22（1947）年7月に発行された新版新潮文庫第1号が川端康成の『雪国』だったことに因み、文庫本のオブジェとして、その冒頭が開いた形で埋め込まれている。 ㉒

仙北市角館町田町上丁23 ◆問い合わせ先 ☎0187-43-3333

田沢湖
クニマス未来館
たざわこくにますみらいかん
（仙北市）

田沢湖だけに生息していたクニマスは、昭和15（1940）年に玉川の酸性水を導入したことにより絶滅した。平成22（2010）年に山梨県の西湖で発見された「奇跡の魚・クニマス」を飼育・展示して

いる。田沢湖で絶滅してから西湖で発見に至るまでの経緯、当時の漁具や丸木舟、湖畔の人々の暮らしや環境の変化、クニマスの生物学などを多数のパネルや映像で解説し、田沢湖の歴史や文化、環境の大切さを発信する拠点施設として平成29（2017）年に開館した。　㉓

仙北市田沢湖潟字ヨテコ沢4
◆問い合わせ先 ☎0187-49-8131

たざわ湖スキー場
たざわこすきーじょう
（仙北市）

開設は昭和46（1971）年2月の秋田国体冬季大会を目前にした昭和44（1969）年。標高1637mの秋田駒ヶ岳の西斜面に広がるゲレンデは雪質も良く、初心者向けの緩斜面からエキスパート向けまで多様

な楽しみ方ができる。東北を代表するスキー場として、国体など全国大会の会場にも利用されている。平成27（2015）年から連続でモーグルの国際大会「FISフリースタイルスキーワールドカップ」開催会場となっている。眼下に田沢湖を見下ろす眺望の良さも評判の一つ。周辺にはゲレンデ直下の水沢温泉郷など温泉も多く、泊まり掛けで楽しむスキーヤーも多い。　④

仙北市田沢湖生保内下高野73-2　◆問い合わせ先 ☎0187-46-2011

たつこ像
たつこぞう
（仙北市）

田沢湖の辰子姫伝説にちなみ、湖のシンボルとして昭和43（1968）年5月12日に田沢湖畔潟尻に完成した高さ2.3mのブロンズ像。表面を金箔漆塗

り仕上げとしたのは、酸性の強い湖水からの腐食に耐性を持たせるため。作者は岩手県出身で当時東京芸術大学教授で彫刻家の舟越保武。水位の変動で台座部分が水中に没することがある。像の背後の対岸に駒ヶ岳がそびえ、湖畔随一の記念撮影ポイントになっている。　⑤

仙北市西木町西明寺潟尻　◆問い合わせ先 ☎0187-43-2111
（仙北市田沢湖観光情報センター「フォレイク」）

国の重要伝統的建造物群保存地区

角 館
かくのだて
（仙北市）

佐竹北家の武士町として栄えた角館。内町と呼ばれる武家屋敷通りには、江戸時代末期時の町割や、主屋・門・蔵の屋敷構え、枡型など武家町の特性が残されており、昭和51（1976）年に国の重要伝統的建造物群保存地区の選定を受けた。玉川と桧木内川沿いに市街地が開け、三方が山々に囲まれ、歴史ある武家屋敷と桜並木が美しく、「みちのくの小京都」と呼ぶにふさわしい風情を漂わせている。

武家屋敷のそれぞれの邸内や庭が公開されており、かつての武士たちの生活空間にタイムスリップしたような感覚に陥る。春の桜の季節や秋の紅葉時期はもとより、季節によってその表情を変える城下町の風情ある町並みは、年間約200万人が訪れる県内屈指の観光スポットである。　⑥

仙北市角館町　◆問い合わせ先 ☎0187-54-2700（仙北市観光情報センター「角館駅前蔵」）

仙北市立
角館樺細工伝承館
せんぼくしりつかくのだてかばざいくでんしょうかん
（仙北市）

　角館に伝わる伝統工芸品「角館の樺細工」の継承・振興を図るための施設として、昭和53（1978）年に開館した。江戸時代に樺細工創始者が作った作品や、目の前で伝統工芸士による製作実演を見学することができる。そのほか、角館地域を治めていた佐竹北家由来の甲冑や古文書など藩政時代の資料も展示している。物産品販売所や喫茶室を併設している。　⑦

仙北市角館町表町下丁10-1
◆問い合わせ先　☎0187-54-1700

安藤醸造
あんどうじょうぞう
（仙北市）

　創業嘉永6（1853）年という角館の老舗味噌醤油醸造元。享保年間に地主として角館に住み、小作米などを原料にして味噌醤油を造るようになったのが始まり。角館を代表する商家の一軒として武家屋敷に匹敵する由緒ある商家のたたずまいを今に残す。特に、火災に備えて明治24（1891）年に建てられた煉瓦蔵が独特の風情を醸している。近年は漬物の製造販売にも力を入れており、支店にあたる北浦本館とともに角館の主要観光スポットになっている。　⑧

仙北市角館町下新町27
◆問い合わせ先　☎0187-53-2008

角館の
シダレザクラ
かくのだてのしだれざくら
（仙北市）

　角館のシダレザクラは、主に藩政時代に屋敷ごとに植えられたもので、武家屋敷通り（国の重要伝統的建造物群保存地区）の黒板塀に映える優美な姿が全国的な人気を呼んでいる。佐竹北家二代佐竹義明は京都の公家三条西家実号の娘を妻に迎えたが、姫の輿入れの道具の中にシダレザクラの苗木3本が入っており、それが始まりだという説がある。現在数百本ほどある町内のシダレザクラの中で、162本が国の天然記念物に指定されており、推定樹齢100〜300年ほど、根元回りは3m余、樹高20mを超すものもある。　⑨

仙北市角館町東勝楽丁、表町ほか　◆問い合わせ先　☎0187-54-2700
（仙北市観光情報センター「角館駅前蔵」）

桧木内川堤
（サクラ）
ひのきないがわつつみ（さくら）
（仙北市）

　昭和8（1933）年の桧木内川の堤防完成と皇太子誕生（第125代天皇）を記念して、翌年に町の人々の手によってソメイヨシノの苗木が植樹された。見事に成長した約400本、2kmにおよぶ桜並木は「花のトンネル」の名で親しまれ、武家屋敷通りのシダレザクラとともに毎年100万人もの観光客を集めている。樹齢80年余りの老木は、地域の人々から愛され大切に管理されている。国指定名勝。　⑩

仙北市角館町　◆問い合わせ先　☎0187-54-2700
（仙北市観光情報センター「角館駅前蔵」）

仙北市立角館町平福記念美術館
せんぼくしりつかくのだてまちひらふくきねんびじゅつかん
（仙北市）

大正の末に平福百穂らの尽力によって設立された旧制角館中学校の跡地に昭和63（1988）年に開館した。建築は国立能楽堂の設計をした大江宏の手による。角館出身で近代日本画の巨匠といわれる平福穂庵・百穂父子の作品や関連資料を、年6回以上の展示替えを行いながら常設展示しているほか、穂庵・百穂門下の郷土ゆかりの画人たちの作品を中心に展示を行っている。現役作家や若い作家の発表の場にもなっている。⑪

仙北市角館町表町上丁4-4　◆問い合わせ先 ☎0187-54-3888

あきた芸術村
あきたげいじゅつむら
（仙北市）

昭和28（1953）年から田沢湖町（現仙北市）を拠点にして活動してきた劇団わらび座が開設した観光施設。昭和49（1974）年には常設公演のできる劇場が完成し、翌年には宿泊施設、そして平成4（1992）年に温泉施設「ゆぽぽ」、さらにクラフトビール醸造所や森林工芸館などを加え、平成8（1996）年に芸術とリゾートを結合した複合的文化エリアとして本格スタートした。手作り体験のプログラムや、民族芸術資料センターといった研究部門も有する。平成28（2016）年4月に「たざわこ芸術村」から「あきた芸術村」に改称した。⑫

仙北市田沢湖卒田早稲田430　◆問い合わせ先 ☎0187-44-3939

夏瀬温泉
なつせおんせん
（仙北市）

開湯は明治37（1904）年。のちに神代ダムの建設に伴い昭和28（1953）年に現在地に移り「夏瀬観光ホテル」と名乗って営業していたが、施設の老朽化で平成13（2001）年限りで一度廃業となった。その後、同17（2005）年より経営者も変わり、「夏瀬温泉　都わすれ」の名で高級温泉旅館として再スタートした。エメラルドグリーンの湖水をたたえるダム湖のほとりの閑静な一軒宿。★泉質＝ナトリウム-硫酸塩泉　★効能＝慢性皮膚病、動脈硬化、糖尿病、痛風、肥満症など ♨3

仙北市田沢湖卒田字夏瀬84　◆問い合わせ先 ☎0187-44-2220

大村美術館
おおむらびじゅつかん
（仙北市）

アール・デコのフランスのガラス作家、ルネ・ラリックの作品を専門に展示する私設の美術館として平成7（1995）年に開館した。所蔵品は、ラリックのガラス作品や関連資料、スペイン現代作家の版画など400点余り。テーマに沿って常時70～80点を展示する。ガラス美術品専門美術館として、壁の色や照明に工夫がなされている。⑬

仙北市角館町山根町39-1
◆問い合わせ先　☎0187-55-5111

八津・鎌足のカタクリ群生地
やつかまたりのかたくりぐんせいち
（仙北市）

約20haもの広い栗林の下に自生している。この地は西明寺栗という大粒の栗で有名で、遅れてその栗の木の下に春咲くカタクリも有名になった。平成18（2006）年4月には「かたくり館」という拠点もオープンした。散策コースが幾つかあり、群生地には茂右エ門、与五衛門など屋号がついている。まるで紫のじゅうたんを敷き詰めたような、高さ20cmほどの無数の紫色の花が咲く。珍しい白花のカタクリも咲く。⑭

仙北市西木町 八津・鎌足地区
◆問い合わせ先 ☎0187-47-3535
（かたくり館）

道の駅美郷
みちのえきみさと
（美郷町）

　国道13号沿いに平成16（2004）年10月に「道の駅 雁の里せんなん」の名称でオープンし、令和2（2020）年4月1日から町の観光振興の拠点として「道の駅 美郷」に名称変更した。令和2（2020）年8月に同敷地内に「モンベル秋田美郷店」がオープンし、令和3（2021）年3月31日に「道の駅 美郷」がリニューアルオープン。店内は主に3つに分かれており「奥羽山麓市場 みさとのめぐみ」は朝採り野菜や農産加工品のほか、美郷町の特産品などを豊富に取りそろえている。フリースペースカフェ「仙北平野カフェ みさとのふうど」は店内で購入したものを持ち込めるほか、オリジナルソフトクリームなどを味わえる。古民家をリノベーションした「釜飯食堂 みさとのごはん」では美郷米の釜炊きご飯や地元食材にこだわったご当地メニューを楽しむことができる。隣接する美郷町観光情報センターでは美郷町の情報や旬な話題を提供している。④

美郷町金沢下舘124
◆問い合わせ先　☎0182-37-3000

美郷町ラベンダー園
みさとちょうらべんだーえん
（美郷町）

　ふるさと創生事業の一環として9品種3000本のラベンダーの苗を町内7箇所で試験栽培したのが始まり。町北部の丘陵地にある約2haの園内では、町のオリジナル品種である「美郷雪華」をはじめとした2万株を超えるラベンダーが辺り一面を覆い尽くす。例年6月中旬から7月上旬にかけて「ラベンダーまつり」が開催され、奥羽山脈を背に広がる白と紫のコントラストが美しく、ほのかに香るラベンダーの爽やかな匂いが心地よく癒される人気のスポットとなっている。㊲

美郷町千屋字大台野1-4　◆問い合わせ先　☎0187-85-3131
（大台野広場管理棟〈冬期間は閉鎖〉）

六郷湧水群
ろくごうゆうすいぐん
（美郷町）

　美郷町の六郷地区は扇状地の扇端に位置することから、至る所で清水が湧いており、古来より「百清水」と言われてきた。現在でも60以上の清水を見ることができ、住民の生活用水はほぼ地下水で賄われている。清水には、地元で「ハリザッコ」と呼ばれる、きれいな水にしか棲めない「イバラトミヨ」が生息している。昭和60（1985）年に環境庁（当時）の「名水百選」に選ばれ、平成7（1995）年には国土庁の「水の郷百選」に認定されている。⑯

美郷町六郷　◆問い合わせ先　☎0187-84-4909
（美郷町商工観光交流課）

平安の風わたる公園
へいあんのかぜわたるこうえん
（横手市）

　「雁行の乱れ」で知られる「後三年合戦」の古戦場・西沼のほとりに広がる歴史公園。源義家が金沢柵に向かって進軍中、この付近に差し掛かると、上空を一列に並んで飛んでいた雁がにわかに列を乱したので、付近一帯に伏兵がいるのを知り、逆に全滅させることができた。その合戦の武将たちのブロンズ像、レリーフ、東北地方の古戦場地図、清原方系図、源氏方系図などがある。沼に架かる三連の太鼓橋「雁橋」がシンボル。⑮

横手市金沢中野　◆問い合わせ先　☎0182-32-2725
（横手市横手地域課建設係）

横手公園
よこてこうえん
（横手市）

1550年頃、小野寺氏によって築かれたとされる横手城の城跡に整備された公園。かつては朝倉城と呼ばれ、城の普請は石垣を用いないで土居削崖とし土崩れを防ぐ土止めと、敵が這い登ることができないように韮を植えた築城だったため韮城の名もある。横手城はのちの通称。二の丸跡に三層の天守閣風の展望台が建ち、内部は郷土資料館になっている。県南を代表する桜の名所で、ソメイヨシノなど5000本が咲く。　⑱

横手市城山町　◆問い合わせ先 ☎0182-32-2118（横手市観光おもてなし課）

秋田ふるさと村
Kamakuland
あきたふるさとむらかまくらんど
（横手市）

平成6（1994）年4月20日オープン。東京ドーム4個分の敷地に「観る」「触れる」「遊ぶ」「体験する」「味わう」といった秋田の魅力を詰め込んだ全天候型テーマパーク。伝統工芸を紹介する「工芸展示館」と「工芸工房」、手作り体験ができる「手づくりスタジオ」、不思議空間を楽しむ「ワンダーキャッスル」、東北最大規模のプラネタリウム「星空探険館スペーシア」、「秋田蘭画」をはじめ近代以降の美術作品を展示する秋田県立近代美術館などがある。　⑲

横手市赤坂富ケ沢62-46　◆問い合わせ先 ☎0182-33-8800

秋田県立
近代美術館
あきたけんりつきんだいびじゅつかん
（横手市）

郷土文化の拠点として建設された秋田ふるさと村の中核施設として、秋田県立博物館の美術部門を独立させる形で平成6（1994）年に開館した。小田野直武の秋田蘭画から、平福穂庵・百穂父子、寺崎廣業、福田豊四郎など近現代の秋田ゆかりの作家の作品を中心に、ロダンなどの彫刻も含め、約2700点を所蔵。美術館周辺には野外彫刻作品も展示されている。所蔵品による年間4〜5回のコレクション展、多彩な美術を紹介する特別展などの開催、国内外の作家による彫刻の展示に加えて、鮮明な画像で世界の名作や館蔵作品を紹介するハイビジョンギャラリーもある。　⑳

横手市赤坂字富ヶ沢62-46　◆問い合わせ先 ☎0182-33-8855

後三年合戦金沢資料館
ごさんねんかっせんかねざわしりょうかん
（横手市）

清原武衡・家衡らが金沢柵に立てこもり、源義家・清原清衡らと戦った「後三年合戦」を今に伝えるため、平成3（1991）年に開館した。源義家が上空の雁の列が乱れたのを見て伏兵が潜んでいることを見破ったという「雁行の乱れ」の場面など、地元金沢の郷土史家・戎谷南山が、東京国立博物館所蔵の国重要文化財の絵巻「後三年合戦絵詞」を模写した三巻をはじめとして、県指定文化財や考古資料、工芸品などを展示している。　⑰

横手市金沢中野字根小屋102-4
◆問い合わせ先 ☎0182-37-3510

山下記念館 やましたきねんかん
（横手市）

第二次大戦後間もなく石油の堀削に大志を抱き、世界の巨大資本と競い合いアラビア石油株式会社を設立。大規模海底油田採掘にも成功し世界中にその名を轟かせた山下太郎。日本の戦後復興に大きく貢献する一方、生涯にわたり故郷・大森町（現横手市）に愛情を注ぎ続けた氏を顕彰する記念館。　㊴

横手市大森町字大森145
◆問い合わせ先 ☎0182-26-3500
（山下太郎顕彰育英会）

道の駅さんない　みちのえきさんない
（横手市）

　横手市山内の国道107号沿いに、木製品加工販売施設「ウッディさんない」をベースにして誕生した。間伐材を加工した木製土木資材、公園資材など木製品を販売。手作り体験ができるDIY施設もある。道の駅全体をウッディーゾーンとし木の風合いを生かした建物で統一している。物産販売施設「農香庵」ではいぶりがっこなど山内地区の特産物を直売し、レストランでは地元の手打ちそばやいものこ汁、子いもを使った商品などが人気を集めている。　⑤

横手市山内土渕字小目倉沢34
◆問い合わせ先　☎0182-56-1600
（株式会社ウッディさんない木材加工部道の駅事業部）

道の駅十文字　みちのえきじゅうもんじ
（横手市）

　平成19（2007）年のオープン。東北初の完全民営で運営される道の駅であり、施設面の全体構成は当初から計画的に整備された。そのため、物販コーナー、飲食コーナー、コンビニ、トイレなどが一つの建物にまとまって入っている点が、施設が分散して建てられがちな多くの道の駅と異なる。国道13号沿いの十文字町市街地中心部に立地しており、道路利用者だけでなく地域住民の利用も想定した運営が行われている。　⑥

横手市十文字町字海道下21-4
◆問い合わせ先　☎0182-23-9320

民家苑 木戸五郎兵衛村　みんかえんきどごろべえむら
（横手市）

　古くからの農村文化を次代に継承しつつ、住民が気軽に憩える場として、平成6（1994）年3月31日に開村した。村の名称は隣接する木戸五郎兵衛稲荷神社にちなむ。村内に移築された4棟の民家は、いずれも横手盆地南部の江戸時代末期から昭和中頃までの農家建築で、内部に民具が展示されており、当時の農村の暮らしを知ることができる。4棟とも市指定有形文化財。⑭

横手市雄物川町沼館字高畑336　◆問い合わせ先　☎0182-22-2793
（横手市雄物川生涯学習センター）

横手市増田 まんが美術館　よこてしますだまんがびじゅつかん
（横手市）

　平成7（1995）年、旧増田町の町制施行100周年記念事業として建設された複合施設「増田ふれあいプラザ」の一角に、「マンガ」をテーマとした全国初の本格的美術館として開館。令和元（2019）年5月1日に美術館単体の施設としてリニューアルオープンした。日本が誇る文化である「マンガ原画」の展示と保存に力を入れ、本物が持つ迫力と美しさ、原画に込められた作家の熱量を伝えることによってマンガのさらなる魅力を世界に向けて発信していく。　⑮

横手市増田町増田字新町285　◆問い合わせ先　☎0182-45-5569

浅舞公園
あさまいこうえん
（横手市）

別名「あやめ公園」といわれるほどアヤメ科のハナショウブをメインとした公園で、約5.5haの敷地面積のうち、約70aのあやめ畑に、80種3万株、60万本のハナショウブが植えられている。県内はもとより東北有数のあやめ園として名を知られ、毎年6月下旬から7月上旬に開催される「あやめまつり」では、優雅に咲き誇る花々が多くの観光客を魅了する。　㉖

横手市平鹿町浅舞蒋沼83　◆問い合わせ先 ☎0182-24-1118
（横手市平鹿地域課産業建設係）

国の重要伝統的建造物群保存地区

増田の内蔵
ますだのうちぐら
（横手市）

古くから産業、交通、物流の要として栄えてきた横手市増田町の中七日町通りと本町通りの一部は、明治前期から戦前にかけて特徴的な正面意匠をもった大型の町屋が立ち並び、当時の繁栄を今に伝える伝統的な町並み景観と、国の登録文化財にも登録される建築様式や技術などの文化的価値が優れているとして、国の重要伝統的建造物群保存地区に平成25（2013）年に選定された。雪害からの保護を目的に雪国の商家では、主屋の中に「内蔵」と呼ばれる土蔵を設えているが、増田はその軒数はもとより、生活居住空間として多くが現存していることが特徴とされている。内蔵は漆喰塗りの扉、漆塗りの太い柱、漆喰塗りの壁など重厚なつくりとなっている。主として文書類保存としての文庫蔵と呼ばれるものや床の間を配した座敷を設えるものも多く、当主や家族専用の空間として利用されていた。店舗から裏に続く「とおり」土間を入ると、主屋の奥にあり表通りからは見えず、生活の場として人目に触れることがなかったが、一般公開されてから贅の限りを尽くした内蔵の造作に驚嘆の声が上がり、観光スポットとして注目を集めている。　㉗

横手市増田町増田　◆問い合わせ先 ☎0182-45-5541
（増田町観光協会）

真人公園
まとこうえん
（横手市）

前九年合戦で源頼義を助けた清原真人武則の居城跡を、大正天皇即位事業として当時の増田町が造園したもの。満山松の真人山をバックに池と中島を配し、中央に3カ所の広場を設けてソメイヨシノ、ヤマザクラなど2000本の桜を植えた。設計は千秋公園を手掛けた造園家の長岡安平と伝えられる。平成2（1990）年に日本さくら名所100選に認定されている。大正時代から桜まつりの時に行われている「たらいこぎ競争（4月29日）」は100年を超えて続けられている。サクラの後、リンゴの花が咲く公園周辺は平鹿リンゴの主産地。　㉘

横手市増田町亀田上掵81　◆問い合わせ先 ☎0182-45-5541
（増田町観光協会）

鎌鼬美術館 かまいたちびじゅつかん
（羽後町）

日本発の舞踏を世界のBUTOHへと導いた秋田市出身の土方巽が、写真界に新たな境地を切り開いた写真家・細江英公とともに田代を訪れた。土方は住民とふれあい、時には驚かしたりしながら村を舞台に跳んだりはねたり、駆けたりし、細江は土方を追いかけながらシャッターを押した。その記録が写真集「鎌鼬（かまいたち）」として結実。鮮烈な作品は衝撃的な話題を集め、後に芸術選奨文部大臣賞受賞にいたった。鎌鼬は旋風に乗って現れ、瞬時に去っていく妖怪の名。土方たちは突然村を訪れた自分たちを鎌鼬に例えたのである。土方没後30周年に当たる平成28（2016）年、傑作の舞台となったこの地に地元の有志たちが美術館を開館。館内には「鎌鼬」の写真パネル15点や初版本など貴重な作品が並ぶ。㉜

羽後町田代字荢67-3
◆問い合わせ先 ☎0183-62-4623
（鎌鼬の会事務局）

小安峡温泉 おやすきょうおんせん
（湯沢市）

慶長年間（1596～1615年）の開湯と伝えられる。文化8（1811）年には9代秋田藩主佐竹義和が来湯したという記録が残っている。昭和44（1969）年に温泉郷全体が被災する大火があり、現在の10軒余りの宿泊施設は全てその後に建てられたもの。新観光秋田30景の小安峡大噴湯が温泉郷の最大の売り物。温泉郷内にはアウトドアスポット「とことん山」もある。★泉質＝塩化物泉、硫酸塩泉 ★効能＝神経痛、筋肉痛、関節痛、打ち身、冷え性など ♨4

湯沢市皆瀬湯元
◆問い合わせ先 ☎0183-47-5080
（湯沢市観光物産協会皆瀬事務所）

ゆきとぴあ七曲花嫁道中 ゆきとぴあななまがり はなよめどうちゅう
（羽後町）

「冬だばやだな」と暗い雰囲気になりがちな町に活気を取り戻そうと昭和61（1986）年から始まった。馬そりに揺られ峠を乗り越える昔ながらの嫁入り風景を再現した「花嫁道中」が行われるお祭り。毎年1月最終土曜日に開催。西馬音内中心部から田代の「旧長谷山邸」に向かう道すがら、夕暮れ迫る時刻に七曲峠の曲がりくねった沿道4kmにわたって道の両側に雪の中に蝋燭が灯され、「キャンドルロード」と呼ばれる、幻想的な光景が出現する。㊳

羽後町西馬音内字中野177 ◆問い合わせ先 ☎0183-62-2111
（みらい産業交流課 観光交流班）

泥湯温泉 どろゆおんせん
（湯沢市）

延宝8（1680）年に湯治場が開かれたという記録が残る。明治の頃には「安楽泉」とも呼ばれ、近郷近在の湯治に利用されて、県南で最も賑わっていた温泉場の一つであったが、山あいの鄙びた湯治場情緒が好まれ、近年は都市部からの観光客が多い。噴気が立ちこめる山中のくぼ地に、数軒の素朴な湯宿が寄り添うようにして建つ独特の風情を持っている。★泉質＝単純硫化水素泉 ★効能＝リウマチ、高血圧症、動脈硬化症など ♨5

湯沢市高松泥湯沢 ◆問い合わせ先 ☎0183-55-8180
（湯沢市観光・ジオパーク推進課）

川原毛大湯滝 かわらげおおゆたき
（湯沢市）

日本三大霊地の一つに数えられ、かつて硫黄鉱山があった「川原毛地獄」から、高温の温泉水が毎分3t余り湧き出している。それが落差20mの滝になって流れ落ちているもので、夏場は滝の辺りの湯温が40℃ほどになって、滝つぼが天然の露天風呂になる。湯は強酸性で、入浴には問題ないが肌の弱い人や子どもは注意が必要。入浴適期7月上旬～9月中旬。★泉質＝塩酸酸性型強酸性泉 ★効能＝皮膚病、外傷、水虫など ♨6

湯沢市高松高松沢 ◆問い合わせ先 ☎0183-55-8180
（湯沢市観光・ジオパーク推進課）

小町堂
こまちどう
（湯沢市）

小野小町生誕伝説にちなみ、小町を祀るために建立された。初代の小町堂は昭28（1953）年7月、旧小野村の青年婦人有志によって建立されたが、現在の小町堂は宇治平等院を模して平成7（1995）年に完成したもの。旧雄勝町の小町まつりは、古くから芍薬塚（小町塚）で行われていた。その舞台となるのが小町堂で、今も6月の第2日曜日とその前日に催され、その年に市内から選ばれた市女笠の小町娘7人による和歌の奉納が行われる。　㉙

湯沢市小野小町48-17　◆問い合わせ先 ☎0183-52-2200
（湯沢市雄勝観光協会）

川連漆器伝統工芸館
かわつらしっきでんとうこうげいかん
（湯沢市）

秋田の代表的な伝統工芸である川連漆器を中心とする、湯沢市稲川地区の地場産品の紹介・販売などを目的に平成21（2009）年春に開館した。1階は川連漆器のほかに、稲庭うどん、川連こけしなどの展示販売フロアで、沈金、蒔絵などの漆器の工程の実演コーナーもある。2階は歴史的な漆器の作品や道具、漆器の材料になるウルシやトチ、ケヤキなどの原木などを展示する歴史資料館になっている。　㉚

湯沢市川連町字大舘中野142-1　◆問い合わせ先 ☎0183-42-2410
（秋田県漆器工業協同組合）

稲庭城
いなにわじょう
（湯沢市）

鎌倉時代初期から約400年もの間、県南一帯を治めていた小野寺氏の居城跡に建てられた観光施設。小野寺氏居城を模した建物の中は資料館になっており、現在の湯沢市の概要や、地元の名産稲庭うどん作りの工程、漆器の木地引きなどが展示されている。漆器と仏壇の技術を生かした純金箔張りの黄金の間が見どころ。最上階は湯沢市東部が一望できる展望台になっている。山頂の今昔館と山麓の間を大名駕籠（かご）の形をしたスロープカーが結んでいる。　㉛

湯沢市稲庭町古舘前平50　◆問い合わせ先 ☎0183-43-2929

道の駅うご
みちのえきうご
（羽後町）

国の重要無形民俗文化財「西馬音内盆踊り」が有名な羽後町。町の中心部である西馬音内の国道398号沿いにある。盆踊りの衣裳に因み「端縫いの郷」が愛称となっている。直売所には近隣約190戸の農家の朝採りの農産物や、地元のおかあさんたちが受け継いできた秘伝レシピのお惣菜や田舎菓子が並ぶ。ダイニングでは200余年の伝統を誇る名物『西馬音内そば』や黒毛和牛「羽後牛」を使用した焼肉丼などをセルフ方式で選べる。ほかにも、新鮮な地元羽後産生乳を使ったジェラートなどのスイーツもあり魅力に尽きない。令和3（2021）年には「弥助流そば打ち体験場」がオープンした。「うご」ブランドの発信と羽後町のコンシェルジュを担う道の駅。　⑧

羽後町西馬音内字中野200
◆問い合わせ先　☎0183-56-6128

道の駅おがち
みちのえきおがち
（湯沢市）

平成11（1999）年に湯沢市小野の国道13号沿いにオープン。宮城県方面に向かう国道108号交差点や湯沢横手道路雄勝こまちICも近い。愛称の「小町の郷」は、「小野小町」生誕伝説にちなみ、小町の旅姿「市女笠」をモチーフにデザインされた特徴ある建物で、平成12（2000）年に「道の駅グランプリ2000」優秀賞を受賞した。同年の建設省（当時）「手づくり郷土ふるさと賞」にも選ばれている。隣接して子どもの遊具を備えた小町の郷公園がある。　⑦

湯沢市小野字橋本90
◆問い合わせ先　☎0183-52-5500

西馬音内盆踊り会館
にしもないぼんおどりかいかん
（羽後町）

「西馬音内盆踊り」の活動拠点施設の館内には、100年以上前の踊り衣装のほか、盆踊りの様子を再現した人形、藍染めの大きな壁掛け、キルトのタペストリーなど、120人を超す地元の女性たちによる手作り作品を展示。踊りの練習などにも使われる体験交流ホールでは、200インチの大型スクリーンで盆踊りの映像資料を上映している。展示ホールには、代々受け継がれてきた、貴重な芸術品ともいえる盆踊りの代表的な衣装「端縫い」が展示されている。また、ホールの壁沿いにある50体の盆踊り本番の様子を模したミニチュア人形は全て手作り。一体一体が異なった動作を表しており、踊りの振り付けの所作や衣装の柄まで忠実に再現している。　㉝

羽後町西馬音内字本町108-1　◆問い合わせ先 ☎0183-78-4187

ふる里館
ふるさとかん
（東成瀬村）

東成瀬村の歴史、産業、文化を紹介する郷土文化保存伝習施設。マタギ用具や民具、わらやつるで編んだ創作民芸品の展示のほか、伝習室では大きな囲炉裏を囲みながら、民俗行事や昔話を聞く会が開かれる。養蚕が盛んであったことを物語る展示品や、農耕・林業の様子が豊富な実物の展示でよく分かる。また、村の誇りとなる大型磨製石斧のレプリカや村内の上掵遺跡で発掘された土器などの展示もある。明治時代に東成瀬村に生まれた映画俳優高田稔や漫画家高橋よしひろを紹介するコーナーもある。巨大な仙人像が目印。　㉞

東成瀬村田子内上野67-2
◆問い合わせ先　☎0182-47-2241

院内銀山異人館
いんないぎんざんいじんかん
（湯沢市）

最盛期には産出量日本一を誇った院内銀山の歴史を振り返る史料館として平成元（1989）年に開館した。建物はドイツ人鉱山技術者の住居をイメージして煉瓦造り風の外観になっており、JR奥羽本線院内駅の駅舎を兼ねている。館内では院内銀山で使われた採鉱道具などの資料や銀山町の模型などが展示されており、また、国指定史跡の岩井堂洞窟から出土した土器や縄文時代の生活ぶりを等身大の人形で再現したジオラマも展示している。　㉟

湯沢市上院内小沢115　◆問い合わせ先 ☎0183-52-5143

須川温泉（栗駒山荘）
すかわおんせん（くりこまさんそう）
（東成瀬村）

栗駒国定公園の主峰「栗駒山」の北西麓にある須川温泉に建つ宿。泉質は国内でも稀なpH2.1強酸性の明礬緑礬泉で、源泉からの湧出量は毎分6000ℓ。これは1カ所の自噴源泉から湧出する量として国内屈指を誇っている。標高1100mの露天風呂からは、眼下に広がる須川高原の山岳庭園が一望に見渡せる。晴天時には鳥海山も眺望でき、夜には空から降り注ぐような満天の星空が間近で楽しめる。★泉質＝強酸性の明礬緑礬泉　★効能＝胃腸病、慢性婦人病、呼吸器病、慢性消化器病、慢性皮膚炎ほか　♨7

東成瀬村椿川仁郷山国有林　◆問い合わせ先 ☎0182-47-5111

ジュネス栗駒スキー場
じゅねすくりこますきーじょう
（東成瀬村）

「日本で最も美しい村」連合に加盟している東成瀬村の中央部にあるスキー場。奥羽山脈の豪雪地帯でシーズンを通して豊富な積雪量があり、新雪パウダーやサイドカントリーが存分に楽しめる。メインゲレンデは、山麓から山頂まで一望できるパノラマの眺望が特徴。最高地点から最長2500mのコースはゆったりと滑走できるので、家族連れでも安心して楽しむことができる。ゲレンデから直結する「やまゆり温泉 ホテルブラン」は、pH9.8の強アルカリ性「美肌の湯」として人気を集めている。　東成瀬村椿川柳沢39-7　◆問い合わせ先 ☎0182-47-3101

㊱

県南の観光施設〈項目位置図〉

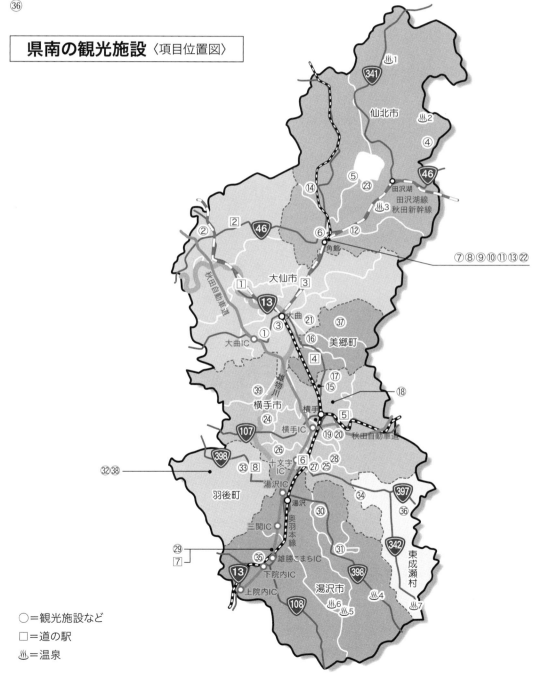

○＝観光施設など

□＝道の駅

♨＝温泉

第3章

祭り・行事

横手のかまくら

第3章

祭り・行事

秋田の風土の中で人々は、豊かな自然条件を生かした稲作を生業（なりわい）の中心とする生活を送ってきた。米どころ秋田の名は、人々の営々とした努力の賜（たまもの）であった。ことさら、稲作の豊饒を祈る祭礼や信仰行事が数多く展開されている。中には稲作以前の文化が残存するものもあることは驚異的といえよう。いずれの祭り・行事にも歴史的な展開や風土、風俗、習慣などさまざまな人文要素が絡み、その背景になっていることは決して見逃せない。

1.春の祭り・行事

雪融（ゆきど）けもままならない頃から春耕を迎えるこの季の祭り・行事は、主に田植えの前後に行われている。稲作の順調と秋の豊穣（ほうじょう）を祈るのが趣旨である。彼岸には先祖に今年の田植えの無事を祈り、田植え後には稲を害する虫や病気（悪霊）（あくりょう）をいち早く除却（じょきゃく）しようとする虫祭り（除蝗祭）（じょこうさい）や鹿嶋（かしま）祭りなどが展開されてきた。田植え祭りは少ないものの、小滝の（延年）チョウクライロ舞の中には田楽もあり、その信仰は確かに息づいている。また、五月節供に関わる祭り行事もあり、人々に取り憑（つ）こうとする悪霊を除却し、健康を保持し生業に力を注げるように祈る祭り・行事もみられる。

ジャジャシコ祭り
じゃじゃしこまつり
（大館市比内扇田）

幕末に起きた大火を機に始まったとされる扇田神明社の火伏（ひ）せ祭りをいう。正式には鎮火祭（せ）と呼ばれる神事である。この祭りは、まず神社で祭式が行われ、引き続き神職と地元消防団員らによる法螺貝（ほら）と太鼓鳴らしを先頭にして、氏子家々の門口でお祓いをし、最後は水を柄杓（ひしゃく）に汲み、屋根に掛けて火伏せを祈念するものである。ジャジャシコの語源は、火消したちが持つ錫杖（しゃくじょう）の金の輪が、歩くたびにジャラジャラと鳴る音であるといわれる。

◇4月3日

大森親山獅子大権現舞
おおもりしんざんししだいごんげんまい
（鹿角市尾去沢）

尾去沢東在家の八幡神社では、毎年春と秋の例祭で大森新山獅子大権現舞がみられる。この獅子神楽は尾去沢鉱山の発見伝承に由来して、文明13（1481）年ごろから舞われたと伝えられる。別当（べっとう）海沼家（神職）から囃子（はやし）を奏（かな）で、神社まで道中舞鼓行（ぶこぎょう）の巡行から始まり、祭礼にはこの獅子舞が舞われる。舞いではまず前舞（まえまい）があり、次に本舞、最後は米汲（よねく）み舞である。米汲みの舞は最も特徴的で、獅子が柄杓（ひしゃく）から水を汲み、飲むという正月の若水（わかみず）にたとえて黄金（がね）（米）を汲むとみなされている。

◇春5月5日／秋9月15日　県指定無形民俗文化財

願人踊
がんにんおどり
（八郎潟町一日市）

一日市神社の例祭日に奉納され、町の大通りで演じられる芸能。僧形の放浪芸人が伝えたともいわれている。女物の派手な襦袢をはしょり腰から前垂れを下げた風流衣装や右の手足と左の手足を交互に出す一直踊りが特徴。「イヤンヤー」「コンノエー」「アンマサエー」「伊勢じゃナエ」の4曲が演じられ、合間には歌舞伎「仮名手本忠臣蔵」五段目の荒事の寸劇もみられる。

◇5月5日　県指定無形民俗文化財

日吉神社例祭
山王様の嫁見祭り
ひよしじんじゃれいさい
さんのうさまのよめみまつり
（能代市御指南町）

日吉神社の創建伝説によると、天文2（1533）年旧4月申の日、神のお告げによって能代浜海中から光る御神体を得てこれを祀ったのが始まりといわれ、その日に例祭を行っている。前日の宵宮では結婚1年以内の初嫁が、お礼と幸福祈願のため、腰元に手を引かれながら花嫁衣装の行列でお参りするため、別名「嫁見祭り」といわれている。全国的にも珍しい祭りである。

◇旧暦4月中の申の日と前日

星辻神社の
だるま祭り
ほしつじじんじゃのだるままつり
（秋田市大町）

藩政期、星辻神社は外町、旭川沿いにあった清光院という修験寺だった。ここの祭りには、昔からダルマが売り出されていた。ダルマは開運のものとして人気があり、丑寅の方角の鬼門除けにも験があるとされていた。このダルマは張り子で目入り、腹部に縦3本、横1本の銀泥を引いており、「川一」の文字を入れている。昔からこの祭りには雨が付きものといわれ、今もこの日には、なぜか雨の日が多い。降らないと火難があると伝えられている。

◇4月12、13日

万灯火・まと火
まとび
（北秋田市）

古来より多くの地域で、万灯を点ずるホトケ供養が行われてきた。地域が協力して春彼岸の行事にしたのが万灯火である。小阿仁川流域では昔から万灯火（まと火）行事が行われてきた歴史があり、現在も春彼岸の中日に山の尾根や河原、川岸、墓地などで万灯火を点火して祖先の霊を供養している。また盆には帰省客を迎えて、合川橋を中心に仕掛けまと火、車まと火を大規模に行うようになった。

◇3月彼岸の中日、8月14日

万灯火
まとび
（上小阿仁村）

祖先の霊を供養するために、墓の前で藁を燃やしたのが始まりといわれ、合川の万灯火とは趣が違う。日が暮れると近くの田や川の堤防、小高い場所などに設けた仕掛けに火がつくと、中日、彼岸、仏の文字や集落名などが闇に浮かび上がる幻想的な行事である。小阿仁川流域の集落ごとに行っているが、各集落では、時間をずらして行うので、移動しながら村内各地の万灯火を見ることができる。

◇3月彼岸の中日

潟保八幡神社神楽
かたほほちまんじんじゃかぐら
（由利本荘市西目町西目潟保）

　一説には天明元（1781）年に伊勢（現三重県）から楽師を招いて習得したといい、もう一説では伊勢参宮の時に某地の神楽を習得して伝えたという。いずれにしても伊勢太神楽の系統は明らかで、二人立ち一頭獅子舞である。舞いは幣束の舞（祓い）という幣束を採り舞うもの、次に鈴と扇子を採って舞う鈴の舞、次にくも舞となっている。次にこなりを舞い、全部で四段。舞いの最中には歳蔵も登場し、終始ササラを摺りながら獅子の鼻先を動き回る。

◇4月14、15日　市指定無形民俗文化財

森子大物忌神社祭礼
もりこおおものいみじんじゃさいれい
（由利本荘市森子）

　養老年中（717～724年）に鳥海山大物忌神社を勧請する鳥海山の遥拝所として崇敬されてきた。この神社は中世は由利滝沢氏、近世では本荘六郷氏などの崇敬があった古社で、祭礼では神輿渡御がみられる。神輿は米俵10俵（約600kg）分の重さとされ、約300段もある急峻な参道石段の上げ下ろしは圧巻である。この若者らによる神輿担ぎと荒々しい魂の雄叫びは、人々に大きな感動を与えるものとなっている。

◇4月第3土、日曜日

日吉神社山王祭
ひよしじんじゃさんのうさい
（秋田市新屋）

　山王祭は4月13日に頭人差定式で頭人を決めることから始まり、5月1日の神宿（頭人宅）での小祓式、20日の大祓式がある。その後、神宿に竹矢来が組まれ、置き人形（武者人形）などが飾り付けられる。頭人は21日から25日まで毎夜、御幣を神社に納める儀式がある。25日の宵宮祭は御差棒（大型の御幣）をかざして巡幸があり、御差棒は神宿の屋根下に納め祭られる。26日が本祭。この日、御神輿渡御もあり、神宿と旧社地とされる一本木をお旅所とする。こうした山王祭の頭人には厳重な斎戒がある特色的な祭礼である。

◇5月25日、26日

石脇神楽
いしわきかぐら
（由利本荘市石脇）

　伊勢太神楽の系統を引くとされる獅子舞である。伝承によれば、神楽（獅子頭）は北前船によってもたらされ、最初、神明社に安置されたが、後に民家の土蔵に遷されたという。以来、神社の祭礼に神楽を奉納してきた。神楽の構成は舞い手と楽手からなり、舞い手は獅子頭をかぶり、幕つかみが付き、それにささら振りがいる。舞いには、通り神楽、鈴慕、四方固め、剣の舞、早獅子、おっ先は一がある。四方固めによって託宣をもたらし、早獅子で鎮魂に至る要素が舞いの所作に顕されているのが特色といえる。

◇5月2、3日　市指定無形民俗文化財

猿倉人形芝居
さるくらにんぎょうしばい
（由利本荘市など）

　猿倉人形芝居は、創始者池田与八の出生地、百宅の地名から百宅人形とも呼ばれるが、弟子の真坂藤吉の出身地猿倉の地名から付けられた名称が全国的に知られている。猿倉人形芝居は立派な興行施設など必要なく、普通の民家で簡単に演ずることができるため、一般の民衆に大変受けた。特徴は手妻操法と呼ばれる素早い人形カシラの交換と、裾突込、指人形ハサミ式、一人両手使いなど。それらを駆使した人形芝居「鬼神のお松」やリズミカルな手さばきの「鑑鉄和尚の笠踊り」も見逃せない演目。

◇4月中旬など　県指定無形民俗文化財

仙道番楽
せんどうばんがく
（羽後町新処）

古くは晩楽と書き表して、神社の祭礼で夜半に演じられてきた。番楽宿から道中囃子（はやし）でくねり、神社に着くと神前に獅子を安置する。次に招きの舞いを行ってから、獅子舞を演じる。境内の掛舞台では、御上旨の舞（ごじょうし）、三番叟（さんばそう）、典掌御神楽（てんしょうみかぐら）、武士舞、鳥舞―を表六番、位頭御神楽（いとうみ）、機織姫の舞（おりひめ）、五条ヶ橋、花車の舞、武士舞、蕨折姫の舞（わらびおりひめ）―を裏六番として演じる。獅子舞は特に悪事、災難、悪霊祓い、五穀豊穣を祈願する舞として大事にされてきた。

◇４月中旬／８月17日　県指定無形民俗文化財

2.夏の祭り・行事

　秋田の祭り・行事は、冬と夏の二期に集中しているといってよい。その証し（あか）を示すのが、長い冬の生活を一気に発散させるように展開している夏の祭り・行事である。初夏には鹿嶋祭りや神明社祭曳山行事（ひきやま）など勇壮な山車（山）（だし）を引きまわして、独特のお囃子（はやし）が町村にこだまする。それに月遅れの七夕（たなばた）や竿燈など水にまつわる祭り行事も多く、夏祭りの特徴がうかがえるだろう。晩夏となれば収穫前の歓びを現すかのように番楽や獅子舞、ササラ（三匹獅子舞）などがみられ、勇壮さとともに歓びの笑いを誘い出す民俗芸能も数々繰り広げられている。

花輪ねぷた
はなわねぷた
（鹿角市花輪）

藩政時代末期より花輪に伝わる七夕行事。高さ５ｍ余りの将棋の駒の型をした10台の王将灯籠と、大きな牛皮の樽太鼓（桶胴太鼓）（たる）（だいばち）が特色で、一つの大太鼓の両側に計４人が大きな大撥を両手に持って打ち鳴らすため、一里（約4km）四方に響きわたるといわれるほど勇壮なものである。最終日には、米代川に架かる稲村橋に整列、手締めのサンサで一斉に王将灯籠を燃やして（てじ）川に流す勇壮で幻想的な「ねむり流し」が行われ、見る人の感動を呼ぶ。

◇８月７、８日　市指定無形民俗文化財

小坂七夕　こさかたなばた
（小坂町）

　明治の末ころに始まったとされる。小坂鉱山で働く津軽出身の鉱夫が故郷の「ねぶた」をしのんで始めたとされ、初日はそれぞれの町内で、２日目は全町を巡って大きな絵灯籠の山車を引き回す。青森ねぶた風の流れをくむ武者人形や今流行（いまはやり）のマンガを反映したものなどさまざまな趣向が凝らされている。お囃子（はやし）は太鼓、鉦（かね）、笛にハーモニカが加わる独特なもので、鉦はトロッコのレールを裁断（だし）したものを使用するなど鉱山との関わりが強い。

◇８月第1土、日曜日

花輪ばやし
（はなわばやし）
（鹿角市花輪）

花輪の産土神、幸稲荷神社は南鹿角の総鎮守として古くより厚い信仰を集めてきた。この祭礼に奉納される祭りばやしが花輪ばやしである。8月16日、神社本殿から市街地中央の「お旅所」に向かう神輿渡御から始まる。19、20日の両日、各町の特色ある10台の豪華な屋台が、平安末期から続くといわれる華麗で勇壮なお囃子に導かれて、駅前広場に集合。屋台とお囃子の競演が始まると、まさにお祭りは最高潮を迎える。お囃子は床のない屋台に入り、屋台もろともに歩きながら演奏するのが特色でもある。

◇8月19〜20日　ユネスコ無形文化遺産、国指定重要無形民俗文化財

大湯大太鼓
おおゆおおだいこ
（鹿角市十和田大湯）

戦国時代、南部氏の支配していた鹿角全域が安東氏によって占領されたため、兵士を大湯に集め太鼓などを打ち鳴らして士気を高め、安東氏の軍勢を破ったことに由来するといわれている。直径1.2m、胴長1.5mの大太鼓を打ち手1人に補助者3人が付いて演じられるものである。12〜13胴で演奏されると、その音は遠くまで響きわたる。大拍子、三拍子、五拍子などで打ち鳴らす勇壮華麗な独特のリズムが強烈なインパクトを与える。

◇8月15日　県指定無形民俗文化財

綴子の大太鼓
つづれこのおおだいこ
（北秋田市）

八幡宮綴子神社の宵宮と例祭で奏でられる大太鼓は、現在直径約4m、重さ3.5tもある世界最大級の太鼓。もともと上町（徳川方）と下町（豊臣方）の競演で行われ、大きさを競ったことから巨大な太鼓となった。現在は上町、下町と隔年で行われている。太鼓の上下に6人ずつがいて、この大太鼓を打ち鳴らしながら行列を作って神社に奉納する。迫力ある大太鼓の音が、雷のように一里四方に響き渡る。露払いは出陣行列といわれ、獅子舞や棒使いなどの芸能も披露される。

◇7月14、15日

国指定重要無形民俗文化財

毛馬内の盆踊
けまないのぼんおどり
（鹿角市十和田毛馬内）

盆踊りといいながら実際は盆すぎに行われる。笛と太鼓のリズムに合わせて踊る京都の念仏踊りの流れをくむといわれている「大の坂」と、戦いから帰った武士たちを歓迎した、唄だけで踊る「甚句」の2種類がある。踊りも衣装も優雅で、顔は手ぬぐいで独特の頬被りをする。踊りは単調ではあるが、ゆるやかで古風な趣があり、かがり火を囲みながら踊りが始まる。

◇8月21〜23日　国指定重要無形民俗文化財

花輪の町踊り
はなわのまちおどり
（鹿角市花輪）

花輪ではお盆（8月13日）前のねぷた、お盆すぎの幸稲荷神社の祭礼が終わると、花輪の10町内で町踊りこが繰り広げられる。毎年、事前に決められた日にちを順次に各町内が主となって行う踊りだが、10町では仲秋の名月の日までに終わることになっている。甚句、よされ、花輪よしこの、塩竈、ぎんじがい、おいと、など在地伝来のものと江戸風の踊りを取り入れた14曲がある。華やかで洗練された複雑な町衆の粋がみられる。

◇8月下旬〜9月中旬ごろ　県指定無形民俗文化財

大文字まつり
だいもんじまつり
（大館市）

昭和43（1968）年から始まった新しい行事。今では夏の風物詩としてすっかり定着している。鳳凰山の中腹に、大館の「大」の形に火を燃やすと、夏の夜空に一画目が120mもの大きな文字が浮かび上がり、長木川の河原からは花火が打ち上がる。日中には「大文字踊り」のパレードがおおまちハチ公通りを行進するなど、賑やかな夏のイベントとなっている。

◇8月中旬

駒形のネブ流し行事
こまがたのねぶながしぎょうじ
（能代市二ツ井町駒形）

長い杉の木の縦竿に、同じく杉の横竿を二段にして柳の枝を巻きつけ、それに丸提灯を下げたネブを3本、横竿が一段のものが2本と、全て5本のネブをそれぞれかざして、夜に集落の上から各戸を回る。ササラ囃子にのせて、「ネブ、ネブ、流えれー、ゲガジ（不作）も流えれー」とはやしながら集落下手に至り、竿につけた柳を駒形川に流してやる。この行事は素朴ながら、ねぶり流しの原形をしのばせるものとなっている。

◇8月6日　県指定無形民俗文化財

91

能代の役七夕
（能代市）

天守閣に似た大灯籠が運行する勇壮華麗な七夕行事。6日夜は大七夕と呼ばれる役七夕を、城郭七夕、燈籠の屋台が主体の五町組制度の輪番で行い、神社からいただいた御幣を灯籠最上部のシャチの尾に付け運行する。勇壮な太鼓の囃子や笛、引き手の掛け声と城郭灯籠の華麗さが特徴。7日夜には、シャチを燃やしながら米代川へ流すシャチ流しが行われる。平成25（2013）年、電線の地中化を契機として五丈八尺（17.6m）の大型灯籠「嘉六」が、翌26年には城郭型灯籠では日本一の高さを誇る24.1mの「愛季」が登場し、「天空の不夜城」として運行している。

◇8月6、7日（「天空の不夜城」の運行は8月上旬ごろ）

福米沢送り盆行事
（男鹿市福米沢）

福米沢では若者たちによって盆の先祖送りとして囃子太鼓を演じてきた。囃子は送りだけのもので、迎え行事は特別なく、囃子もみられない。宿から集落の外れにある墓地に行く時と、戻る時の二つの拍子があり、一列になって、太鼓を担いだ者が一人で叩きながら、その歩みは特別な足捌で進む。それにささら擦りと、笛吹きが続き行列となる。最大の見どころは、ハシ止めといって、回る途中で人々が行列を梯子で止めようとして、演じる若者たちと激しく争う場面である。

◇8月16日　県指定無形民俗文化財

阿仁前田獅子踊り
（北秋田市）

獅子踊りの由来は、慶長7（1602）年、佐竹義宣が常陸（現茨城県）から秋田に国替えを命ぜられた折、主君を慰めると同時に行軍の士気を鼓舞するために演じられた道中芸が始まりという。そのため、獅子踊りの巡行は参勤交代の行列をまねて、賑やかで格式が高いという。豊作祈願と厄祓いとして、獅子踊り、奴踊り、駒踊、棒遣い、神楽などがある。獅子踊りは雄獅子、中獅子、雌獅子の三匹により、獅子たちの恋の葛藤を演舞で表すという。

◇8月13日　県指定無形民俗文化財

常州下御供佐々楽
（能代市扇田道地）

慶長7（1602）年に佐竹義宣が常陸（現茨城県）から秋田に転封の折に従ってきた足軽らが、長道中の慰めとならず者を防ぐために舞い踊ったのが始まりとされる。転封後に家臣が能代（現能代市）の地にもたらしたという。そのため、常州下御供佐々楽といわれる。演目は、棒術、槍術を合わせて38手（種）、獅子踊り（佐々楽）の鳥居舞、道行舞、ナミ佐々楽、ユザ佐々楽、墓前佐々楽の5種、奴舞には、扇奴、綾竹奴、手奴など数々の舞がある。

◇8月13、14、17、20日　県指定無形民俗文化財

富根報徳番楽
（能代市二ツ井町 飛根富根・愛宕神社）

寛政5（1793）年に川井村（旧合川町）より伝えられたという番楽。当時阿仁川から米代川に下ったという川井村の筏流しの人々が、宿場であった飛根に伝承したというが、実際は飛根の人々が川井に習いに行ったらしい。昔は9月中旬の作休み豊作祈願としても演じられていた。演目には、荒舞、鳥舞、千歳舞、翁舞、三番叟、朝飯舞、機織り舞、蕨折り舞、汐汲み、鈴木、さぎり、山ノ神舞、水の扇、恵比須、大黒、三嶋節などがある。囃子の特徴は、拍子木を舞台の端で叩き、囃すことである。

◇7月23・24日、9月「敬老の日」前日（日曜）　県指定無形民俗文化財

一日市盆踊
(八郎潟町一日市)
ひといちぼんおどり

一日市盆踊りは400年以上前から踊り継がれてきたといわれているが定かではない。近郷の盆踊りにも類似が多く、この地一帯で踊られる盆踊りからなっている。もともと櫓はなく、太鼓を中心に円陣になって踊るもので、昔は「あねこもさ」「袖子踊り」「ばらばら踊り」などの踊りがあったが、現在はテンポの早い「デンデンヅク踊り」「キタサカ踊り」と優雅な「三勝踊り」が伝承されている。

◇8月18〜20日　県指定無形民俗文化財

国指定重要無形民俗文化財

東湖八坂神社祭のトウニン(統人)行事
(男鹿市、潟上市)
とうこやさかじんじゃさいのとうにんぎょうじ

東湖八坂神社は五穀豊穣、漁業安全を願う八郎潟湖畔の社として農民、漁師の信仰を集めてきた。この神社のトウニン行事は、素戔鳴尊の八岐大蛇退治の故事と八郎潟周辺に伝わる水神信仰が合わさった行事で、祭りは全てトウニンを中心として行われている。天王地区から牛乗り、船越地区からは蜘蛛舞が出される。当年の本番とその前後1年ずつの長い年月にわたって、準備から本祭まで交代の統人制の下で厳格に行われる。

◇7月7日　国指定重要無形民俗文化財

白瀑神社神輿の滝浴び
(八峰町八森)
しらたきじんじゃみこしのたきあび

朝、ふれ太鼓を先頭に猿田彦命、五色の幟を持った子どもたち、白装束の男衆たちに担がれた神輿が神社を出発して、氏子区域を練り歩いた後、午後、神社裏手の男滝・女滝からなる17mの白滝の滝つぼでみこしの滝浴びが、五穀豊穣、海上安全、商売繁盛などを祈願して行われる。男衆が神輿を担いだまま滝つぼを練り歩く姿は、まさに勇壮そのもの。かつて外国の新聞で取り上げられたこともある。神輿が滝に入るのは、全国でもここだけといわれている。

◇8月1日

ヤートセ秋田祭
(秋田市大町)
やーとせあきたまつり

もともとは四国高知県の「よさこい祭り」が本家本元の伝統ある祭りだったが、これが平成4(1992)年に北海道に渡って「ソーラン節」と融合、「YOSAKOIソーラン祭り」となって「さっぽろ雪まつり」に並ぶ有名な祭りに成長した。そこから全国各地に広まり、「ヤートセ秋田祭」も平成10(1998)年に若者たちによって初めて開催された。チームを組み、おそろいの衣装で身を包み、秋田民謡をアレンジした音楽に乗せて踊るという、まさにみんなで創りあげる祭りである。

◇6月下旬ごろ

ユネスコ無形文化遺産「山・鉾・屋台行事」

土崎神明社祭の曳山行事
つちざきしんめいしゃさいの
ひきやまぎょうじ
（秋田市土崎港）

一般に港曳山祭りと呼ばれる、土崎港町総鎮守神明社の例祭は、港が最も賑わう夏祭りである。二見ケ浦形式の山に武者人形を飾り山車を曳き回す。この曳き山車は殻保町御旅所で神輿迎え、本町通りを運行し、夜の戻り山車が相染

町から出ると祭りは最高潮を迎える。出車の正面には人形の題材を書いた外題（木札）を掲げて、後には見返し（風刺）題をつけている。曳山の上で演奏されるお囃子には、湊ばやし、湊剣ばやし、加相ばやしのほか、戻り山車特有の哀調を帯びたあいや節などがある。

◇7月20、21日　ユネスコ無形文化遺産、国指定重要無形民俗文化財

木境大物忌神社の虫除け祭り
きざかいおおものいみじんじゃのむしよけまつり
（由利本荘市矢島町木境）

鳥海山登拝道のうち、矢島口2合目にある木境大物忌神社の例祭である虫除け祭は、旧矢島城内一円の豊作祈願としてきた。祭式では虫封じの秘儀があり、小舟に稲に害する虫や悪霊を封じ送り出すというものである。祭式の後、小舟は獅子頭と宿当番に伴われ小板戸の子吉川まで遷行し、ここに流す。各集落の講中はこの祭礼に参拝し、神影（お姿）札と虫除け札を戴き、虫除け札は竹の串に挟んで田の水口に立てて祭られている。

◇7月8日　県指定無形民俗文化財

国指定重要無形民俗文化財

秋田の竿灯
あきたのかんとう
（秋田市）

七夕祭りの一つとして全国にも知られる竿灯は、古くから「眠り流し」として行われてきた。『雪のふる道』（寛政元(1789)年）には既に現在の竿灯の形が描かれている。長さ12mもの長い竹竿に9本の横竹を結び、46個の提灯をつるして灯をともし、差し手が掌や額あるいは肩、腰に乗せて巧みに操る。大若、中若、小若、幼若の計250本を超える竿灯が夜空にゆらめく様は、風に揺れる稲穂のようでまさに圧巻。

◇8月3〜6日　国指定重要無形民俗文化財

本海獅子舞番楽・鳥海獅子まつり
ほんかいししまいばんがく・ちょうかいししまつり
（由利本荘市鳥海町）

寛永年間（1624～44年）の頃、京都醍醐寺三宝院末に属していたという本海坊（修験者）が伝えた舞といわれる、いわゆる山伏（修験）神楽。これを獅子舞番楽というのは、獅子舞を必ず番楽諸曲の最初に行うことから、もとから番楽とはいわずに獅子舞とだけ称したためである。旧鳥海町の13地域で保存伝承され、獅子舞をはじめ儀式的な式舞、神を顕す神舞、合戦武勇伝を舞う武士舞、女が主題となる女舞、滑稽な仕草のともなうハンド舞など、多数の演目がみられる。

鳥海獅子まつりは旧盆の送り日を期して開かれる。ここではほとんどの講中の獅子舞が一挙にみられる。笛、太鼓、鉦の囃子に合わせて、勇壮闊達に獅子が舞うさまは、村々に秋の訪れを告げる一つの風物詩ともなっている。

◇7・8・9月中旬、鳥海獅子まつり8月16日
国指定重要無形民俗文化財

冬師番楽
とうしばんがく
（にかほ市冬師）

京都から流れてきた本海行人によって山伏系神楽が番楽として伝えられてきた。仁賀保高原に位置する冬師では、獅子舞を中心として数々の演目が、民家を宿として繰り広げられ、悪魔退散、来る秋の五穀豊穣を祈るものである。御神楽、鳥舞、頼光、信夫、蕨折り、番楽太郎など式舞、武士舞、狂言舞などがあり、かつては1月13日が悪魔退散祈願、8月19日は龍馬山奉納などがあり、信仰的要素が強く残されている獅子舞番楽である。

◇8月14、19日　県指定無形民俗文化財

川尻・楢山の鹿嶋祭
かわしりならやまのかしまさい
（秋田市川尻・楢山）

川尻地区の毘沙門町、肝煎町では簾やガツギ（真菰）で船屋台を造り、舳先には赤布の下がりを付け、船尾には碇を掲げた船弁慶の人形を置き、各家庭から持ち寄った鹿嶋人形を乗せて曳き回る。先払いとして鬼が柳持ちと御札配りを従え、町内の家々を訪れ悪魔祓いをするもので、これに対し西表町では鍾馗面を被ったものが鬼役の代わりとなっている。川尻の鹿嶋祭では最後に鹿嶋人形と旗の一部を旭川に流して祭りが終わる。

楢山地区の御舟町では、始めに鹿嶋神社で祭事を行い、湯立て神事で清められた御幣が屋形船に納められる。ここの船屋台には船弁慶はつかないが、船尾には案山子人形が乗せられている。川尻に同じく鬼が先払いをするというのが特徴でもある。町内を回った際、各家から親船に乗せられた奉納の鹿嶋人形も一揃雄物川に流して、災禍を祓い、五穀豊穣を祈るものとなっている。

◇川尻地区6月第3日曜日、楢山地区7月第1日曜日

ドンパン祭り
どんぱんまつり
（大仙市北長野）

旧中仙町で生まれた秋田県の新民謡ドンパン節は、高橋市蔵（円満造）という大工が祝いの席で即興で歌ったのが始まり。その後編曲され有名な民謡となった。このドンパン節にちなんだ新しい夏祭りがドンパン祭りである。正調円満造甚句の披露や、清水小学校で伝承している黒土神楽のほか、ドンパン踊り、花火ショーなど、多彩なイベントとなっている。

◇8月16日

関諏訪神社のおためし神事
せきすわじんじゃのおためししんじ
（にかほ市象潟町関）

　おためし神事は、まず祭りの1週間前、オベタテ（御幣立て）の神事から始まる。境内の約1間四方の窪みをおためし場といって、中に砂を敷きお米を盛り、11本の御幣と、杉の枝の鳥居を立てる。祭式祈祷の後、囲い糸を張る。そして1週間後の例祭日に「おためし」といって世襲による神人により、特に風雨の時期、強弱などの天候を占う神事である。信州（長野県）諏訪大社の風祭りの影響を受けたとみられるものだ。

◇6月第1日曜日

伊豆山神社獅子神楽
いずさんじんじゃししかぐら
（大仙市花館）

　この祈祷神楽は、花館（旧大曲市）を中心とする約30集落を回る門付け獅子舞である。7月1日から別当三浦家（神職）を皮切りに、15日まで希望の家々で神棚の前、または床の間のある座敷で行われる。初めに祝詞があげられ、次に御祈祷獅子の舞、次に寿舞、早獅子という舞が演じられている。このほかに特別な祈願には山ノ神舞が舞われている。元禄（1688〜1704年）の頃、疫病鎮撫のために舞われたのが始まりといわれる。

◇7月1〜14日　市指定無形民俗文化財

小滝のチョウクライロ舞
こたきのちょうくらいろまい
（にかほ市象潟町小滝）

　縁起によれば、天安元（857）年慈覚大師が法力で鳥海山の「手長足長」という悪鬼を退治したことに感謝して奉納された舞が、チョウクライロ舞だという。現在は金峯神社の例大祭日に境内のチョウクライロ山（土舞台）で舞う神事である。神輿は山を3周して安置され、山で舞いが演じられる。舞いには7種があり、大きな寺社の芸能である延年の形をとどめる舞いだ。県内では延年の事例が少なく、注目される古風な舞となっている。

◇5月最終土曜日　国指定重要無形民俗文化財

白岩ささら
しらいわささら
（仙北市角館町）

　いわゆる三匹獅子という獅子舞である。伝承によれば、慶長7（1602）年、佐竹義宣が国替えにより秋田に遷るとき、行列の先頭に立ち悪疫退散のためとしてささらを振りながら歩いたことに由来するという。由来書（巻物）に「昔、悪病が流行った時、鬼人の形を作り太鼓を打ち鳴らし笛を吹き、大勢が行列を整えて災厄を祓ったことに始まる」などと記されている。演目は恋慕、雷、距、作りなどがあり、ザッザカ（道化）が編々木を鳴らし踊るのも見逃せない。

◇8月7、13〜16日、20日　県指定無形民俗文化財

西馬音内の盆踊
にしもないのぼんおどり
（羽後町西馬音内）

源親上人が、始めは蔵王権現（現御嶽神社）で豊年踊りとしたものが、戦国時代に滅んだ小野寺氏一族を慰めるために行われた盆供養の踊りと一体としたものという。囃子は「寄せ太鼓」「音頭」「とり音頭」「がんけ（甚句）」がある。踊り衣装は端縫いという古布を縫い合わせた衣に、編笠を冠る。それと、浴衣姿にひこさ頭巾を冠る衣装がみられる。賑やかなお囃子と流麗優雅な踊りが不思議な調和を見せるまさに幻想的な盆踊りとなっている。

◇8月16 〜 18日　国指定重要無形民俗文化財

高梨神社の正神楽
たかなしじんじゃのしょうかぐら
（大仙市高梨・高梨神社）

この神楽は純神道系神楽とされ、保呂羽山波宇志別神社霜月神楽（旧大森町）の系譜を引くといわれる。昭和初期、近隣の神職・神楽師の間で伝承されてきた神楽を神社祭礼で舞うことになったものである。舞いの源流は相当古いと考えられて、中世には存在したという。演目は岩戸開の舞、一の宮舞、翁の舞、二の宮舞、御酌の舞、宝来廻りの舞、三剣五所の舞―など10番がある。囃子は神楽らしい優雅な拍子が多いのも特色である。

◇8月20日　市指定無形民俗文化財

全国花火競技大会
ぜんこくはなびきょうぎたいかい
（大仙市大曲）

大曲の人は昔から花火好きで知られている。あまりに夢中になって危険だと、藩から花火禁止命令が出されたほど。その伝統が生きる日本一の花火競技会は、全国の花火師たちが技を競う、日本で最も権威ある花火大会である。第1回の開催は明治43（1910）年という伝統ある大会で、採算を度外視してでも花火を製作し、製作者自身で打ち上げるのが最大の特徴となっている。大曲橋付近を会場に約1万5千発もの花火が夜空を彩る。

◇8月最終土曜日

たざわ湖・龍神まつり
たざわこ・りゅうじんまつり
（仙北市田沢湖）

田沢湖畔で行われる観光行事。各団体で組織する実行委員会主催の新しい祭り。田沢湖の辰子姫と八郎潟の八郎伝説にちなんで、長さ30mに及ぶ2頭の竜をかたどった作りものを、若者たちが担いでからみ合う光景を演出する。さまざまなイベントや、夜には花火大会も行われ、夏の湖畔は観光客で賑わいを見せる。

◇7月下旬〜8月上旬

大名行列 だいみょうぎょうれつ
（湯沢市）

愛宕神社では昔から神輿渡御 みこしとぎょ 行列が行われているが、これに藩政末期より町人による大名行列が加わるようになったという。愛宕神社を朝に出発、稚児行列の名残りである当番制の子どもが殿様役となり馬に乗り巡行する。この子どもは神の依り坐し よま とみられている。神輿渡御の先祓いから さきばらい 、武者、挟み箱を担ぐ足軽、それに余興の花車など約300人の従者を引き連れて行列をなし、湯沢市中心部を巡行する祭りとなっている。

◇9月第4日曜日

仙人修行 せんにんしゅぎょう
（東成瀬村）

役場の所在地が東成瀬村田子内仙人下という地名から、「仙人の郷」として「仙人修行」をイベント化したのが始まりの新しい行事。現在は村の人気のイベントとなり、毎年県内外から大勢の参加の申込みがあり、外国人の参加も珍しくないほど。1日目は断食を開始し、坐禅、ワラジ作りなどに挑戦。2日目、早朝より坐禅、断食終了、そして不動の滝での厳しい滝打たれが続く。3日目の修行を終えると仙人認定証が授与される。

◇8月上旬金、土、日曜日

大雄の鹿嶋流し たいゆうのかしまながし
（横手市大雄）

秋田県内では鹿嶋祭 かしままつり は雄勝、平鹿、仙北で多くみられるが、そのうち旧大雄村では30ほどの地域で鹿嶋祭が行われている。毎年田植えすぎの7月20日か、盆すぎの8月22日のいずれかに開催される。子どもたちが主体となり、鹿嶋舟に鹿嶋神の藁人形 わら を乗せ集落を巡行し、最後に川に流す（現在は燃やすことが多い）。村境に送って人形を祀って まつ 置く所もある。悪霊 あくりょう や田畑の害虫を送り出し、五穀豊穣、身体健康を願う。

◇7月20日、8月22日

湯沢七夕絵どうろうまつり ゆざわたなばたえどうろうまつり
（湯沢市）

色鮮やかな絵灯籠 えどうろう と風に揺れる七夕の短冊が通りにあふれ、湯沢のまちを彩る。300年ほど前、京都鷹司家 たかつかさ から佐竹南家7代義安に嫁いだ奥方を慰めようと、お屋敷で短冊などを下げたのが始まりといわれる。それが町民に広がり、現在では色とりどりの竹飾りや巨大な美人画の絵灯籠が掲げられている。その昔は、七夕が終わると雄物川に七夕流しを行ったという。

◇8月5〜7日

小町まつり こまちまつり
（湯沢市小野）

平安時代の歌人として、また美人としても有名な小野小町の出生地とされる伝説を基に、この地に住んでいた時に使ったとされる井戸や屋敷跡といわれる辺りに、小町堂が建てられた。ここを舞台に小町の好きだったという芍薬 しゃくやく の花が咲く時期に合わせて、地元から小町娘として選ばれた7人の女性が平安時代の盛装をして祭りを行っている。

◇6月第2土、日曜日

3.秋の祭り・行事

　短い夏が過ぎるとすぐに収穫の秋を迎え、春の祭り・行事に込められた真摯な祈りが結実する。秋の祭り・行事の趣旨は収穫を神に感謝することにある。9月朔日には風祭り（台風除け）をして、稲の取り入れを無事に過ごす。田畑の稔りに感謝し明年の豊穣を祈る歓びの祭り行事が各地で繰り広げられ、集落の人々が集まりえびす講などの行事も行われる。そうした信仰は保呂羽山霜月神楽にも現れていて、古くから古風な神事舞が夜通し奉納され、やがて来る春の兆しのように暁まで祭りが行われるのである。

山田のジンジョコ祭り
やまだのじんじょこまつり
（大館市山田）

　ジンジョ様というのは塞ノ神三柱の神のことをいい、地蔵そのものを表すのではない。山田では8カ所の集落（区域）入り口に男女2体の藁人形を祭る。集落に入り込もうとする悪霊や風邪、疫病などの病気などをこの神々が遮りふさいでくれると信じられている。当日までに、朝から新藁や菅で人形の衣替えをして、当番宿に安置する。午後から祈祷があり、その後、八つの盃に酒を献じる、やさら行事がある。そして、夕方、2体の人形を担ぎ出し、お囃子に合わせて集落の境まで練り歩き、お堂に納める。
◇旧暦10月末日の前日

大館囃子
おおだてばやし
（大館市中神明町）

　9月10日の午後より馬喰町で山車の安全祈願をし、夜には神社で宵宮を行う。11日大館神明社の例祭の後、神輿巡幸が始まり、御幣と町印が飾られたお囃子の山車が繰り出される。祇園囃子の流れをくむ大館囃子は、出発前の寄せばやし、移動中には大館祇園ばやし、剣ばやしと変化しながら唄と踊りが山車上で演じられ、帰りには還り山車の曲に変化するなど、さまざまな囃子に彩られた活気あふれる神輿巡幸に供奉する形での神賑行事である。
◇9月10、11日　市指定無形民俗文化財

森岳歌舞伎
もりたけかぶき
（三種町森岳・八幡神社）

　昔から、八幡神社の祭礼の折りに歌舞伎が奉納されてきた。文化・文政（1804〜30年）の頃に伝えられたと推定されている。その昔、巡国の山伏（六部行者とも）がこの地に来たとき、たまたま病にかかった。そこで神社にこもり祈願し、村人の看護もあり全治した。そのお礼にと、歌舞伎を伝えたのが始まりともいう。大正時代には各地へ赴き演じた森岳芝居とも称されるものであった。特に、江戸物でも浪花物でもなく、一種独特の型をもつ珍しい存在であり、と評されている。「人形浄瑠璃」の流れをくむのではないかともいわれている。
◇9月敬老の日前の日曜日　町指定無形民俗文化財

角館祭りの
やま行事
かくのだてまつりのやまぎょうじ
（仙北市角館町）

7日宵宮から9日までの3日間、角館の夏に繰り広げられる勇壮なやま（山車）行事。西勝楽町の成就院薬師堂の祭りで藩制期中頃からの記録があり、明治初期からは神明社の祭札も合同し、神明社への奉納行事もある。やまは高さ約4m、重さ約3t。祭りが最高潮に達するのが「やまぶっつけ（激突）」と呼ばれるものだ。各丁内の曳きやまが出合うと道の優先権を巡って交渉があり、それが決裂すると、曳き手100人もが巨大なやまを激しく衝突するところは迫力がある。

◇9月7〜9日　ユネスコ無形文化遺産、国指定重要無形民俗文化財

八幡神社祭礼幟背負い
はちまんじんじゃさいれいはたしょい
（大仙市神宮寺）

　本来は祭りのために境内や村境などに立てる大幟を1人で背負い、これを翳して氏子町内を回る行事が幟背負いである。八幡神社では御神輿の巡幸に先立って幟背負いが先払いをするとされ、この人の股を潜ると身体が丈夫になるといわれ、子どもに股潜りをさせて健康を祈る。幟は高さが約8mもあって、石を積めた叺と一緒に担ぎ重心を背にするもので、総重量は90kgにもなるといわれる。最後に神社を3回まわって納められる。

◇9月15日

上通町招福稲荷
神社祭の狐行列
かみとおりまちしょうふくいなり
じんじゃさいのきつねぎょうれつ
（秋田市大町）

地域おこしを目的として、平成14（2002）年から始まった新しいイベント。秋田市大町通町地域の氏神である招福稲荷神社の本宮、東京北区の王子稲荷神社の大みそかに行われる「王子・狐の行列」に倣ったもので、商売繁盛や家内安全を願う神事に続き、神狐、裃狐、黒留狐、供狐、子狐など、顔に化粧を施したり、お面をかぶって狐に扮装した人々の行列が商店街を練り歩く神賑行事となっている。

◇10月第2土曜日

金沢八幡宮
掛け歌行事
かねざわはちまんぐう
かけうたぎょうじ
（横手市金沢）

夜を徹して行われる即興の歌くらべ。対戦する相手と掛け合いの唄を交換し優劣を競う歌合戦が行われる。仙北荷方節の曲に即興で歌詞（文句）を付けて唄う、古代の歌垣の名残りを思わせる行事である。今では当意即妙の唄自慢の発表の場となり、唄い回しと歌詞（文句）の面白さで審査される。

◇9月14、15日　県指定無形民俗文化財

浅舞八幡神社祭礼
あさまいはちまんじんじゃさいれい
（横手市平鹿町浅舞）

　浅舞の鎮守である八幡神社の祭礼には豪華な飾りに人形が据えられた山車が引き回される。この山車は、古くは置き人形であったが、次第に屋台山車へと変わってきたものという。飾りと人形は歴史上の物語や伝説の名場面を題材として表現されている山車が10台で、1台だけは踊り山という踊り手のみが乗る。山車の後部には囃子屋台が付いて回る。

◇9月敬老の日直前の土、日曜日

水神社初丑祭裸参り
すいじんじゃはつうしさいはだかまいり
（湯沢市岩崎）

　岩崎八幡神社の境内社の一つで、能恵姫の霊をも祀るという水神社で行われる裸参りの祭礼である。岩崎城主の娘であった能恵は川連城に嫁ぐときに、竜神にさらわれたという旧暦11月の初丑の日に基づき、この日に祭りが行われてきた。裸に下帯と白足袋、鉢巻きか頬被りだけで、神前で揉み合いをしてえびす俵とむら札を奉納する。古くから田作りや酒造りの水に、この地域の人が多く関わってきたことから水神社を大事にしてきた。

◇旧暦11月の初丑の日

第3章 祭り・行事

国指定重要無形民俗文化財

保呂羽山の霜月神楽
ほろわさんのしもつきかぐら
（横手市大森町八沢木）

　保呂羽山波宇志別神社は延喜式内社といわれ、この神の祭りの一つに霜月神楽がある。神社の創祀は天平宝字元（757）年とされ、延長5（927）年式内社に列格されている。11月7日の夕刻から翌朝にかけて神主（宮司）大友家神前で行われる湯立て神楽である。神殿内に湯釜を据えて、湯を立て、五調子、湯加持、天道舞、伊勢舞、保呂羽山舞などの神事式33番の演目を舞う。式内社三社に奉る舞いや神子舞には古風さが漂っている純神道系神楽といわれている。

◇11月7、8日　国指定重要無形民俗文化財

月山神社八朔祭り
つきやまじんじゃはっさくまつり
（由利本荘市鳥海町笹子）

　笹子の南にある月山を本宮として、上笹子にその拝殿をもつ月山神社の例祭が八朔祭でもある。もとは旧暦の8月1日の文字通りに八月朔日の祭礼だが、この宵宮には長持ち奉納がある。上、下の両町隔年交代でさまざまな奉納物（これを長持ちという）が若者たちによって担ぎ出され、それにえびす俵なども加わって、踊り、お囃子が続いて練り歩く。長持ちの行列では新築の家があれば宿となり、そこから出ることになっている。

◇9月第1土・日曜日

仁井田番楽
にいだばんがく
（横手市十文字町仁井田）

新山神社に五穀豊穣、郷中安全を祈願して奉納された番楽であると伝えられている。宵祭りに奉納される神前舞楽は、打ち鳴らし、みしま、獅子舞、御神楽、小若の太刀舞―の5番で古代番楽ともいわれる。神前奉納が終わると五調子、御神楽、花番楽、二重鳥舞、信夫太郎、弁慶牛若―など11番を演じる。安珍清姫、雑魚すくいなどの娯楽性の高いものも伝承している。歌舞伎や狂言も取り入れたものといわれている。

◇9月7日　県指定無形民俗文化財

4.冬の祭り・行事

　人々の魂をふつふつと沸き立たせるような、寒冷の風土と命懸けで闘う姿を表現したような小正月の祭り・行事はすこぶる多い。正月魚としても親しまれる鰰は荒れた天候で漁をすることから、その前に鰰祭りが行われ、大漁不漁を占い、漁の安全を祈る。奇祭として知られ、大正月や小正月に行われてきた行事のナマハゲは、冬場の怠惰な生活を戒める。その荒々しい仕草には、人々の魂まで揺さぶるものがあろう。火祭り形式の祭り・行事にも、魂の琴線に触れるものがみられる。火振りかまくら、竹打ちなどは盛んに燃え上がる火の勢いが冬の夜空を焦がすほどである。ぼんでん、綱引き、いずれも真冬の寒気をついて一時に、人びとは激しく燃え上がるもので、一年の安泰と生業の発展を祈るのである。

ユネスコ無形文化遺産

大日堂舞楽
だいにちどうぶがく
（鹿角市八幡平）

千年以上の伝統を持つ。舞楽の起源は「だんぶり長者」の伝説の中で、鹿角の総鎮守とされた大日堂（大日霊貴神社）が養老2(718)年に再建された時、「都より下向した楽人により伝えられた」といわれる。平泉毛越寺の延年の舞に共通する古式の舞で、大日霊貴神社の例祭に奉納される。この舞楽はそれぞれ決まった4集落から奉納されるもので、博士（舞人）は夜明けとともに行列して大日堂に集まり、二間四方の舞台で「五大尊舞」「権現舞」「駒舞」「烏遍舞」「鳥舞」など七つの本舞を堂の中央に設けた舞台で踊り、四方から囲んで鑑賞する。

◇1月2日　ユネスコ無形文化遺産
国指定重要無形民俗文化財

アメッコ市
あめっこいち
（大館市大町）

大館飴っこ市は古くは小正月市であった。おおまちハチ公通りに出店が並び、枝飴の販売、細工飴の実演販売などを行う。昔は餅花・繭玉を形どった飴を売る露店が出て、人々は風邪をひかぬようにと買い求め、厄除け・招福を祈願して神棚に供えたといわれる。枝に飾られた飴が花のように美しく、田代岳の白鬚大神も飴を買いに来るといわれ、この神様を先頭にした行列もあり、家族そろって楽しめる賑やかなお祭りである。

◇2月第2土、日曜

男鹿のナマハゲ
おがのなまはげ
（男鹿市）

一般的には12月31日の大晦日の夜に行われる。地域の若手たちがケデというワラで編んだものを身にまとい、顔には恐ろしい面をかぶり家々を訪れ、「泣ぐ子はいねがー」のほか、怠け者を罰する意味を持つ懲らしめの言葉を叫ぶ。年越しに神様が来臨し、人々に祝福を与えるという行事は全国各地に見られるが、男鹿のものほど古態をとどめているものはなく、わが国古来の民間信仰の形態を示す一典型例としても貴重な存在とされている。
◇12月31日　ユネスコ無形文化遺産、国指定重要無形民俗文化

なまはげ柴灯まつり
なまはげせどまつり
（男鹿市北浦真山）

大晦日のなまはげ行事と1月3日の真山神社の柴灯祭を合わせて観光用のお祭り行事としたもので、昭和39（1964）年に始まった。初日午後6時から神事が始まり、湯の舞、鎮釜祭などの神事、次いでなまはげ入魂の儀ではなまはげ役の若者がお祓いを受け、面や装束を清めた後、場所を神楽殿に移しなまはげ行事を再現。その後、拝殿後背の参道から松明をかざしたなまはげが登場、迫力あるシーンが展開される。
◇2月第2日曜と前2日

能代のナゴメハギ
のしろのなごめはぎ
（能代市浅内）

県内各地のなまはげ、ナモミハギ、やまはげなどと呼ばれる行事と同様のもので、能代市浅内地区で行われている。大晦日の夕刻、浅内神社でお祓いを受けた10人ほどの若者が鈴、拍子木、刀を持ち、ワラミノ、脚絆、腕まきを身にまとい、顔には番楽の「山の神」などの恐ろしげな面をつけて「ウォー、ウォー、泣ぐわらしっこ、いねがー」と大声でおどしながら家々を回る。歳神を迎え、怠け者をいましめる行事といわれる。
◇12月31日

寺沢の悪魔はらい
てらさわのあくまはらい
（秋田市雄和寺沢）

集落の裏山である山崎山から下りてくるという伝承をもつ、小正月の晩に行われる悪魔はらいのやまはげ行事である。やまはげの姿は面から着物まですべて藁で被われているのが特徴でもある。タラ面という、桟俵に藁の長い角を持つ雄は1本、雌は2本として、鼻には杉の葉と唐辛子を付けた面をかぶり、藁のケラをまとい、手には馬そりの引き金やかつて馬屋に使った図太いマセ棒を持つ。集落各戸を巡り、「悪魔祓い、悪魔祓い」と鋭い声を発して家中を走り回り、災禍を祓い、豊作を祈るものとなっている。
◇1月の中頃　市指定無形民俗文化財

秋田万歳
あきたまんざい
（秋田市）

　元禄年間（1688～1704年）に移入された江戸万歳、三河万歳が基になっているともいわれる。太夫と才蔵が正月に家々を訪問し祝言を述べる祝福芸である。訪問先の家をたたえ、人の長寿を祝福する詞章を、掛け合いで唱えながら舞を舞う。十二段の祝詞万歳と秋田音頭などを演じる囃子万歳、時の人を面白おかしく風刺したり、庶民のうっぷん晴らしを代弁したりする秋田弁の噺万歳で構成されている。
◇正月期間　県指定無形民俗文化財

新山神社裸参り
しんざんじんじゃはだかまいり
（由利本荘市石脇）

　県内の裸参りの中でも最大規模のものが、この新山神社の裸参り。修験者の冬の荒修行の名残りと伝えられる、豊作と家内安全を祈願する祭りである。当日はほら貝を合図に「ジョヤサ、ジョヤサ」の掛け声で裸の男衆200人ほどが水垢離をとり、次々と宿を出て新山山頂の神社を目指す。登り詰めた後、担ぎ上げた酒や紅白の餅、新米、鱈を神に捧げ家内安全、五穀豊穣を祈願する、熱気あふれる厳冬の行事である。
◇1月第3日曜日

葛黒火まつりかまくら
くぞぐろひまつりかまくら
（北秋田市七日市葛黒）

　葛黒集落で行われる小正月行事で、宝暦年間（1751～63年）から始まったと伝えられる。早朝、集落の山から伐りだした長さ10m以上もある若木（生ま木）に、木の上部に竹を付け、木の枝には稲藁や豆殻、山卯木、杉の枝、藤蔓を巻きつけてご神木とする。これを祭り場の中央に大勢の人々によって立ち上げる。立てられたご神木は、夜に火がつけられて燃やされる。この時、燃えさかるご神木に向かって「おーい、かまくらの権五郎」と叫びながら、五穀豊穣、無病息災、村内安全を祈願する祭りである。
◇2月中旬　市指定無形民俗文化財

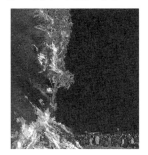

太平山三吉神社梵天祭
たいへいざんみよしじんじゃぼんでんさい
（秋田市広面）

　真冬の寒空の下、近郷近在から男たちが一団となって、五穀豊穣、家内安全などを祈りながらホラ貝を吹き、「ジョヤサー、ジョヤサー」と威勢のいい掛け声を上げながら、太平山三吉神社に「ぼんでん」を奉納する先陣争いを繰り広げる。梵天は神霊の依代で、多くはサラサ（布）の梵天を里宮に林立させて祭場を清め、三吉霊神の降臨を願うという。梵天を男性の象徴とする民間信仰もあり、初嫁、姑らが触れて安産祈願する習俗も伝えている。
◇1月17日

掛魚祭り
かけよまつり
（にかほ市金浦）

　航海安全・豊漁・五穀豊穣を祈願する、別名「タラ祭り」ともいわれる奇祭。その年一番の大鱈を竹の棒につるし、これを船主の家族や乗組員が2人一組で担ぎ、お神酒や重箱などを持った行列は、金浦神楽を先頭に金浦山神社に向かう。神社では大鱈を奉納し、獅子舞や神子舞、金浦神楽が舞われる。神事の終了後、奉納された大鱈は各団体に下げ渡され、それが鱈汁となって振舞われる。
◇2月4日

御宝頭の舞
（十二段獅子舞）
ごほうとうのまい
（じゅうにだんししまい）
（にかほ市象潟町小滝）

二人立ち一頭獅子である御宝頭の舞は、12所作で成り立っているとされることから十二段獅子舞ともいわれている。御宝頭の舞は鎮守である金峯神社の神事に必ず奉納演舞されるが、特に祭礼当番の受け渡しである送り当番宿の神事、その後の受け当番である神宿でも行われている。この獅子舞には、ゆったりとした所作の中に刀を咥えたり、御神符（御札）を咬み合わせて舞う所作などがある。正月の御頭巡行神事でも舞われている。

◇12月20日前後の日曜日など

国指定重要無形民俗文化財

刈和野の大綱引き
かりわののおおつなひき
（大仙市刈和野）

本来旧暦1月15日（満月）の夜の年中行事であった。新藁を集めて、藁打ちをし、グミ組みの太綱を作る。大綱ができるまで10日ぐらいかかる。上町は雄綱で長さ64m、下町は雌綱を長さ約50m、最大直径約66cmとする。当日夜、若者たちの押し合いの後、サバ口合わせをして雄綱と雌綱を結ばせる。やがて一斉に引き合う。一本勝負で上町が勝つと米の値段が上がり、下町が勝つと豊作という年占となっている。

◇2月10日　国指定重要無形民俗文化財

院内七高神社年占神事
いんないしちこうじんじゃとしうらしんじ
（にかほ市院内）

天平17（745）年に鳥海山の一峰である七高山を祀る神社の特殊神事、正月年占行事である。この神事は、御門松神事（12月19日、1月7日）という門松に注連縄を張り、1月7日に下して作柄を占う。大御饌の神事は正月2日から7日朝まで、炊いたご飯を神前に供え、飯の乾きや割れ具合などを見て占う。またこの間、境内に御饌（おにぎり）を置き鳥獣などに供える御散飯の神事がある。1年間の稲作の吉凶や災害、疫病などを占うものである。

◇1月1〜7日　県指定無形民俗文化財

市神祭と大綱引き行事
いちがみさいとおおつなひきぎょうじ
（大仙市大曲）

市神様として慕われ、今は諏訪神社境内に祀られる愛宕大権限の祭礼は、鳥子舞神楽が奉納される市神祭と大綱引き行事である。祠の前に雪で舞台を築き、神事に引き続き、鶏の冠を被った鳥子舞神楽が演じられる。その後、御幣が大勢の参詣者に投げ込まれ、一斉に奪い取ろうとするところは迫力満点だ。綱引きは夜9時に引き合いとなり、上丁が勝つと米の値が上がり、下丁が勝つと豆の値が上がるとされている。

◇2月第3土曜日　県指定無形民俗文化財

角館の火振りかまくら
かくのだてのひぶりかまくら
（仙北市角館町）

　角館で行われる小正月行事で火のついた俵を振り回す、県内の小正月行事の中でも数少ないものの一つ。地域内の主な会場ではカマド型の雪のカマクラと、藁を杉の木に巻きつけた天筆を作っておき、日暮れとともに炭俵に火をつけ、縄の端を持って体を中心に振り回す。火の粉を受けると一年風邪を引かないといわれている。参加には髪の毛が焦げないように帽子などが必要。
◇2月14日　市指定無形民俗文化財

三助稲荷神社の梵天行事
さんすけいなりじんじゃのぼんでんぎょうじ
（横手市大森町袴形）

　三助稲荷神社は戦国時代の永禄年間（1558〜70年）、越後（現新潟県）の人がご神体を背負い大森町袴形にたどり着いたことに始まるといわれている。世話人を中心に梵天と恵比須俵を作り、前日まで世話人の家の前に立て、当日の朝、厄年の人が裸参りを終えると地区内を回って神社に奉納。この後、神社内で激しくもみ合って恵比須俵を奪い合う。まさに「けんか梵天」の異名に恥じない激しさがある。
◇1月3日　市指定無形民俗文化財

六郷の
カマクラ行事
ろくごうのかまくらぎょうじ
（美郷町六郷）

　小正月行事の一つで、2月15日を中心に、11日の蔵開きと天筆書初め、12日に天筆を戸口に飾る天筆掲揚、鳥追い小屋作り、14日餅つき、15日小正月の年取りと、かまくら（竹うち）、そして鳥追いと続く一連の行事である。竹打ちは、諏訪神社向かいのカマクラ畑で午後8時すぎから始められる。長さ8mほどの青竹を持った男達が南、北に対峙して激しく打ち合う。激闘は3回に及び、鎮守に豊穣の願いと喜びをささげる。
◇2月11〜15日　国指定重要無形民俗文化財

紙風船上げ
かみふうせんあげ
（仙北市西木町上桧木内）

　明治初期よりこの地方に伝わってきた風船上げ。保存会なども結成されていたが、その伝統を受け継ぎ、さらに充実させて平成元（1989）年から冬のイベントとして発展した。以前は虫焼き（天筆・どんと焼き）といった行事と同時に行われた。和紙を貼り合わせて作った巨大な紙風船の下に布を付け、その布を燃やして空気を熱し、風船を空高く飛ばす紙風船上げを主役とした行事である。風船には武者絵からアニメのキャラクターなど、さまざまな絵が描かれており、夜空に風船の灯りが舞う幻想的な祭りである。
◇2月10日　市指定無形民俗文化財

横手のかまくら
よこてのかまくら
（横手市）

秋田の冬を象徴する小正月行事。小正月の左義長（さぎちょう）という火祭りが、水のよくない土地だったため、水神様を井戸のある場所に祀って行われるようになったものである。今では井戸に関係なく広場などを会場にして行っている。ドーム型に盛られた雪の内部をくりぬいて、人が中に入って居られるようにしたのが「かまくら」である。奥に水神様を祀（まつ）る神棚があり、子どもたちが火鉢を囲んで、道行く人を招いて餅や甘酒を振る舞う。
◇2月15、16日

旭岡山神社の梵天
あさひおかやまじんじゃのぼんでん
（横手市）

旭岡山神社は大同2（807）年の創建と伝えられており、以降この地の領主が参詣したという由緒ある神社である。社殿は旭岡山に祀られることから、梵天は山を登り奉納されるものである。この祭りは、17日の午前2時に本殿で神事があり、午前6時にお祓いを受ける。9時半に市役所前を出発し、お昼ごろには激しく押し合い、もまれながらの奉納となる。梵天は45基ほど、小若梵天も20基ほどが上がる。頭飾りには毎年さまざまに工夫された作りものが付けられる。
◇2月16、17日

犬っこまつり
いぬっこまつり
（湯沢市）

昔、湯沢の殿様が盗賊を退治したのが始まりといわれる小正月行事。一説には、障子に供えた犬っこが灯（あか）りで大きく映され、驚いた盗人が逃げ出したことから毎年犬っこを飾るという。今では、野外の雪で作ったお堂に米の粉で作った犬や鶴亀を供えて、盗難除け、無病息災、豊作を祈る。観光行事としては会場にお堂とそれを守る秋田犬の雪像が置かれ、お堂に犬っこと餅、甘酒などが供えられる。火が灯されると幻想的である。
◇2月第2土・日曜日

第 4 章

自然

クニマス

第4章

自 然

　秋田県は東北地方の北西部に位置し、地形的には西側が日本海に面し、他の三方を山々に囲まれている。海岸や森林、河川、湖沼、湿原、高山など、変化に富んだ環境があり、多様な植物や動物が見られる。

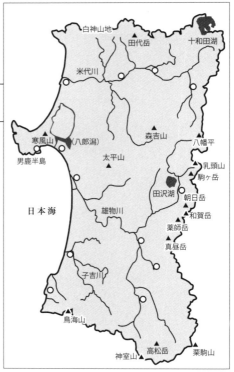

1. 自然環境

　秋田県は西側が日本海に開け、東側に奥羽山脈、北側に白神山地、中央に太平山、南側に鳥海山や神室山地などがある。気候は対馬暖流の影響を受けた日本海型の冷温帯気候に属し、全域が積雪寒冷地域および豪雪地帯に指定されている日本有数の多雪地帯でもある。その雪が天然のダムとして豊かな水資源となり、北部に米代川、中央部に雄物川、南部に子吉川の大河が流れ、この三大水系の流域に開けた盆地や平野で、農耕を中心とした産業が発達してきた。

世界遺産

　1972年にユネスコ（国際連合教育科学文化機関）総会で、世界遺産条約（世界の文化遺産及び自然遺産の保護に関する条約）が採択され、日本は1992年に世界遺産条約を締結した。世界遺産には、「自然遺産」と「文化遺産」、「複合遺産」がある。白神山地は、世界遺産の自然遺産に登録されている。

白神山地
しらかみさんち

　青森県南西部から秋田県北西部にまたがる面積約13万haを白神山地と呼び、その中心部1万6971haが平成5（1993）年に世界遺産に登録された。人間活動の影響をほとんど受けていない源流域が集中し、世界最大級といわれるブナの原生林が残されている。白神山地のみで確認されているシラガミクワガタや、本州ではここだけでしか見られないエゾノハナシノブなどの珍しい植物をはじめ、多種多様な植物群が共存する。また、ニホンカモシカ、ツキノワグマなどのほ乳類、クマゲラに代表される鳥類や昆虫類などの宝庫でもある。

白神山地

八幡平
はちまんたい

十和田八幡平国立公園に属し、標高1613m
を最高点とする成層火山である。なだらかな地
形はオオシラビソ（別名アオモリトドマツ）に覆われているが、各
所に八幡沼やガマ沼、長沼などの池沼や湿原が発達し、高山植
物のお花畑が見られる。また、
蒸ノ湯温泉や後生掛温泉、玉
川温泉の周辺には泥火山や
噴気噴湯などが見られ、その
周辺には火山ガスに適応した
イソツツジなどの硫気荒原植
物群落が発達している。

森吉山
もりよしざん
（北秋田市）

成層火山の大カルデラに噴出した中央火口丘
の向岳（標高1454m）を中心に、前岳や一ノ腰
などのカルデラを取り囲む外輪山やヒバクラ岳
や立ヶ森などがある。山腹にはブナ林が広がり、標高約1100m
以高にはオオシラビソ林が発達している。初夏からチングルマや
イワカガミをはじめ多種の高
山植物が咲き誇り、「花の百名
山」として親しまれている。昭
和43（1968）年に県立自然公
園に指定された。その後ブナ
林にはクマゲラの生息・繁殖
も確認された。

秋田駒ヶ岳
あきたこまがたけ
（仙北市生保内駒ヶ岳）

秋田駒ヶ岳は、田沢湖の東方約10kmの
秋田と岩手の県境に位置する成層火山で、
男女岳・男岳・女岳などのピークからなる。
最高峰は1637mの男女岳。現在でも活動を続けている活火山
で、最近では昭和45（1970）〜46（1971）年の噴火が記憶に新
しいが、活動の開始はおよそ10万年前とされている。先の噴火
はストロンボリ式の噴火であったが、比較的穏やかな噴火であっ
たため多くの人が訪れ、また
研究者によって噴火の詳細、
溶岩流出の様子などが調査さ
れた。多くの高山植物が観察
されることもあり、初夏から秋
まで多くの登山者で賑わう。

奥羽山脈
おううさんみゃく

青森県夏泊半島付近から福
島、栃木県境まで、東北地方の中
央を約450kmにわたって連なる
わが国最長の脊梁山脈。八甲田
山、岩手山、栗駒山、蔵王連峰、
吾妻山などといった火山が多い。
一部は十和田八幡平国立公園、
栗駒国定公園、真木真昼県立自
然公園などに含まれる。中新世に
隆起をはじめ、海底であった奥羽
山脈の一部が海上に現れ、第四
紀になって陸化し火山活動が始
まったとされる。

太平山
たいへいざん
（秋田市、上小阿仁村）

秋田市と上小阿仁村の境界に
そびえる壮年期の隆起山塊で、そ
の岩体は秋田県の代表的な基盤
岩である。秋田市街地から見て手
前から前岳、中岳、鶴ヶ岳、剣岳と
長い稜線が続き、標高1170mの
奥岳へ連なっている。奥岳には太
平山三吉神社の奥宮があり、白鳳
時代から信仰の対象となってい
る。太平山県立自然公園に属し、
ブナと秋田杉の美林が魅力的で
ある。

和賀山塊 わがさんかい
（仙北市、大仙市、美郷町など）

　秋田と岩手の県境稜線を中心として、主峰和賀岳（1439m）をはじめ、朝日岳（1376m）、薬師岳（1218m）など、海抜1000mを超す山岳が南北に連なっている。仙北マタギの狩猟以外は、森林伐採や林道建設などの人為介入のない、手つかずの原生的自然が、ほとんど分断されないで1万5000haに広がり、貴重な動植物の宝庫でもある。幹周り10.1m、樹高25m、推定樹齢700年以上もある日本一のブナや、幹周り8.13m、推定樹齢800年の日本一のクリも発見された。

八郎潟 はちろうがた
（男鹿市、潟上市、三種町、五城目町、八郎潟町、井川町、大潟村）

　かつては琵琶湖に次ぐ日本第2の広さを誇る湖であった。周囲82km、面積2万2024ha、水面高度0m、平均水深3m、塩分0.21〜0.26%で、うたせ舟などを利用した漁業が盛んであった。昭和32（1957）年から始まった干拓事業により、昭和39（1964）年、大潟村が誕生し、約4820haが調整池と承水路として残っているだけである。

提供＝潟の民俗展示室、撮影＝樋口政治郎

栗駒山 くりこまやま
（東成瀬村栗駒山）

　岩手・秋田・宮城の3県にまたがる成層火山。岩手では須川岳、秋田では大日岳、宮城では栗駒山と呼ばれる。標高1626m、山頂付近にはイワカガミをはじめ多種の高山植物が群生し、見事なお花畑をなす。ブナの原生林、湿原、渓谷、滝、湧き水、雪渓など貴重な自然が手付かずのまま残されている。特に湿原は、希少種が生息する湿原として、環境省の重要湿地に選定されている。昭和19（1944）年には、大日岳の北西斜面で水蒸気爆発が起こり、くぼ地に水がたまり、昭和湖ができた。

鳥海山 ちょうかいさん
（由利本荘市、にかほ市）

　秋田と山形の県境にそびえる成層火山。その秀麗な山容から秋田富士（出羽富士）とも呼ばれる。標高2236m、福島県の燧ヶ岳に次ぐ東北第2の高山。鳥海国定公園に属する。山頂には大物忌神社があり、古くから山岳信仰の対象となっていた。高山植物が豊富に群生し、特にチョウカイアザミや岩場や砂礫地（されきち）に生える鳥海山固有のチョウカイフスマなどは貴重である。鳥海ブルーラインが5合目まで開通している。日本海に山影が映る「影鳥海」は奇観。活火山で、昭和49（1974）年には山頂付近で水蒸気爆発を起こした。

十和田湖 とわだこ
（小坂町十和田湖）

　十和田湖は第四紀洪積世に誕生したカルデラ湖である。大規模な陥没が2度起こったといわれる。面積は61.1k㎡。明治41（1908）年に大町桂月（けいげつ）が訪れてその美しさに感嘆し、雑誌「太陽」に紹介したのがきっかけで全国に知られるようになった。昭和3（1928）年に天然記念物に、昭和11（1936）年には十和田国立公園に、昭和27（1952）年、特別名勝及び天然記念物に指定される。平安時代に起きた噴火は、火砕流と洪水を引き起こしたが、八郎太郎伝説の元になったという説もある。和井内貞行が養殖に成功したヒメマスが生息している。

田沢湖
たざわこ
（仙北市田沢湖）

永遠の美を求めて竜になったという辰子姫伝説で知られる。東西約6km、南北約5.8kmの円形のカルデラ湖で面積25.75km²。周囲20km、最大深度423.4mと日本一の深さ。湖面の標高が249mなので、湖底は、海水面よりも低いことになる。透明度も33〜39mあり、十和田湖と首位を争っていた。かつてはクニマスが生息していた。湖岸には、サイクリングロードが整備され、また遊覧船も発着している。御座石神社、たつこ像などの観光施設がある。県立自然公園。

米代川
よねしろがわ
（鹿角市、大館市、
北秋田市、能代市など）

秋田、青森、岩手の県境にまたがる中岳（標高1024m）に源を発し、総延長136km、東北地方第5位の大河（秋田県側110km、秋田県第2位の長流）で、流域面積4100km²の一級河川。米代川の語源は「米のとぎ汁のように白い川」と言われている。延喜15（915）年に十和田火山が大噴火を起こし、その火山灰で白く濁った川の色を表現したとも言われている。米代川流域には鉱山が多く尾去沢、小坂、阿仁などの各鉱山から出る鉱石は米代川での舟運で運ばれた。また、流域は優れた杉材の産地でもあり、米代川を使って運ばれた。特に、丸太を筏にして川に流す筏流しは昭和39（1964）年まで続いた。道の駅ふたつい内に筏流しの様子が紹介されている。

雄物川
おものがわ
（湯沢市、羽後町、横手市、
大仙市、秋田市）

山形県との県境付近の大仙山を源とし、横手盆地西方を北上して秋田平野を流れ日本海へ注ぐ総延長約133km（秋田県第1位）の一級河川。流域面積は4710km²。主な支流は皆瀬川、玉川、旭川など。湯沢市から穀倉地帯である横手盆地を通過し、大仙市にかけて蛇行しながら、秋田市で日本海へと注ぐ。かつては舟運で、年貢米、木材などを秋田に運んだ重要な水の道であった。川名の由来は、『六郡郡邑記』の中にある「貢物（御物成）をば、舟にてつみ下す川」とする説が一般的。

玉川
たまがわ
（仙北市）

八幡平の南にある大深岳（標高1541m）に源を発し、大仙市大曲で雄物川と合流する総延長103kmの一級河川。豊富な水量を利用して、神代、夏瀬、鎧畑、玉川など大型ダムが建設され、発電が行われている。上流の玉川温泉付近からは、強酸性の熱湯が大量に湧出し、約80kmにわたり魚のすめない川となっていたが、中和事業により、次第に魚影も認められるようになってきた。桧木内川との合流地点の上流には抱返り渓谷がある。

成層火山
せいそうかざん

中心火道から溶岩と火山砕屑物が交互に繰り返し噴出し、厚く積み重なってできた円錐型の火山地形。

カルデラ
かるでら

直径が2km以上の火山性窪地をカルデラという。成因によって陥没カルデラ、崩壊カルデラなどがある。火山の噴火により大量のマグマが噴出し、マグマだまりの天井が陥没して大きなくぼ地が形成されたものが陥没カルデラである。

抱返り渓谷 _{だきかえりけいこく}
（仙北市田沢湖）

　田沢湖の南方、神代ダムから下流約10kmにわたって続く玉川はV字型の深い谷を刻み、その自然美と壮大な景観が東北の耶馬渓とも称される。特に名勝と言われているのが一湯、六滝、三島、十二名所で、一湯とは夏瀬温泉。六滝とは回顧の滝をはじめとする勇壮な滝。三島とは清流に突出する奇岩で、巫女石、茣蓙の石、善知鳥の中島。十二名所には抱返神社、神の岩橋、若狭の急流などが数えられている。

子吉川 _{こよしがわ}
（由利本荘市）

　鳥海山（標高2236m）東麓に源を発し、いくつもの渓流を合わせながら由利本荘市の矢島、由利など本荘平野を流れ、日本海に注いでいる。流域面積1190㎢、流路延長61kmの一級河川。かつては舟運が盛んで、京都、大坂とも交易していた。また、シロウオの「持ち網漁」、コイの「追い込み漁」など、古くからの伝統漁法での川漁も盛んであった。近年「子吉川癒しの川」として河川敷が整備され利用されている。

小又峡 _{こまたきょう}
（北秋田市森吉）

　小又川の上流、太平湖に注ぐ支流に発達した渓谷である。太平湖は昭和28（1953）年、発電のため小又川をせき止めてできた人造湖である。太平湖を遊覧船で渡り、渡船場から遊歩道を進むと多くの滝が見られ、川底には大小さまざまな甌穴が見えてくる。千畳敷のような岩盤、3段になって流れ落ちる三階滝、横滝など、それぞれ歩いてしか行くことができない秘境である。県の名勝及び天然記念物に指定されている。

小安峡 _{おやすきょう}
（湯沢市皆瀬）

　皆瀬川の急流が両岸を深く浸食してできた約8kmにわたる小安峡谷。「大噴湯」は地獄釜とも呼ばれ、断崖の割れ目から轟音とともに高温の蒸気と熱水が噴き出している。高さ60mの川原湯橋から見下ろしたり、岩づたいの約300の石段を降りて、全長約500mの遊歩道を歩くこともできる。特に、春の新緑と秋の紅葉には、多くの人が訪れる。付近には、江戸時代から湯治客で賑わいをみせる小安峡温泉がある。江戸時代の紀行家・菅江真澄もこの地を訪れている。「新観光秋田30景」の第2位に選ばれている。

桃洞滝
とうどうのたき
（北秋田市奥森吉）

森吉山中腹にある桃洞滝は、森吉山野生鳥獣センターからノロ川に沿ってブナ林の中を散策しながら徒歩で約70分ほどで見られる。滑らか

な岩盤を豊富な水が流れる姿が親しまれており、その上流域には国指定の天然記念物・桃洞杉の自生地が広がっている。また、小又峡には三階滝があり、阿仁側には安の滝や幸兵衛滝など、森吉山には数々の滝が見られる。

法体の滝
ほったいのたき
（由利本荘市鳥海百宅）

法体の滝は鳥海山の東斜面の奥深くにあり、「日本の滝100選」にも選ばれた、鳥海山周辺では最大の名瀑である。流長100m、落差57.4m、滝幅3〜30m、滝つぼの広さ約3000㎡、滝は3段に構成

され、一の滝、二の滝、三の滝と呼ばれ、中でも三の滝は落差42mと最も雄大である。滝の上流の岩盤にある大小無数の甌穴は、河底の岩盤にできた円形の穴で、安山岩質の溶岩に生じた学術上貴重なものとされている。県の名勝及び天然記念物に指定されている。

奈曽の白瀑
なそのしらたき
（にかほ市象潟小滝）

鳥海山奈曽渓谷を流れる奈曽川下流域にある高さ26m、幅11mの形の整った瀑布。杉の大木に囲まれ、滝口の後退によってできた渓

谷に常に豊富な水が流れ落ちる景観は見応えがある。高さ4.85mもある観音菩薩像や「小滝のチョウクライロ舞」で名高い金峰神社がこの滝をご神体としている。小滝集落は小滝修験発祥の地といわれる。集落には修験に関する古文書資料や、宿坊の標石を敷地内に持つ家が現存する。

岨谷峡
そうやきょう
（秋田市河辺岩見）

岩見川流域約300mにわたって、柱状節理の巨岩岸壁が切り立つ景勝の地。和銅年間（708〜715年）、鵜養の沼が破れたときにできたものといわれている。特に新緑や紅葉時の景観は見事で、皺壁に松、もみじなどが生い茂り、そそり立つ岸壁の間を縫うようにして渓流が流れる様を、江戸時代の紀行家、菅江真澄も写生している。季節によってイワナやヤマメ、アユなどを見ることができる。

天然記念物
てんねんきねんぶつ

文化財保護法で指定された文化財のひとつで、学術上貴重でわが国の自然を記念するものとして指定された動物、植物、地質・鉱物である。動物には、生息地、繁殖地及び渡来地が含まれ、植物には、自生地が含まれている。また、地質・鉱物には、特異な自然の現象の生じている土地が含まれる。

2.植物

　自然植生は大部分が森林植生であり、県南海岸部の一部にタブノキやヤブツバキで代表される照葉樹林（常緑広葉樹林）帯が見られるが、大半がブナやコナラで代表される夏緑樹林（落葉広葉樹林）帯である。これに山岳高所に見られる亜高山帯と高山帯の植生を加えると、四つの植生帯に大別される。

県の花
フキノトウ
　昭和29（1954）年、NHKが全国から「郷土の花」を募集したことがきっかけで、秋田の花に選ばれた。植物名はフキ。秋田には、大形のアキタブキが生育する。通常、フキと呼ばれる部分は葉と葉柄で、フキノトウと呼ばれるのは、早春、葉の伸出より先に伸び出す花茎のこと。雌雄異株。秋田では「バッケ」と呼ばれ、つぼみの状態で採取されて天ぷらや煮物、味噌汁、バッケ味噌などに調理して食べられる。

フキノトウ

県の木
秋田スギ
あきたすぎ
　スギは日本固有の針葉樹で、天然林としては青森県鰺ヶ沢から鹿児島県屋久島まで広く分布する。秋田は天然スギの産地で、その名前を冠した秋田スギは青森ヒバ、木曽ヒノキとともに日本三大美林の一つとされる。スギは加工しやすく、緻密で美しい木目を有するため、古くから建材として利用されてきた。植林も盛んで、約36万haに及ぶ人工林面積は日本一。能代市二ツ井町の仁鮒水沢スギ植物群落保護林や上小阿仁村上大内沢自然観察教育林では、40〜50m級の巨木からなる美林を観察できる。

秋田スギ

ブ　ナ
　ブナはブナ科の夏緑樹（落葉広葉樹）で、日本の落葉広葉樹林帯の極相林を形成する樹種の代表である。北海道渡島半島から鹿児島県まで分布する日本固有種である。秋田県内でも海岸から高木限界まで生育していたが、縄文時代にはドングリとして食用のコナラ、中世以降は薪炭林としてのコナラ植栽、現代ではスギ植林などで平地のブナ林はほとんど消滅した。ブナの材質は長い間人間の役には立たなかったが、その葉は昆虫の餌になり、昆虫は小鳥やその他の動物の餌になっている。また、ブナの種子は栄養価に富んでいるので数多くの動物たちの餌となる。秋に落葉した枯葉は、分解されて腐葉土となり厚く堆積して、雨水を蓄える緑のダムとなり、そこから流れるミネラルの多い清水は、海の豊かな生命も養っている。

ブナ

秋田駒ヶ岳高山植物帯
あきたこまがたけこうざんしょくぶつたい

駒ヶ岳山頂付近は溶岩が裸出する男岳、火山弾や火山礫（れき）が堆積した大焼砂、残雪が作る大雪田など、複雑な地形が入り交じって多様な環境となっており、多くの高山植物が生育している。男岳岩壁には乾燥に強いイワウメ、イワヒゲ、ミヤマウスユキソウなどが見られ、阿弥陀（あみだ）池の周囲や窪地の雪田にはチングルマ、ヒナザクラなどがいわゆる「お花畑」を作り、大焼砂にはコマクサの大群落が見られる。8合目までバス運行があるため、初夏から秋にかけては多くの登山者で賑わう。一帯は国の天然記念物指定を受けており、動植物の採取が禁じられている。

長走風穴高山植物群落
ながばしりふうけつこうざんしょくぶつぐんらく
（大館市長走）

国見山（標高453.9m）の西斜面、標高約170～240mの所にある。岩石が崩壊堆積してできた空間が山の上と下につながっており、冷風が流通している。夏季には風穴から吹き出す冷風により、吹き出し口では地温が10℃前後まで下がっている。風穴の近くには秋田県内では海抜1000m前後の亜高山帯に分布するコケモモ、オオタカネバラ、ゴゼンタチバナ、ヤナギラン、ナンブソウなどの高地性種、貴重種が生育し、周辺の植生とは全く異なる様相を見せている。国の天然記念物に指定されている。

芝谷地湿原植物群落
しばやちしつげんしょくぶつぐんらく
（大館市釈迦内）

国道7号線沿いの山間にあって湿原の広さは約7ha。ノハナショウブ（写真左）が多く自生し、モウセンゴケ、ミミカキグサ、クサレダマなどが生育し、昭和11（1936）年、国の天然記念物に指定されている。もともと芝谷地はノハナショウブの花が見事であったことから、地域の人はこの地を単にアヤメ（ソトメともいう）と呼んで親しみ、地域のシンボルとして大事にしてきた。

シラガミクワガタ

岩場や岩礫地に生えるオオバコ科の草本で、白神山地の固有種。草丈15～25cmで、直径1cm強の青紫色の花を10～20個咲かせる。それまで白神山地の一部で記録され、ミヤマクワガタの品種のミチノククワガタだと考えられていた本種は、鋸葉が規則的であるなどの形質の違いで新変種として認められた。薄青紫の地に濃い青紫の線が入った花弁の色彩が美しい。現在のところ、確実な産地は白神山地だけで、しかも植物で唯一「白神」の名を冠した本種は、白神山地を代表する植物の一つといえる。

コマクサ

高山植物の女王と呼ばれるコマクサは、北海道と本州中部地方以北の高山帯の砂礫地に生えるケシ科の小型の多年草で、葉は細かく分かれて、粉白をおびている。花は淡紅色で、形が馬の顔に似ていることから、駒草（コマクサ）の名がついたとされる。高山の限られた環境に生え、さらに、かつて薬用として採取されたために個体数がかなり減少した。

コアニチドリ

多雪地の湿原や湿った岩場に生えるラン科の多年生草本。南千島、北海道、本州中部以北に分布する。和名は、最初の発見地である上小阿仁村の小阿仁川に由来する。高さ10〜20cm程度。葉は下の方に1枚がつき、長さ5cm程度の広線形。花は極めて小さく、淡い紅紫色の部分と白色の部分があり、小さな蝶が飛んでいるような形状で、夏に開花する。花茎の先端にたくさんのムカゴを作る珍しい性質がある。絶滅危惧種に指定されており、野外での採取は絶対に避けたい。

田代湿原 たしろしつげん
（大館市）

田代岳（標高1178m）は、白神山地に属する成層火山で、イワカガミやチングルマ、ゴゼンタチバナなどの高山植物も多く見られる。9合目付近に広がる田代湿原には、120個以上もの池塘（ちとう）が散在し、ミツガシワやワタスゲ、キンコウカなどの群落が見られる。7月には、湿原の池塘に咲くミツガシワなどの生育状況から稲作の豊凶を占う「作占い」が行われる。田代岳を中心とする山岳、山麓などを含む1855haが、県立自然公園に指定されている。

刺巻湿原 さしまきしつげん
（仙北市田沢湖刺巻）

JR刺巻駅からほど近く、ハンノキが残存する約3haの湿原に、約6万株のミズバショウとザゼンソウが群生している。ザゼンソウは暗紫褐色。駐車場から木道が整備され、ハンノキ林の中を30分程度で1周できる。国道や鉄道路線に近い山間で、ハンノキ自然林とミズバショウが群生しているのを見られるのは珍しいといわれる。見頃は、4月上旬〜中旬。

獅子ヶ鼻湿原
ししがはなしつげん
（にかほ市象潟横岡）

水生のコケ類が絨毯（じゅうたん）状に密生する大規模群落があり、「鳥海マリモ」の俗称で知られる。「鳥海マリモ」はアラスカ、カナダなどの標高1500m以上の高冷地に隔離分布する希少なハンデルソロイゴケやヒラウロコゴケなどからなり、藻類のマリモとは別のものである。この湿原の成因は、年間を通して約7.2℃と水温が低く、pH4.6の酸性の伏流水の湧水池群である。湿原の周囲の林内には、アガリコと呼ばれる異形のブナ（写真右）の群落もある。「鳥海山獅子ヶ鼻湿原植物群落及び新山溶岩流末端崖と湧水群」として、国の天然記念物に指定されている。

木地山のコケ沼
湿原植物群落
きじやまのこけぬましつげんしょくぶつぐんらく
(湯沢市)

コケ沼は、標高約580mにある高層湿原である。沼の水面の大部分がミズゴケ泥炭で覆われ、約90％が水中に沈んでいて浮島状になっている。浮島には、大小の池塘があり、ジュンサイ、ヒツジグサ、ヒルムシロなどの浮葉植物が群生している。岸と浮島の間の水面には、ヨシ、ミツガシワ、アギナシなどの挺水植物が見られる。ミズゴケを主とする湿原の代表として、県の天然記念物に指定されている。

（湯沢市ジオパーク推進協議会提供）

桃洞・佐渡の
スギ原生林
とうどう・さどのすぎげんせいりん
(北秋田市)

森吉山の桃洞沢と打当沢のスギ林は、ブナ帯の上部の標高850〜950mの地帯に原生状態で群生している。樹高が20〜30m、幹回り3〜5m、樹齢200〜300年の大木が含まれる。桃洞沢と中の又沢流域に分布するものを桃洞スギ、打当沢流域に分布するものを佐渡スギと呼んでいる。国の天然記念物に指定されている。

水沢のアキタスギ
天然林
みずさわのあきたすぎてんねんりん
(能代市)

田代川の上流、標高約200mの田代沢国有林内に秋田スギの天然林が残されている。スギの巨木が群生し、樹高約58mで日本一の高さといわれる「きみまち杉」も見られる。林内には、スギの巨木に混じって、イタヤカエデ、ミズナラ、トチノキ、カツラ、ブナなどの広葉樹も点在する。県の天然記念物に指定されている。平成3（1991）年9月の台風19号によって、大きな被害を受けた所もある。

日本一の高さといわれる天然秋田スギ
「きみまち杉」

桑ノ木台湿原
くわのきだいしつげん
(由利本荘市)

鳥海山の標高690mにある低層湿原で、6月の晴れた日には、残雪の鳥海山を背景に、レンゲツツジやワタスゲが咲く景観が人気を呼び、多数の人が訪れるようになった。湿原内へ入り込む人が増えて湿原の荒廃が懸念されたことから、現在は、周囲に木道が整備されている。また、湿原の入り口近くまでの道路は、車での乗り入れを規制している。

湿原には、アオモリミズゴケやオオミズゴケのほかに、ミズバショウやワタスゲ、サワギキョウ、ミツガシワなどの群落も見られる。木道を歩きながら景観を楽しんだり、湿原の植物を観察したりできる。

（鳥海山・飛島ジオパーク推進協議会提供）

チョウカイフスマ

　鳥海山にだけ生育するナデシコ科の植物で白い可憐な花をつける。北海道に生育するメアカンフスマよりも花弁が大きい変種である。登山路に近い草原に生育し、踏みつけなどによる個体数の減少が見られ、絶滅危惧種に指定されている。名前の由来は、鳥海山に特有なフスマ（ハコベの仲間）の意味である。

チョウカイアザミ

　鳥海山特産で高さが1mにもなる大型のアザミ。高山帯の日当たりの良い草地に生え、濃い紫色の花を下向きに付ける。葉は深く裂けており、先端に鋭い棘がある。茎の上部には白い綿毛が密生している。花期は7月から8月。準絶滅危惧に指定されている。

ユキツバキ
自生北限地帯
ゆきつばきじせいほくげんちたい
（仙北市田沢湖岡崎外）

　ツバキ属の植物は秋田に3種類自生している。主に沿岸部に見られるヤブツバキと日本海側の多雪地帯に偏って生育し、仙北市田沢湖を北限とするユキツバキ、雑種のユキバタツバキである。ユキツバキはヤブツバキと異なり、枝がしなやかで雪が厚く積もっても枝折れせず、雪の下で地面に接して極低温から守られた状態で越冬し、雪解けを待ってすぐに開花するという多雪地帯に適応した種類である。柴倉峠にある6haにおよぶユキツバキ群落は、県の天然記念物に指定されている。

ツバキ自生北限地帯
つばきじせいほくげんちたい
（男鹿市船川港椿）

　男鹿半島南側海岸の能登山と呼ばれる小丘と、その西側の民家を隔てた斜面にヤブツバキが自生している。能登山は全山ヤブツバキに覆われていて、平成22、23（2010、11）年の調査では308株の生育が報告されている。北限地帯のヤブツバキ群落として、青森県夏泊半島北端の椿山群落とともに国の天然記念物に指定されている。太いもので幹回り60cm前後で、大部分はこれより細く、株状になっているものが密生している。しかも樹高は低く、冬の季節風の影響が顕著に現れている。

風の松原
かぜのまつばら
（能代市後谷地）

　能代市の海岸沿いに連なる日本最大規模を誇るクロマツ林。東西幅1km、南北延長14km、総面積約760haで、東京ドーム163個分もの広さ。厳しい海風による飛砂を防ぐために江戸時代に植栽されたのが起源で、現在は700万本が茂る。天の橋立、虹の松原、三保の松原、気比の松原に並ぶ日本五大松原の一つ。林内にはジョギングコースやサイクリングコースなどが整備されている。公募によって、昭和62（1987）年から「風の松原」と呼んでいる。「21世紀に残したい日本の自然100選」などにも選ばれている。

3.動物

　秋田県は豊かな自然に恵まれ、多種の動物が生息している。ツキノワグマやニホンカモシカなどの大型動物、イヌワシやクマゲラなどの希少な鳥類も生息している。また、淡水魚類、両生類、昆虫類なども希少なものが少なくない。

秋田犬
あきたいぬ

　国の天然記念物に指定されている秋田犬は、大館市周辺を中心として飼育されているが、愛好家は全国に広がっている。近年ではアメリカ、ヨーロッパなどで日本犬の代表種として知られている。日本犬に共通する立った耳、くるりと巻いた尾、大きな頭、太く力強い足などの特徴をもち、日本犬としては珍しい大型犬である。毛色は白、黒、ごま、虎、斑がある。寿命は約15年、生後約8カ月で成熟し、一度に4〜7頭の子を産む。古くから番犬や猟犬として飼育され、狩猟を生業とする本県のマタギとの関係も深かった。死んだ主人の帰りを待ちつづけた「忠犬ハチ公」が有名である。

比内鶏
ひないどり
（大館市）

　古くから北秋田、鹿角地方で飼育されてきた純粋な日本地鶏の一種。標準体重は雄が2.7kg、雌が1.9kg。小さいが性質は勇壮活発。立木の枝から枝へ、相当長い距離を飛ぶ。脂肪が比較的少なく、淡白で美味であることから、藩政期には年貢の代わりに納めたという。昭和8（1933）年、比内鶏保存会が結成され、国の天然記念物に指定された。食用比内鶏として一代限りの雑種「比内地鶏」が開発されている。

クニマス

　クニマスは、サケ目・サケ科に分類される淡水魚の一種で、ベニザケの湖沼型と考えられている。かつて日本で最も深い田沢湖にのみ生息していたが、昭和15（1940）年、発電所の完成にともない、玉川の強酸性（pH4.5）の河川水が田沢湖に流入されたために絶滅した。クニマスの特徴は体長が平均して20〜30cm。色は全体的に黒っぽい。体やひれに斑点がほぼない。若魚は銀色で、背部が淡い緑褐色。魚影が消えた田沢湖も、平成2（1990）年から始まった「玉川酸性水中和処理施設」の稼働によって中和されるようになり、次第に水質も改善されてきた。旧田沢湖町の観光協会では賞金をかけ全国に移出したクニマスの子孫を捜していたが、近年山梨県の西湖で発見された。田沢湖クニマス未来館でクニマスを見ることができる。なお、県内に残る標本のうち3体が、平成20（2008）年に動物としては初めて国の登録記念物となった。

男鹿のコウモリ生息地
孔雀の窟　蝙蝠の窟

おがのこうもりせいそくち
こうじゃくのいわや　こうもりのいわや
（男鹿市船川港小浜）

　孔雀の窟は、磯波によって浸食されてできた洞穴（海食洞）で間口は7m。海水が洞窟の中程まで入り込んでおり、その奥がさらに左右の支洞になっている。近くに奥行き70mの「蝙蝠の窟」がある。ユビナガコウモリとキクガシラコウモリが多数生息し、孔雀の窟では、ユビナガコウモリの繁殖が、蝙蝠の窟では、同種の越冬が認められている。コキクガシラコウモリとモモジロコウモリも少数混生している。県の天然記念物に指定されている。

ニホンカモシカ

　日本固有種の大型草食獣で、本州、四国、九州に分布する。成獣では、頭胴長約1.2m、体重約40kgになる。毛の色には個体差があり、白っぽい個体や黒褐色の個体が見られる。シカ科のニホンジカとは異なり、カモシカはウシ科で角は雌雄ともに生え、毎年抜け替わることはない。ブナ林などに生息し、木の葉や草、ササなどを食べる。昭和の初期には、乱獲などにより生息数が著しく減少したため、昭和9（1934）年に国の天然記念物、昭和30（1955）年には、特別天然記念物に指定された。近年は、里山や郊外の住宅地にも出現することがある。

ツキノワグマ

　成獣では、頭胴長約1.5m、体重が100kgを超える黒色のクマで、胸に白色の三日月形の模様がある。ブナ林などに生息し、季節により餌を求めて広い範囲を移動する。樹木の若葉やブナ、ミズナラ、ヤマブドウ、クリの実などを餌としている。秋田県内では、5月から6月にかけては、チシマザサ（通称ネマガリダケ）のタケノコを食べる。また、アリの幼虫やミツバチの巣を壊して蜂蜜を食べることもある。冬季は、土穴などに入り冬眠する。近年、ブナの実の不作や里山の荒廃などで餌が不足して、人里に現れ、問題となっている。

ヤマネ

　ヤマネは本州、四国、九州の山地に生息する小型の齧歯類で、1属1種の日本固有種である。
　頭胴長約8㎝、尾長約5㎝、体毛は淡褐色で、背中に黒い毛が帯状に生えている。夜行性で樹上生活をし、果実や昆虫などを食べる。気温が10℃くらいまで下がると体温も下がって、樹洞などで体を丸めて冬眠する。国の天然記念物に指定されている。

クマゲラ

クマゲラは、日本の本州北部から北海道にかけて生息するわが国最大のキツツキ。国の天然記念物に指定されているが、日本版レッドデータブック（環境省）に絶滅危惧種として掲載されている。現在、本州で営巣が確認できたのは森吉山と青森県側の白神山地の二カ所のみである。

クマゲラは全長45〜55cmで黒い体に、雄は頭部全体が、雌は頭のてっぺんだけが鮮紅色をしている。"渡り"をしない留鳥で、幹の直径が50cm以上のブナが営巣木となるため、ブナ林の環境保全の指標的存在と目されている。

県の鳥
ヤマドリ

キジ科の鳥。仲間のキジが平地から里山にすむのに対し、ヤマドリは山地に多く、警戒心が強いため目に触れることは少ない。派手な体色であるキジの雄に対し、ヤマドリの雄は目の周囲が鮮紅色である程度だが、尾は非常に長く全長（約125cm）の

半分ほどを占める。繁殖期にオスは、羽をばたつかせてドドドドという音を立てる。これは「母衣打ち」と呼ばれる。

大潟村の鳥類
おおがたむらのちょうるい
（大潟村）

「世紀の大事業」と呼ばれた八郎潟の干拓によって生まれた大潟村は、広い耕地と豊富な餌、周囲から半独立した特異な環境によって現在、多様な鳥類の生息地になっている。特殊鳥類であるオオセッカなどの希少種が見られるほか、冬鳥のオオハクチョウやコハクチョウ、国の天然記念物に指定されているマガンやヒシクイなどの渡りの中継地、オオワシなど大型猛禽類の越冬地にもなっている。近年、県内外の鳥類研究者や愛好家に注目されるようになった。

マガン

体長約80cm、両翼を広げると、約160cm。頭部から上面は暗灰褐色、腹部には黒色の黄斑がある。嘴は桃色や橙色で、基部から額が白い。冬鳥としてシベリアから東北地方や日本海側に渡来して越冬する。湖沼をねぐらとし、早朝に一斉に飛び立ち、水田などで落ち穂や草、草の根などを食べる。鉤形に編隊を組んで飛行することでも知られている。国の天然記念物であり、絶滅危惧種にもなっている。秋田県では、大潟村や能代市の小友沼が、マガンやヒシクイ、オオヒシクイ、ハクガンなどの大群の飛来地として有名である。

マガン

ハクガン

ギフチョウ

黄色と黒のコントラストが鮮やかなチョウで、本州だけに生息する日本特産種である。その生息域は食草のコシノカンアオイの分布域と重なる。北限の区域の個体群では、本来はもっと北方にも生息しているヒメギフチョウの食草であるトウゴクサイシンを食草としていることが確認された。分布域が限定されていることや採集などにより生息数が減少している。絶滅危惧種に指定されている。

絶滅危惧種
ぜつめつきぐしゅ

絶滅のおそれのある野生生物の種のリストを、レッドリストという。国内では、環境省や地方公共団体などが作成している。レッドリストには●絶滅 ●野生絶滅 ●絶滅危惧（絶滅危惧Ⅰ類、絶滅危惧Ⅱ類）●準絶滅危惧 ●絶滅のおそれのある地域個体群などのカテゴリー（ランク）がある。絶滅危惧Ⅰ類とⅡ類が、絶滅のおそれのある種（絶滅危惧種）とされている。

ハタハタ
県の魚

スズキ目ハタハタ科の魚。水深約250m、低水温の海域に生息している。大きな胸鰭を動かして泳いだり、海底の砂底に潜って眼を出していたりする。産卵期の11月から1月に、沿岸の海域の水温が13度を下回ると大群で接岸し、浅瀬の藻場でホンダワラなどの海藻に卵塊を生み付ける。卵は、ブリコと呼ばれ、卵塊の内側の粘着物で海藻に固定される。卵膜が厚いため、荒波に揉まれて海藻からはがれて海岸に打ち上げられても一週間程は生存できる。現在、産卵後のブリコは、資源保護のために採捕が禁止されている。

ゼニタナゴ

秋田県には、約120種の淡水魚が知られているが、ゼニタナゴは、大きさ数cmのやや扁平な体をしたコイ科の淡水魚である。繁殖期の雄は、腹部が赤い婚姻色を示す。神奈川県・新潟県以北に生息し、秋田県が北限である。溜池などの二枚貝に産卵するため、農地整備や河川改修などで、二枚貝の生息に変化をきたすと共に消滅する絶滅危惧種である。そのほかに、外来魚による捕食や観賞魚業者による採捕なども重大な課題となっている。

ニホンザリガニ生息地
にほんざりがにせいそくち
（大館市）

ニホンザリガニは、日本では北海道、青森、岩手、秋田に生息し、大館市がその生息の南限となっている。外来種のアメリカザリガニよりはるかに小型で最大でも体長7cm程度である。汚水にも生息できるアメリカザリガニと異なり、清澄な水にしか生息できない。国の天然記念物指定を受けている大館市でも減少していることから、対策を講じている。アメリカザリガニの子どもと似ているため、区別には精査が必要である。

4.秋田の地質

　秋田の大地は、基盤石（花こう岩類や変成岩類からなる）があり、その上に火山活動の噴出物が固まったグリーンタフ（緑色凝灰岩）、海底であった時代に積もった泥や砂の地層、堆積した地層、火山噴出物が重なっている。土地の隆起や沈降、浸食などにより、男鹿半島や白神山地にはグリーンタフが露出している。

玉川温泉の北投石
たまがわおんせんのほくとうせき
（仙北市田沢湖玉川温泉）

　北投石は鉛を含む重晶石（硫酸バリウム）である。明治39（1906）年に台湾の北投温泉で最初に発見され、放射能をもつ珍しい石であることが分かり、大正元（1912）年に北投石と命名された。玉川温泉では、既に明治31（1898）年に発見されていたが、北投石と同一の鉱物であることが分かったのは大正8（1919）年のことである。ラジウム、トリウムなどの放射性元素による強い放射能をもち、蛍光と燐光を発生する。玉川温泉の源泉、大噴から湯川に沿って生成される。国の特別天然記念物に指定されている。写真は秋田大学鉱業博物館所蔵の北投石。

十和田火山堆積物
とわだかざんたいせきぶつ

　日本での有史以来の最大の火山噴火は平安時代に起きた十和田火山の噴火である。延喜15（915）年、降下軽石に始まった噴火は、火砕流の噴出、火山泥流の日本海への流下へと続く。吹き出した火砕流の一部はカルデラの壁を乗り越え、南に向かって流れ出した。この火砕流はおそらく川の水と混合して火山泥流となり、米代川に沿って日本海まで、米代川流域に甚大な被害を及ぼしたと考えられている。この時に埋められてしまった胡桃館遺跡が北秋田市に保管されているほか、大館市比内町では火砕流が堆積した露頭を見ることができる。

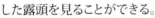

大館市比内町にある火砕流堆積物の露頭
（林 信太郎氏提供）

胡桃館遺跡から出土した埋没家屋の土台。
右上に扉がある（1966年撮影）

崩平の十和田火山
八戸火砕流堆積層露頭
くずれたいのとわだかざん
はちのへかさいりゅうたいせきそうろとう
（小坂町）

　十和田火山は、約20万年前から活動が始まり、何度も爆発的噴火を起こした。約6万1000年前、約3万6000年前、約1万5000年前にも巨大噴火が起きたとされている。その後も噴火を繰り返して十和田カルデラが形成された。小坂町の崩平は、約1万5000年前の十和田八戸火砕流堆積物によってできた台地を、小坂川が浸食することで形成された。高さ40m、長さ400mにわたり観察できる大露頭で、県の天然記念物に指定された。

（林 信太郎氏提供）

火砕流　かさいりゅう

　火山ガスと火山灰や火山岩塊が地面に沿って高速、高温で流れ下った噴煙を火砕流という。噴煙柱が崩壊したり、溶岩ドームや溶岩流が崩壊したりし、斜面を流れ下ったときにも発生する。

チゴキ崎 ちごきさき
（八峰町）

　波の浸食によってできた崖と平らな海底が隆起して形成された階段状の地形である海成段丘が広がっており、段丘面から雄大な日本海を眺めることができる。岬の灯台近くでは、上昇してきたマグマが水とふれて海底火山が大爆発を起こした際に噴出、水面の上に広がった火山灰が積もってできた岩石が見られる。火山灰層が何枚も重なっており、かつて海底火山が何度も大爆発を起こしていたことを示している。

（八峰白神ジオパーク推進協議会提供）

筑紫森岩脈 つくしもりがんみゃく
（秋田市河辺三内字柳台）

　筑紫森は、岩見川支流、三内川に面した砂子渕集落の北に位置し、烏帽子や土筆のような山容である。標高391m、全山火成岩（流紋岩）で形成されており、特に「天狗の油こぼし」や「千本垂木」と言われる角材を横積みにしたような柱状節理の風景は珍しい。昭和13（1938）年、国の天然記念物に指定された。また筑紫森の中腹の洞窟には三十三体観音像が安置されており、昔から信仰の山として崇められている。

八森椿海岸柱状節理群 はちもりつばきかいがんちゅうじょうせつりぐん
（八峰町）

　八峰町八森の椿漁港の北西部に隣接する岩体に発達した柱状節理群である。岩体は、長さ約94m、幅約16mの細長い地形で、半島状に海に突き出している。安山岩から成り、溶岩が流れ出た様子をとどめている。秋田県指定の天然記念物。

（八峰白神ジオパーク推進協議会提供）

三十釜 さんじゅうがま
（八峰町）

　白神山地を源にする真瀬川が流れる真瀬渓谷は、険しい岩肌と急な流れの渓谷で、新緑や紅葉がみごとである。秋には遡上するサケも見られる。渓流には、岩に形成された甌穴（ポットホール）が見られる。三十釜では、素波里安山岩や凝灰角礫岩を削ってできた甌穴が発達している。一説では、釜のような形の甌穴が多くあることから「三十釜」と呼ばれるようになったとされる。

（八峰白神ジオパーク推進協議会提供）

目潟火山群 めがたかざんぐん
（男鹿市北浦）

　男鹿半島西海岸にある一ノ目潟（写真左）、二ノ目潟（写真右）、三ノ目潟は丸い形をした淡水湖で「マール（爆裂火口）」の典型として知られ、世界各国の研究者によって調査がなされている。マールはマグマが地下水と接触して爆発する火山で、爆発力が非常に強いためほかの火山と異なり、噴出物が火口付近に残らない。また、地下水面以下で爆発するため、噴火が終われば水で満たされることが多い。国の天然記念物に指定されている一ノ目潟は噴出した岩石の中に地下深部のマントル由来の岩石が見られ、特に注目されている。また、一ノ目潟の底にある年縞堆積物は、一ノ目潟周辺の環境の変化が記録された貴重なものであり、県の天然記念物に指定されている。

（2枚とも男鹿半島・大潟ジオパーク推進協議会提供）

入道崎
にゅうどうざき
（男鹿市北浦）

男鹿半島の西北端にあり、北緯40度上に位置することを示したモニュメントが建っている。付近は海岸段丘で、「鹿落としの岬」や「鬼の俵ころがし」と言われる数十mの絶壁が続く。芝生に覆われたなだらかな丘と荒々しい磯、この対照的な風景が魅力。明治31（1898）年に建設された灯台は入道崎のシンボル。この北磯から鵜ノ崎までの海岸線は、絶好の磯釣り場として知られている。

（男鹿半島・大潟ジオパーク推進協議会提供）

寒風山
かんぷうざん
（男鹿市）

男鹿半島の東側に位置する標高355mの成層火山で、山頂から妻恋峠の下に小火口の火山地形がよく観察される。板場の台では、溶岩の流れ出た痕跡を見ることができる。山体を構成する安山岩は「男鹿石」として古くから建築石材に利用されている。山容は高木がほとんどなく、草本に覆われた斜面が特徴である。山頂の回転展望台からは、男鹿半島、八郎潟の干拓地、鳥海山まで一望できる。

安田海岸化石産地
あんでんかいがんかせきさんち
（男鹿市五里合安田）

安田海岸は男鹿半島北側にあり、県内で最も容易に化石を採取することのできる場所の一つとして知られている。海岸に出ると背後には高さ20〜30m、長さ十数kmにわたる崖が連続しており、そこに脇本層、鮪川層、安田層、潟西層の四つの地層を見ることができる。これらの地層の中には大小様々な貝化石の他に植物化石も見られる。また、化石だけでなく、植物が炭化してできた亜炭層や火山灰が集積した凝灰岩層、不整合面なども見ることができ、観察に訪れる学習者が多い所である。

（男鹿半島・大潟ジオパーク推進協議会提供）

鵜ノ崎海岸
うのさきかいがん
（男鹿市船川港）

日本の渚100選に選ばれた男鹿市の鵜ノ崎海岸は、遠浅の岩礁帯で潮位が下がると全体を見渡すことができる。注意して見てみると、西側にはすり鉢のような向斜構造が、東側にはお椀を伏せたような背斜構造があることに気付く。これらは、地殻変動によって地層が大きく歪む褶曲によってできたものである。一帯はほとんどが女川層からなっており、板状の硬質頁岩が特徴的である。海岸には細かく砕けた頁岩が打ち上げられており、中に魚骨や魚鱗、貝類の化石を見ることができる。最近、鵜ノ崎海岸からは大量の鯨の化石が見つかり、注目されている。

（男鹿半島・大潟ジオパーク推進協議会提供）

柱状節理　ちゅうじょうせつり

マグマが冷えて固まってできた火成岩が、さらに冷えると収縮し、割れ目（節理）ができる。厚い板状の溶岩や岩床が上下の面から冷えると、垂直方向に六角柱状の節理ができ、これを柱状節理という。

由利原高原
ゆりはらこうげん
（由利本荘市、にかほ市）

鳥海山の北麓、にかほ市から由利本荘市に広がる高原で、にかほ市釜ケ台の西側を「仁賀保高原」、その東側の由利本荘市の地域を「南由利原」と呼び、鮎川の流れに沿って北に向かうと屋敷集落付近からは、鮎川の東側は「東由利原」、西側に「西由利原」が広がっている。これらの高原は、鳥海山の北壁が崩壊し、岩なだれとなって北方に流れて、南北約18km・東西約6kmの緩傾斜地形となったものである。そのため、排水の悪い地形には、大小の沼や湿地が散在している。ミズバショウ群落や鳥海山を水面に映す大谷地池などがあり、景勝の地として親しまれている。

（鳥海山・飛島ジオパーク推進協議会提供）

象潟
きさかた

松尾芭蕉が訪れ、「象潟や雨に西施がねぶの花」と詠んだ象潟は、かつて宮城県の松島と並ぶ名勝であった。海の中に松を抱いた小島が点在する姿は、およそ2500年前に起きた鳥海山の山体崩壊によって運ばれた岩や土砂が基になってつくられた。文化元（1804）年に起きた地震によって象潟は約2mも隆起し、潟は干上がって陸になった。現在では水田の中に松の小島が点在しており、かろうじて田植えの頃に往時の姿を垣間見ることができる。国の天然記念物に指定されている。

（鳥海山・飛島ジオパーク推進協議会提供）

埋もれ木
うもれぎ
（にかほ市）

鳥海山の山体崩壊により発生した岩なだれにより、由利原高原や冬師湿原、象潟が形成された。この岩なだれの下敷きになった樹木が「埋もれ木」である。にかほ市の冬師や釜ヶ台地区では、土中からスギなどの埋もれ木が掘り出されていた。埋もれ木を年輪年代測定法で調べ、鳥海山の山体崩壊は、縄文時代晩期の紀元前466年に起こったことが判明した。また、平成26（2014）年と翌年に、日本海沿岸東北自動車道象潟インターチェンジの工事現場で、ケヤキやクリ、コナラなどの広葉樹の埋もれ木が多数出土している。にかほ市の象潟郷土資料館に埋もれ木が保管されている。

元滝伏流水
もとたきふくりゅうすい
（にかほ市象潟町）

鳥海山に降った雨や雪が地下水となり、溶岩の隙間を通ってきた湧水が、滝のように元滝川に流れ出ている。約10万年前に鳥海山から流れ出た溶岩の末端崖の岩の隙間から、幅約30m、高さ5mで流れ落ちる水と、緑色のコケに覆われた岩肌のコントラストが話題となり、多数の見学者が訪れるようになった。本来の元滝は、さらに50m上流にある崖の上から川の水が落下する1本の滝である。

院内石
いんないいし

院内石は、約580〜320万年前の火山活動で噴出した軽石を含む灰白色の院内凝灰岩からなり、風化作用や熱に強いことから古くから石材として利用されていた。湯沢市院内には、院内石で造られた旧院内町役場倉庫が残されている。採石は、江戸時代から平成10年ころまで行われていた。院内石採石場では、山肌から石を切り出した跡を見ることができる。

川原毛地獄
かわらげじごく
（湯沢市高松）

高松川上流、泥湯温泉から約2km、標高700mに位置する。1200年ほど前から山伏の修験の場として、立山、恐山と並んで日本の三大霊地の一つに数えられている。江戸時代初期からは秋田藩の許可の下に硫黄を採掘していた。全山、白い山肌と奇岩・怪岩に覆われ、硫気や水蒸気が噴出、草木の生えない光景はまさに地獄絵図を思わせる。51.48haが「川原毛の酸性変質帯」として、県の天然記念物に指定されている。

三途川渓谷
さんずがわけいこく
（湯沢市高松三途川）

高さ約40mの断崖絶壁が続く渓谷で、紅葉時は白い岩肌と相まって見事な景色となる。渓谷に懸かる三途川橋は、新緑と紅葉の時期は観光客で賑わう。三途川橋の近くにある十王堂の閻魔大王などの30体の仏像は、市の文化財にも指定されている。渓谷の絶壁に見られる三途川層は、秋田県のほとんどがまだ海中にあった古い時代に堆積したもので、地層中には絶滅した植物の化石や産出が稀な昆虫の化石を見ることができる。また、植物化石の中には、三途川層産の標本をもとに新種として記載された種も含まれている。

（湯沢市ジオパーク推進協議会提供）

鮞状珪石および噴泉塔
じじょうけいせきおよびふんせんとう

鮞状珪石は、温泉の成分の二酸化ケイ素が小さな石片などを核にして、温泉の中でゆっくり成長し、直径1.5〜4mmほどの魚卵のような結晶となり、集合したものである。色は、灰白色や淡褐色、無色透明などで、県内では、湯沢市秋ノ宮に産地がある。この地帯には、かつて多くの珪華や鮞状珪石が沈殿し、噴湯が数個の噴泉塔を形成していたが、現在では1カ所の噴湯孔が見られる。鮞状珪石は、形状がハタハタの卵塊のブリコに似ていることから、地元ではブリコ石と呼ばれている。国の天然記念物に指定されている。

（湯沢市ジオパーク推進協議会提供）

ジオパーク じおぱーく

ジオ（地球、大地）とパーク（公園）を合わせた言葉で、大地の公園を意味している。地質遺産の保護・保全や教育、地域経済活性化などにも生かすことを目的として設置された。秋田県内には、八峰白神ジオパーク、男鹿半島・大潟ジオパーク、鳥海山・飛島ジオパーク、ゆざわジオパークがある。各ジオパーク推進協議会では、ホームページでジオサイト（見どころ）を写真と説明文などで分かりやすく紹介している。

第5章

生活文化

いぶりがっこ

第5章

生活文化

　冬の積雪は秋田に豊富な水資源をもたらし、豊かな農作物の栽培を可能にした。主食の米は米麹（こめこうじ）として活用され、酒の醸造や漬け物などの発酵食品の生産を促し、豊富な食文化を生み出した。豊かな森林・鉱物資源は本県を代表する伝統的工芸品の原材料として活用されてきた。美しい自然と平穏な県民生活の中で、県民の情緒豊かな心が育まれ、本県から多くの人材を輩出し社会貢献していることは、県民の誇りとなっている。

1. 食文化

　山や海の自然の恵みや豊かな農作物は、秋田の食文化を支えてきた。ブランド米「あきたこまち」「サキホコレ」や「ブランド野菜」の出現により県産品の全国販売が拡大した。伝統野菜や魚介類などの自然の素材を生かした「きりたんぽ鍋」、多種多彩な「漬け物」、「稲庭うどん」などの郷土料理は、秋田を代表する味覚として知られている。

じゅんさい

　じゅんさいはスイレン科の多年草で、夏に出る若芽を食用とする。別名「ぬなわ」ともいい、夏の季語である。旧山本町（現三種町）はじゅんさいの産地として有名で、日本有数の生産量を誇る。若芽を覆うゼリー状の寒天質が厚いほど高級品とされ、ぬめりのある食感を楽しむ。生じゅんさいは軽く水洗いしてざるにとり、湯どおしをして食べる。酢の物のほか、汁物や鍋物の具や天ぷらとして食べることもある。

秋田フキ
あきたふき

　秋田フキは茎の長さが約1.5m、茎の直径が約5cm、葉の直径が約1.3mの大型のフキとして知られている。旧藩時代に秋田藩主佐竹氏が江戸城で諸大名に秋田の大フキの自慢話を持ち出し、本物を国元から取り寄せて面目をほどこしたというお国自慢の一つでもある。秋田音頭の文句の中では「雨が降っても唐傘などいらぬ、手ごろなフキの葉さらりと差し掛けサッサと出て行がえ」と歌われる。秋田フキは食用にもなるが、蕗刷りという植物性を生かして茎葉の現物を布地に摺り染めにした屏風、衝立（ついたて）、襖（ふすま）などは見事なものである。蕗刷りは江戸時代後期のものが残るというから、古い伝承技術の一つといえる。

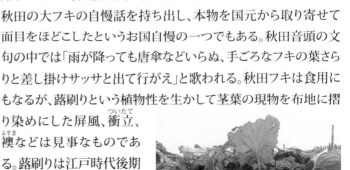

とんぶり

　アカザ科の1年草であるほうき草の実。県北部・米代川流域で古くから栽培されていたが、特に旧比内町（現大館市）が本場とされる。直径1～2mmほどの小さな実で、収穫・乾燥後、ゆでて皮をむいたものである。プチプチした食感を楽しむもので、見た目が高級食材のキャビアに似ていることから「畑のキャビア」と称している。サラダ、酢の物、納豆などに入れるが、とりわけ長芋との相性がよい。

ブランド野菜
<small>ぶらんどやさい</small>

近年、秋田県はコメ依存の農業から脱却を目指し、エダマメなどの園芸作物に力を入れている。令和元（2019）年、エダマメは京浜地区の東京、川崎、横浜の中央卸売市場において年間出荷量が1795tに上り、初めて日本一を達成した。8月下旬から9月上旬にかけて収穫の「あきたさやか」は、秋田県が開発した品種で、特に食味に優れて多収穫のエダマメである。JAあきた白神（能代市、藤里町）の「白神ねぎ」は、一年中収穫が可能で、太くて柔らかく、とろける味わいで、歯ごたえが特徴。「三関せり」は9月上旬から3月下旬まで湯沢市三関地区で栽培され、茎が太く、長く伸びた白い根が特徴である。きりたんぽ鍋などの鍋物の材料として、県内や首都圏へ出荷されている。

秋田県が開発したオリジナル品種のエダマメ

檜山納豆
<small>ひやまなっとう</small>

秋田音頭にも歌われ、能代市檜山で作り続けられている歴史ある納豆。わら苞に入れたものが主流だ。現在一般に食べられている小粒で柔らかなものと違い、地元産大豆を使用した大粒で堅い昔風の納豆である。なお、檜山地方は「北限の茶」として有名な檜山茶の産地でもある。

漬け物
<small>つけもの</small>

秋田の方言で漬け物を「がっこ」といい、「雅香」「香香」から変化したといわれている。その種類は豊富で次のような漬け物がある。塩漬けは、材料の野菜に塩を振りかけ重石を載せて漬ける。こうじ漬けは、生漬けといわれ、大根一本のまま塩、こうじで軽い重石を載せて2、3カ月漬ける。甘みをつけるために柿をつぶして漬けた柿漬けや、大根をナタでぶつ切りしたナタ漬けがある。味噌漬けは、味噌にそのまま漬けて味噌の風味を材料にしみこませたもの。ぬか漬けは、原料の大根を米糠と塩で漬けた沢庵漬けで、秋田ではこぬか漬けという。「いぶりがっこ」は、ぬか漬けであるが、大根を燻してから漬けるところに特色がある。大根を囲炉裏の上に吊るすと、乾燥と同時に燻した大根となり、この漬け物を「いぶりがっこ」と呼ぶ。県内随一の産地、横手市山内では燻し専用の小屋を造っている農家もある。この大根には、改良秋田大根が最適といわれている。燻製に燃やす木として、サクラ、ナラ、イタヤ、クヌギ、ブナなどの広葉樹が適している。

ぎばさ

ホンダワラ科のアカモクという海草。生の状態では茶色だが、熱湯をかけると深い緑色になり、これを包丁で細かく叩いて三杯酢などで食べる。強い粘りとやや青くさい香りが特徴で、県民に広く親しまれている冬の味覚だ。ぎばさを食するのは秋田・山形を中心とする一部地方だけで、他の地域では海の雑草扱いをされてきたが、近年全国的に食されるようになった。

岩ガキ
いわがき

冬に流通する養殖真ガキとは種類が異なり、岩ガキは夏に水揚げされる天然ものをいう。国内の主な産地は秋田の象潟、石川の能登半島などが知られているが、由利沿岸では鳥海山の冷たい伏流水が沖合に湧きだしていることから、この辺りの岩ガキは特においしいとされている。一般的にカキは冬場の食べ物で、5月（May）から8月（August）までのRのつかない月には、産卵による影響で食べられないことになっている。しかし、日本海沿岸では真ガキではなく岩ガキが主で、しかも荒波の外洋性であることや冷たい伏流水が、岩ガキの産卵を抑制してきたためとされ、その影響もなく食べられてきた。栄養分のグリコーゲンが溜まって、どろっとした身は甘味がいっぱいである。

ハタハタ

秋田音頭にも歌われ、県の魚にも選ばれている「県民魚」。鱗（うろこ）がなく、白身で身離れがよい。卵はブリコと呼ばれ、粘りがありプチプチした食感が特徴。素焼きのほか、醤油漬け、糠漬け、三五八漬け（さごはち）、干物などにして焼いて食べる。しょっつるで味付けした鍋（しょっつる鍋）、ハタハタの飯（いい）ずしは秋田の郷土食の代表格。特に飯ずしは、伝統的な正月の祝い膳に欠かせないものとなっている。

つくだ煮
つくだに

県中央部に位置する八郎潟残存湖（旧八郎潟）は、かつて湖沼面積日本第2位の湖沼で漁業が盛んであったが、干拓によって面積が縮小した。水揚げされる魚類を原料に加工するつくだ煮は、原料が主にワカサギ、シラウオ、コウナゴ類の小魚やイカ、昆布で、醤油を主とした調味液で味付けをする。製法は「生炊き製法」といわれ、原料を生のまま釜へ入れて炊き上げる独特の製法である。加工は干拓前の明治20（1887）年ころから始まり最盛期には、約50軒の加工業者があったという。現在、業者数は潟上市昭和大久保地区を中心に約10軒である。八郎潟干拓後、大幅に漁獲が減少し原料確保が困難なために、青森県小川原湖や北海道の湖沼に工場を設けて加工、あるいは現地業者と提携して製品を確保している。近年は食生活の洋風化などに伴い、従来の味付けだけでなく、現代風にあっさり味のつくだ煮なども商品化されている。

しょっつる鍋
しょっつるなべ

しょっつるは「塩汁」や「塩魚汁」と書き、ハタハタなどの小魚に塩を振り重しをして、時間をかけ発酵させて作る魚醤（能登のいしる、ベトナムのニョクマム、タイのナンプラーなどもこの仲間）の一種。ハタハタと野菜をしょっつるを垂らした汁で煮る「しょっつる鍋」は秋田の代表的な郷土料理の一つである。家庭では土鍋で食べることが多いが、土鍋の代わりにホタテ貝の貝殻を使うと「しょっつる貝焼き」となる。

きりたんぽ鍋
きりたんぽなべ

秋田を代表する郷土料理。発祥は鹿角、大館を中心とする県北地方だが、秋田県全域で特に新米の出回る秋から冬にかけてよく食べられる。もともとマタギ（猟師）の携行・保存食だったといわれる。杉の棒にご飯を「半殺し」（半潰しにした状態）にして巻き付け、炭火で表面を軽くあぶる。その形状が稽古用の「たんぽ槍」に似ていることから「たんぽ」と呼ばれ、これを切って鍋に入れるので「きりたんぽ」という。鍋にはきりたんぽのほか、鶏肉や野菜（ネギ、ゴボウ、セリなど）、シラタキなどを入れ、汁は醤油味である。鶏肉は比内地鶏が最上とされ、内臓を入れることも多い。秋田の郷土料理として県外でもその知名度は高いが、たんぽに甘味噌を塗って焼いた「味噌たんぽ」が「きりたんぽ」の食べ方だと、いまだに誤解されている場合が多い。

石焼き
いしやき

磯焼きともいうが、もともと漁師が岩場のくぼみを使って水をためたものに、魚、野菜を入れて、それに真っ赤に焼いた石を落として、その熱で瞬時に煮込み味噌仕立てにした料理の一つ。漁師たちが野天で料理したものだが、今では岩場のくぼみの代わりに木製の桶を使う、一種豪快な料理といえる。一般の石は焼くとすぐ割れたり砕けたりするが、男鹿半島（男鹿市）の海岸の一部にしかない「金石」は熱しても、また水に急激に入れても割れず、何度でも使える。この石を使って作る料理なので男鹿半島の名物ともされている。男鹿半島近海で取れる新鮮な魚介類を使ったもので、特に冬場のスゴエモンと呼ばれる魚を材料とした石焼きは珍味といわれている。

だまこ鍋
だまこなべ

南秋田郡を中心によく食べられる鍋料理。基本的にきりたんぽ鍋と同じもので、「きりたんぽ」ではなく半潰しにしたご飯をピンポン球のように丸めた「だまこ」を入れる。たんぽは表面をあぶるが、だまこはあぶらずに入れるのが基本。たんぽと違って、だまこは家庭でも簡単に作れるので、全県的に食卓にのぼることが多くなってきている。

十文字ラーメン
じゅうもんじらーめん

旧十文字町（現横手市）で、昭和の初期に中国人が作る「支那そば」をまねたのが始まりといわれている。透明感のある煮干しなどを使った魚介系のあっさりしたスープと、かん水の代わりに片栗粉を使った細い縮れ麺（自家製麺であることが多い）が特徴。また、なると、かまぼこ、麸などの具が載るのも昔風である。十文字では数軒の老舗がある。

西馬音内そば
にしもないそば

羽後町の中心部にある西馬音内にはそば屋が多い。文政元(1818)年に創業した「弥助そば」が元祖といわれている。つなぎにふのりを使ったコシの強いそばで、食べ方の主流が「冷やがけ」と呼ばれる冷たいかけそばであるのも大きな特徴である。多くは煮干しダシのつゆである。

横手やきそば
よこてやきそば

昭和30（1955）年ころ、屋台でお好み焼きを出していた人が始め、安く手軽に食べられることから大いに流行した。一時期衰退したが、まちおこしに利用されてブームとなった。横手市内に多くの店があり、それぞれに工夫を凝らした焼きそばを出している。太めで縮れのないゆで麺で、上に目玉焼きを載せ福神漬けを添えるのが特徴とされる。横手やきそばの成功に刺激され、「秋田かやき」「大曲の納豆汁」「本荘ハムフライ」「あいがけ神代カレー」など、県内各地でいわゆる「ご当地グルメ」によるまちおこしの動きが活発になっている。

稲庭うどん
いなにわうどん

手づくりの乾麺で300年以上前から稲庭（現湯沢市）で作られてきたもの。このうどんの起源は明らかではないが、飢饉をしのぐために小麦粉を練って手綯いうどんを作ったのが始まりともいわれる。干饂飩は佐藤市兵衛が始めたといわれ、その子孫はこれを廃業したが、古文書によれば寛文5（1665）年に佐藤吉左右衛門（稲庭吉左右衛門）が干饂飩製造所を創業したとされる。そして品質の改良に努めて、宝暦2（1752）年には秋田藩の名品として御用達になり、「稲庭干饂飩」の名称が与えられた。諸大名がそれぞれのお国自慢の特産品を贈答に使用したとき、稲庭うどんも各藩の認めるところとなったという。機械を一切使用せず、稲庭地域の自然風土、最良質の小麦粉、父祖伝来の手揉み、手延べ製法によって初めて得られる滑らかで淡白な味は、このうどんが伝える風格の高い味と親しまれている。

地酒

日本酒
にほんしゅ

秋田県は美酒王国として知られ、清酒の消費量・生産量ともトップクラスである。これは冬が厳しく長いこと、雪が多いため良質な水が豊富であること、米産地で原料入手がしやすいこと、また横手市山内に酒造り技能集団の山内杜氏が発生したことなどが理由として挙げられる。これまで旧2級酒に代表される安価な清酒が消費の主役であったが、全国的な清酒の消費低迷と高級志向の中、各蔵元は次第に吟醸酒などの高級酒に力を入れるようになった。秋田県酒造協同組合を中心に、酒造好適米「秋田酒こまち」、酵母「AKITA雪国酵母（UT-2）」、秋田清酒統一ブランド「秋田旬吟醸」の開発など、各方面で新時代に対応した努力がなされている。また県内の若手蔵元5人がグループ「NEXT5（ネクストファイブ）」を結成して個性豊かな酒造りを進め、次世代におしゃれでおいしい日本酒を提案する動きもある。

地ビール
じびーる

平成5（1993）年の規制緩和によって、秋田においても地ビールが醸造されている。秋田市大町の「あくらビール」はドイツ・ミュンヘンのバイエルンスタイルの製法で、原料のホップは主にドイツ・ハラタウ産、能代市二ツ井の桜樹から採取された酵母、あきたこまちなど、多種多様な組み合わせで造られている。強いホップのアロマとフレーバー、苦味が特徴の「川反ラガー」や二ツ井産の酵母「桜天然酵母」を使用したビールなどがある。仙北市の「田沢湖ビール」は和賀山塊の伏流水、ドイツ産厳選モルト、秋田県産モルト、最高級ホップのザーツザーツを使った地ビールである。「あきた麦酒恵」は原料に秋田県産の二条大麦、ホップ、水、酵母を使用した黄金色のビール、「ぶなの森」はぶなの天然酵母を使用した森林のような香りのビールである。仙北市田沢湖畔の「湖畔の杜ビール」は、外国人醸造技師の手を借りず、日本醸造技師の感性で造り上げた日本地ビールで、「あきたこまちラガー」は、仙北産の米「あきたこまち」を使用したビールである。

地ワイン
じわいん

①大森ワイン（おおもりわいん）

ドイツの代表的な高級白ワイン用ブドウ「リースリング種」を旧大森町（現横手市）で栽培し、大手ワインメーカーのメルシャンによって昭和61（1986）年初ヴィンテージされた。フルーティで甘さと酸味のバランスのよいワイン。甘口・辛口のほか、平成18（2006）年には発売20周年記念としてスパークリング（発泡）ワインも発売された。

②秋田犬ワイン
　（あきたいぬわいん）

平成29（2017）年創業の小坂七滝ワイナリー製造のワイン。日本版DMO登録第1号として大館市・北秋田市・小坂町・上小阿仁村の4市町村が観光、食など協同で観光地域づくりを行う法人として立ち上げた。小坂町産の山ブドウ系品種のワイングランドを使用したルージュ（赤）、ロゼと秋田県産ナイヤガラを使用した白の3種類を発売。なお、このほか秋田の地ワインとして、白神山地ワイン（藤里町）、鴇ワイン（鹿角市）、十和田ワイン（鹿角市）などがある。

ババヘラアイス

祭りやイベント会場はもとより、土日祝日などは秋田県内の至る所で販売されるシャーベット。道路脇のちょっとしたスペースでパラソルを立て、帽子に頬かぶり、エプロンをした年配の女性（多くは農家の主婦）が売り子を務めている。コーンに黄色とピンクのシャーベット状のアイスを盛り付けた氷菓で、ババ（婆）がヘラで盛り付けることから俗称で呼ばれていたが商標登録されて、メーカーによりババヘラアイス、ババさんアイス、ババヘラアイスパラソルと名付けられている。「バラ盛り」と呼ばれる、バラの花状にアイスを盛り付ける高度な技術を持つ売り子も存在する。またごく若い女性が売り子を務める場合はギャルヘラ、それより少し上の女性だとアネヘラと呼ぶこともある。まれに男性が売り子をすることもあり、この場合はジジヘラと呼ばれる。秋田名物として注目を集め人気がある。

秋田諸越
あきたもろこし

もろこしは小豆粉、砂糖、徳島原産の和三盆糖などを水で練り固め、押し型にいれて乾かした打ち菓子。落雁（らくがん）の一種で、秋田の銘菓として広く食べられてきた。もろこしが「諸越」と表記されてきたのには由来があり、その一つに秋田藩主である佐竹氏が国替えの道中家臣の旅の疲れを慰めようと作らせたのが始まりで、佐竹氏が「諸々の菓子を越したる風味」と賞賛したことから名付けられたといわれる。今日では焼き諸越や生諸越など多彩な味が楽しめるようになっているが、型を付けたものではいろいろな意匠がみられる。

2.伝統工芸・技能

　森林資源を活用した木工品や漆器類の生産が江戸時代から現在まで続き、伝統的工芸技術が多くの職人によって継承されてきた。特に日常使用する生活容器を中心に「大館曲げわっぱ」「樺細工」「川連漆器」などが生産されている。これらの多くは優れた工芸品として国や県の伝統的工芸品に指定され、全国的に知られている。

秋田杉桶樽
あきたすぎおけたる

　柾目が美しい天然秋田杉を材料に作られる伝統的工芸品。産地は大館市、五城目町、羽後町など全県に及ぶ。真っ直ぐに割れる特性を持っている天然秋田杉は割り木工に適しており、湾曲した割りナタを用いて板材をとる。この板材に竹などのタガをかけて締めたのが秋田杉桶樽。桶は木底をはめた器で、おひつなどのように固定した蓋のないものをいい、樽は酒樽のように固定した蓋のあるものをいう。天然秋田杉を材料に作られる秋田杉桶樽は、年輪がそろっていて木目が細かく美しく、香りも良く収縮が少ないため狂いが生じにくい。杉桶樽の歴史は古く、史跡秋田城跡から平安後期と推定される桶が発見されている。江戸時代の享保年間には秋田藩の保護のもとに産地形成がなされ、大量に生産された。昭和59（1984）年5月に国の伝統的工芸品に指定。

イタヤ細工
いたやざいく

　イタヤカエデ、藤つる、竹、棒などを材料に作られる箕やカゴなどの工芸品。秋田市太平黒沢地区、仙北市角館町雲然地区で技術を伝承している。イタヤを主な材料とするのは、工芸に適した竹が少ない北東北だけである。材料のイタヤは、直径10cm前後の若いイタヤカエデを縦に8等分くらいに割り、中芯を取り除き幅を整え、年輪に沿って1枚ずつ帯状に剥がしてから面取りをして仕上げる。道具には明治25（1892）年ころに発明されたカッチャ小刀と呼ばれる左側に刃が付いた独特の小刀を用いる。江戸時代中ごろには作られていたと考えられ、農家などの必需品として需要が増加し、県内や青森、岩手、山形などで盛んに作られた。しかし、近年は需要が減少し、黒沢、雲然と山形県大石田町次年子で作られるのみである。平成21（2009）年3月に「秋田のイタヤ箕製作技術」として重要無形民俗文化財（国指定）に指定され、県指定の伝統的工芸品になっている。

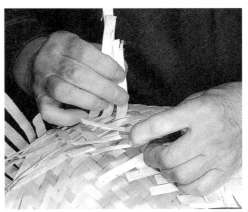

能代春慶 <small>のしろしゅんけい</small>

　春慶は漆塗法の一種で、木製品の木地を生かして木目を美しく仕上げるのが特徴である。能代春慶は日本三大春慶の一つで、延宝年間（1673〜81年）に飛騨（岐阜県）高山の漆工・山打三九郎が能代へ移って始めたといわれている。その技法は石岡家の門外不出、一子相伝とされていた。現在、伝承者は途絶えているが、製品は購入することができる。

（能代市教育委員会提供）

生駒塗 <small>いこまぬり</small>

　生駒弘・親雄父子が第2次大戦後、秋田市に創業した塗り物。2人は戦前、台湾や琉球（沖縄県）で漆器の指導・改良に当たってきたが、その製法を取り入れた新しい感覚の漆器である。特色は桐に似た沖縄産樹木のデイゴを木地に、南国沖縄特有の鮮やかな朱塗りを基調として黒で枠どりした美しさである。デザインは広く日本各地の塗り物の特徴を吸収して、伝統にとらわれない新しい造形感覚を取り入れて、海外での評価も高い。技術面においても、材料管理から仕上がりまで一貫した合理性を追求し、製品は銘々皿、鉢類など多種にわたる。

（秋田ふるさと村提供）

大館曲げわっぱ <small>おおだてまげわっぱ</small>

　きこりが杉の柾目板（まさめ）で曲物の器を作ったのが始まりといわれ、藩政時代に下級武士の内職として大館城下に広まった。天然秋田杉を薄く剥いで、熱湯につけ柔らかくし、曲げ加工を施し、山桜の皮で縫いとめて仕上げる。秋田杉の特性を生かした明るい木肌、美しい木目、香りが特徴。昭和55（1980）年に国の伝統的工芸品に指定されている。

川連漆器 <small>かわつらしっき</small>

　旧稲川町（現湯沢市）川連地区で生産される漆器。鎌倉時代初期、地頭（じとう）として雄勝地方を支配した小野寺氏の一族が、家臣の甲冑などに漆（うるし）を塗らせたのが始まりといわれ、800年余の伝統を誇る。堅牢なことで知られ、「堅地仕上げ」といわれる地塗りを何度も繰り返す渋下地、「呂色塗」（ろいろ）や「花塗り」と呼ばれる高度な塗りの技法、華やかで繊細な沈金など、その品質は高く評価されており、昭和51（1976）年には国の伝統的工芸品に指定された。

本荘塗 <small>ほんじょうぬり</small>

　大正12（1923）年に北島三郎が鳥海山麓が良材と漆の特産地であることに着目して、由利本荘市に創業した塗り物。夜空を飾る花火と日本の名花・菊花をイメージしたという菊花模様の菊花彫りが特徴である。細い線を浅く引いて模様を彫る毛彫りと沈金技法である色彩豊かな色粉を蒔く手法を用いた塗り物。繊細で優雅な趣に富む漆器として親しまれて、製品は盆、菓子器など多彩である。

北島三郎作「菊花彫大盆」（秋田ふるさと村提供）

樺細工
かばざいく

樺細工はヤマザクラ（カスミザクラ、オオヤマザクラのこともある）の樹皮をはぎ、乾燥したうえで印籠や茶筒などに貼り付け、磨きをかけて艶を出す細工である。安永〜天明年間（1772〜89年）、角館の所預である佐竹北家の手判役、藤村彦六が御所野家（北秋田市鎌沢）から伝授されたと伝えられ、下級武士の手内職として角館地方に広まった。昭和51（1976）年には国の伝統的工芸品に指定された。角館樺細工伝承館にある古樺細工12点は県の有形民俗文化財に指定されている。

銀線細工
ぎんせんざいく

藩政時代、秋田領内で産出される金銀を使った刀のつば、武具、かんざしなどの細工物が発達したのが始まりで、長崎県平戸から伝わったとされることから「平戸細工」と呼ばれることもある。昭和の初期に中央から技術導入を図り、現在の銀線細工の姿となった。0.2〜0.3㎜という細い銀線を渦巻き状に巻いた「平戸」を作り、太めの銀線で作った輪郭にはめ込み銀ロウで接着する。この部品を寄せ合わせてブローチ、ペンダントなどの製品に仕上げる。平成8（1996）年に県指定の伝統的工芸品になった。

ぜんまい織
ぜんまいおり

明治20（1887）年、元本荘藩の御用商人・佐藤雄次郎が旧岩城町（現由利本荘市）亀田で、土地に自生するぜんまいの綿毛と綿花で混紡糸を作り、これを基に織られたもの。保温性・防水性に優れ外套の生地に適している。また防虫性も高いといわれている。亀田織と呼ばれることもある。雄次郎によって水鳥の羽毛を使った「ぜんまい白鳥織」も考案され、現在は「天鷺ぜんまい織」と呼んでいる。

白岩焼
しらいわやき

明和8（1771）年、相馬（福島県）の陶工・松本運七が白岩村前郷（仙北市角館）に窯（イ窯）を開いたのが始まりとされる。その後運七の4人の門弟が引き継ぎ、ロ窯、ハ窯、ニ窯、ホ窯、吉重郎窯と築かれ、東北の三大窯業地といわれるほどに栄え、秋田の窯業に多大な影響を与えた。しかし明治に入ると衰退をたどり、明治29（1896）年の六郷地震の打撃もあり、明治33（1900）年に吉重郎窯が廃窯していったん途絶えた。青白い海鼠釉（鉄釉・飴釉・緑釉もある）と「ニ瀧」といった窯名と陶工名を組み合わせた刻印が特徴。ハ窯の末裔・渡辺すなおが昭和50（1975）年に和兵衛窯を築いて復興をとげた。

（仙北市立角館樺細工伝承館提供）

楢岡焼
ならおかやき

藩政時代に南楢岡（大仙市南外）を知行していた秋田藩士・半田茂助が小松清治にすすめて、文久3（1863）年に秋田市・寺内瀬戸座から陶工を招いて創業した。初め大杉に窯を築いたので「大杉瀬戸」と呼ばれ、明治の末に現在の高野に移った。地元の陶土と海鼠釉と呼ばれる乳青色を生み出す釉薬を使うのが特徴。

八橋人形 <small>やばせにんぎょう</small>

天明年間（1781〜89年）に京都の伏見から移り住んだ人形師が始めたといわれている。かつて秋田市八橋の天神礼（菅原神社）の縁日には、たくさんの人形屋が店を出したという。古くは伏見人形の影響が見られ、明るい色彩の可憐な人形であったが、現在はどっしりとした量感、泥絵の具で彩色した土臭い趣きが特徴となっている。男の子が生まれると天神人形、女の子だと雛人形を買い求めて、健やかな成長を願うのが習わしである。

御殿まり <small>ごてんまり</small>

由利本荘市に伝わる民芸品。江戸時代初期、最上家の重臣本城氏が由利を治めていたころ、本荘城に奉公した女中たちから城下に広まったといわれている。初めは少女の遊び道具だったが、次第に装飾性を強め美しさを競うようになった。もみ殻を詰めた紙を芯にし、糸で巻いて球体を作り、太い針で色とりどりの手芸用糸を縫い込んで幾何学模様を生み出す。まりの両脇と下部の三方に房を垂らすのは本荘御殿まりだけの特徴である。毎年10〜11月に由利本荘市で、全国ごてんまりコンクールが開かれている。

木地山こけし <small>きじやまこけし</small>

旧皆瀬村（現湯沢市）木地山を中心に発達した、木地山系と呼ばれるこけし。頭と胴が1本の木（イタヤカエデやサクラなど）で作られ、素朴な雰囲気がある。頭はやや小さめでおかっぱのような前髪と鬢（びん）に赤い飾り、量感あふれる胴は染料を用いて描く梅鉢模様の前垂れ姿が有名で、ほかに菊花模様や縦縞模様などがある。仕上げはロウで磨くのが伝統的な手法。近年は伝統こけしのほかに創作こけしなども作られている。同じ木地山系の川連こけしは、多数の小さい花を散在させた独特の模様や縞模様の着物をつけたこけしに特色がみられる。

中山人形 <small>なかやまにんぎょう</small>

中山人形は旧平鹿町中山（現横手市）で中山焼を制作していた野田宇吉の子の妻・樋渡ヨシ（わたし）が、横手に伝わる押し絵や姉様人形をヒントに、宇吉から習った粘土細工で土人形作りを始めたのが起こりとされる。土人形ながら洗練されたデザインと明るい色彩が特徴で、毎年発売される「干支土鈴（えとどれい）」は特に人気が高い。

べらぼう凧（能代凧）<small>べらぼうだこ（のしろだこ）</small>

明暦年間（1655〜58年）に凧の技を競ったという記録が残っており、能代では古くから凧揚げが盛んであったようだ。べらぼう凧は舌を出した顔が大きく描かれたユニークな和凧。歌舞伎の隈取り（くま）をして芭蕉の葉の頭巾をかぶった「男べらぼう」と、牡丹の花が描かれた頭巾をかぶった「女べらぼう」があり、男女の絵柄があるのも珍しい（武者絵など他に多くの絵柄もある）。舌を出しているのは魔よけの意味があるといわれている。また、毎年4月には能代凧揚げ大会が開かれている。県内にはほかに、湯沢市に元禄時代より続くまなぐ凧（湯沢凧）が伝わっており、墨一色のまなぐ凧のほか、武者絵凧、歌舞伎絵凧の勇壮、華麗な図柄の凧に特色がある。

阿仁マタギ
あにまたぎ

北秋田市阿仁地方の山間狩猟民を阿仁マタギと呼んできた。マタギは古くからクマ、シカ、カモシカ、サルなどの狩猟を生業とした狩人のことで、その主流は森吉山から田沢湖高原を狩り場としたマタギ組の狩猟集団である。マタギは独自の言葉を持ち、シカリという統率者がいて、シカリはマタギ秘巻とする秘伝書を所持していた。集団で狩りをするために、シカリの権限は強く、狩り山の生活や狩猟法に独特の戒律や作法を守って行動することが特徴とされる。捕った獲物の解体もケボカイという特殊な作法が伴い、信仰呪術的な面が強く見られるのもマタギの特色とされる。写真は銃を背負って山を歩く現代のマタギ。

3.方言・伝承・芸能

旧藩の南部、秋田、由利諸藩からなる秋田県は、現在まで特有の方言表現を遺している。美しい自然は物語の舞台でもあり、十和田湖、八郎潟、田沢湖は三湖伝説を生み、伝承されてきた昔話とともに郷土愛や心温かい県民を育んできた。美しい自然の中における人々の営みは、土の匂いのする民謡や踊りを生み、先人の情緒豊かな心を伝えてきた。

秋田の方言
あきたのほうげん

秋田の方言は、北部方言(鹿角・大館北秋田・能代山本)、中央方言(秋田・男鹿・潟上南秋田)、南部方言(大仙仙北・横手平鹿・湯沢雄勝・本荘由利)に大別される。鹿角地方はかつて南部藩に、本荘由利地方は本荘、矢島、亀田の3藩に属していたことから、他地方とは異なる旧藩特有の方言表現がみられる。このことから、さらに鹿角方言、県北方言、中央方言、県南方言、由利方言の五つの方言圏を設定することができる。それぞれの方言によって、相手に尊敬語で「そうです」と話すと次のようになる。

鹿角方言／ソーダンシ　　　　　　県北方言／ンダッシ
中央方言／ンダッシ、ソーデアンシ
県南方言／ンダンシ　　　　　　　由利方言／ンデゴザリアンシ、ンデガンシ

次に特徴的な秋田の方言を項目別に示す。

《自然・動植物》

あけじ	とんぼ。古語「秋津(あきず)」が語源。「だんぶり」ともいう。
しが	氷。冬に水たまりや池などに張る氷をさす。
たろんぺ	ツララ。軒先などに水滴が垂れてできる氷をさす。
ばっけ	ふきのとう。早春に生えてくるフキの花芽のこと。
はったぎ	イナゴ。イナゴはイナゴ科に属するバッタ類の総称。

《食べ物》

がっこ	漬け物。「雅香」、「香香」から変化したといわれている。
どふら	かぼちゃ。「ぼんぼら」ともいう。

《身体》

あくど	かかと。足のかかとをさす。
おどげ	あご。「おとがい」という「あご」を意味する語に由来。
ひざかぶ	膝かしら。足の膝かしらをさす。
まなぐ	眼。まなこ（眼）からの変化。

《人間関係》

あば	おかあさん。母親をさすが、妻の意味でも使用される。
おど	おとうさん。父親をさすが、夫の意味でも使用される。
くされたまぐら	何にでも口出しする人。
わらし	子ども。小学生くらいまでの子どもに使用される。

《性格》

えふりこぎ	見栄を張ったり、自慢げで生意気な態度を表すことば。
だじゃく	乱暴、わがままなど、周囲に迷惑な行動をとる場合使用する。
ひやみこぎ	「せやみこぎ」ともいう。面倒くさがりなど、「背病み」が語源といわれる。

《感覚・感情》

あんべえー	具合が良い。「塩梅・按配が良い」が由来。物事のほどあい、かげんが良い、特に身体の具合が良い時に用いる。
うだで	嫌だ、気持ち悪いなど不快な気持ちなどを表すことば。
こえ	疲れる、だるい。疲労で筋肉が「強ばる」が語源。
こじける	すねる、ひねくれる。
ごしゃく	怒る、しかる。「後生を焼く」などが語源といわれる。
しょし	恥ずかしい。「笑止」からきたともいわれる。
どでんした	驚いた、びっくりした。「動転」が語源といわれる。
ほんじね	非常識だ、どうしようもない。「方図ない」からきたともいわれる。

《態度・様態》

うるがす	水に浸し柔らかくすること。転じて物事を決めず保留すること。
おがる	成長する。伸びる。育つ。
じっぱり	たくさん。「どっちり」ということもある。
はだげる	かき集める。削ぎ落としたり、剥ぎ取ったりして掻き集めること。

八郎太郎伝説
はちろうたろうでんせつ

①草木村（現鹿角市大湯）の八郎太郎という若者が仲間と山に入った。炊事当番の八郎太郎は、川から獲った岩魚を焼いているうちに我慢できず、仲間の分まで食べてしまう。すると猛烈な喉の渇きに襲われ、水を飲み続けるうちにとうとう竜になってしまう。八郎太郎は仲間に別れを告げ、川の水をせき止め十和田湖をつくってその主となった。

② 1000年以上前、お告げにしたがって全国を行脚していた南祖坊という僧が十和田湖を訪れた。そこで鉄のわらじが切れたので、南祖坊はここがお告げの場所であると知り、湖をすみかと決めた。そのため主の八郎太郎と争いとなり、南祖坊は竜に変身して激しく戦った。7日7晩の戦いのすえ、ついに八郎太郎は敗れ湖を追い出されてしまった。

③南祖坊に追い出された八郎太郎は故郷の鹿角に戻った。そこで新たな湖をつくろうと、山を動かし川をせき止めようとした。鹿角の神々は自分たちのすみかがなくなってしまうと、相談のうえ石を投げつけて八郎太郎を追い出した。八郎太郎は仕方なく米代川を下って八郎潟をつくり、その主となって安住したという。

多少の違いはあるが、以上のようなあらすじである。南祖坊との争いや鹿角の神々の投石等、この伝説は延喜15（915）年の十和田湖の大噴火や毛馬内火砕流などを伝えたものだと考える地質学者もいる。

八郎潟

辰子姫伝説
たつこひめでんせつ

昔、田沢村（現仙北市）に辰子という娘が母と暮らしていた。辰子は近隣でも評判の美人であったが、いつしかその美しさを永遠にとどめたいと願い、100日観音堂に通い、ついに霊泉のお告げを得た。辰子は霊泉を探しに3人の娘と共に山に入ったが、川で獲った魚を焼いているうちに我慢できず、ほかの娘たちの分まで食べてしまった。すると激しい喉の渇きに襲われ、水を求めるうちに泉を見つけていつまでも飲み続け、気がついた時には竜に化身していた。辰子は、激しい豪雨と山崩れで現れた湖に入り主となった。竜になった辰子を見て逃げ帰った娘たちの話を聞き、辰子の母はたいまつを手に会いに行った。湖のほとりで母が泣き叫ぶと辰子が現れ、母に好物の魚を贈ることを約束して別れを告げ、湖の底に再び戻っていった。母は嘆き悲しみ、手にしていたたいまつの燃え残りを湖に投げ捨てた。すると燃え残りの木の尻は魚に変わった。これが国鱒で別名を「木の尻鱒」ともいい、母の家では湖からきた国鱒が絶えることがなかったという。

以上が大体のあらすじである。八郎太郎伝説と辰子姫伝説は、のちに結びついて「三湖伝説」が成立したといわれている。すなわち、八郎潟の八郎太郎のもとに、鴨が渡ってきて辰子

姫が会いたがっていることを伝える。八郎太郎が人間に化身して田沢湖を訪ねて行くと、途中で南祖坊がこれを妨害しようと待ち構えていた。八郎太郎は今度こそ南祖坊に打ち勝って、ついに辰子に会うことができた。以後、八郎太郎は春から秋は八郎潟で暮らし、冬になると田沢湖で辰子と暮らすようになった。そのため2人が暮らす田沢湖は冬でも凍らず、一方、冬の間、主のいない八郎潟は凍りついて人が渡れるようになった。

田沢湖とたつこ像

だんぶり長者伝説
だんぶりちょうじゃでんせつ

①比内（大館市）の独鈷（とっこ）に住む娘が、両親が亡くなって途方に暮れていると、夢でお告げを受けた。お告げの通り小豆沢（あずきさわ）（鹿角市）にたどり着くと、働き者の若者に出会い夫婦になった。2人はよく働いたが貧乏で神に供える酒も買えずに困っていた。すると夢に大日神が現れ、そのお告げに従って、新たな土地で田畑を開いた。ある日、畑作業の合間に男が寝ていると、だんぶり（トンボ）が飛んできて唇にシッポを何度もつけた。目を覚ました男は夢で酒を飲んだような気がしたので、だんぶりのあとを追って行くと、酒が湧き出る泉を見つけた。夫婦はその酒で国一番の長者となった。長者の大きな屋敷からは米のとぎ汁が流れ出し、川に流れ込んで水が白くなったので、人々はその川を米白（代）（よねしろ）川と呼ぶようになった。

②夫婦にはなかなか子どもができなかったので、大日神に祈願をすると女の子を授かった。長者夫婦が娘を連れて都に上ると、天子の目に留まって宮中に仕えることになった。娘は吉祥姫と名をかえ、天子の后になった。長者夫婦はやがて亡くなり、酒の泉も枯れてしまった。吉祥姫は悲しんで故郷に大日堂を建てることを願い出て許された。そこで今の小豆沢にある大日堂は継体天皇17（523）年に建立されたものだと伝わる。また吉祥姫が亡くなった時、願いによって故郷に葬られ、大日堂近くにイチョウが植えられ、吉祥院という寺が建立されたともいわれている。

秋田のむがしこ
あきたのむがしこ

秋田県では昔話を「むがしこ」「むがしがたり」という。語りは必ず「むかし、むかし」「むかし、あったずおん」「むかし、あったとな」と始まり、「あるところに、おじいさん、おばあさんがいた」などと続き、話が進んでいく。最後には鹿角・大館北秋田では「どっとはやれ」「どっとはらい」、中央・県南ではほとんどが「とっぴんぱらりのぷう」で語り終わる。内容は、小さい子として生まれながら、神仏の加護により一人前になり幸せに暮らす「つぶ太郎」、信仰深い心のやさしい爺と婆と地蔵との温かい交流話の「笠地蔵」、娘が新しく自分の運命を切り開いて幸福をえる「蛇婿入り」など教訓を伴うものが多い。

秋田の代表的な民謡

秋田音頭
あきたおんど

秋田を代表する踊り歌。もとは「御国音頭」と呼ばれ、久保田城下で流行していた手踊りが始まりといわれている。ほとんど地口で構成され、風刺や滑稽、時には卑猥な歌詞を即興で歌い込むのが特徴で、「日本のラップ」ともいわれる。最もよく知られているのは「秋田名物八森ハタハタ〜」と名物を歌い込んだ歌詞。土崎神明社祭の曳山行事や西馬音内盆踊りなど、さまざまな祭り行事で歌われている。

秋田おばこ
あきたおばこ

仙北地方を発祥地とし、素朴な中に艶美と哀愁をたたえた曲で、秋田民謡の代表曲。山形県庄内地方の「庄内おばこ」となった「庄内ぶし」が源流とされ、仙北地方を往来する馬喰たちの歌が根を下ろしたとされる。村々によって節回しが異なる歌となり、村の名称を付けた「田沢おばこ」などと呼ばれるようになる。やがてこれらをまとめて「仙北おばこ」とも呼ばれた。角館の飾山ばやしに奉納される「神代おばこ」などを佐藤貞子が歌って、「貞子調のおばこ節」として広めていった。大正11（1922）年、貞子は平和記念東京大博覧会・全国芸能競演会においてこの歌で優勝する。レコード録音や全国巡業によって全国的に広まり、山形のおばこ節「庄内おばこ」に対して、秋田のおばこ節として「秋田おばこ」と呼ばれるようになる。

ドンパン節
どんぱんぶし

旧中仙町（現大仙市）出身の宮大工で「東北の左甚五郎」といわれた高橋市蔵（円満造）が作った「円満造甚句」を元として、昭和10（1935）年頃、大工仲間で民謡歌手の黒沢三一が歌いやすくアレンジした民謡。秋田音頭と同様、即興で風刺や滑稽な歌詞を歌い込むのが特徴。旧中仙町では昭和60（1985）年から毎年「ドンパン祭り」を実施して、まちおこしの一環としている。

浜辺の歌
はまべのうた

米内沢（北秋田市）出身の作曲家・成田為三（1893〜1945年）の代表曲。大正5（1916）年、東京音楽学校（現東京芸術大学音楽学部）在学中に作曲し、2年後に竹久夢二装丁の楽譜が出版された。詞は林古渓が雑誌「音楽」に大正2（1913）年、発表したもの。昭和22（1947）年に中学音楽の教科書に採用され、国民に広く愛唱された。原詞は3番まであるが作詞者が3番を好まず、現在では1、2番のみが歌われることが多い。成田の故郷米内沢には「浜辺の歌音楽館」がある。

秋田県民歌
あきたけんみんか

昭和5（1930）年制定の県民歌。教育勅語渙発40周年記念の公募で入選した5編の歌詞の中から東京音楽学校教授・高野辰之が倉田政嗣のものを採用、歌詞を修正、補作した。作曲は当初小松耕輔が予定されていたが、事情により本県出身の作曲家・成田為三が担当した。昭和43（1968）年に石井歓作曲の「大いなる秋田」（第3楽章）に取り入れられ、県民に親しまれることとなった。本県の公式行事を中心に様々な場で歌われている。これとは別に、昭和34（1959）年に公募をもとに制定した大久保笑子作詞、菅原良昭作曲の「県民の歌」がある。

第5章

生活文化

147

映画釣りキチ三平
えいがつりきちさんぺい

旧増田町（現横手市）出身、漫画家矢口高雄の同題代表作の映画化作品。漫画「釣りキチ三平」は週刊少年マガジンに昭和48（1973）年から10年間連載、原作35年目にして映画化され、平成21（2009）年に公開された。ストーリーは三平の成長を軸に、家族の絆、幻の巨大魚の伝説が、三平の生まれ故郷である秋田の雄大な自然を背景に進められていく。撮影は本県中心に行われ、鮎釣りの川、絶景の滝、築100年の五城目町馬場目北ノ又集落の茅葺き農家など、日本の原風景に癒される場面が描かれている。監督は「おくりびと」でモントリオール国際映画グランプリ、日本初のアカデミー賞外国語映画賞受賞の滝田洋二郎、主人公三平三平に須賀健太、祖父の一平に渡瀬恒彦らが出演。きらめく大自然の中、麦わら帽子の少年が、天才的な釣りのテクニックで奇跡のように魚を釣り上げる、矢口高雄の漫画の世界を繰り広げる。

超神ネイガー
ちょうじんねいがー

戦隊ものと呼ばれるテレビシリーズの世界をベースにしているが、キャラクターや必殺技、武器に至るまで「秋田」にこだわった世界観に支えられているのが特徴。平成17（2005）年のデビュー以来、本格的なコスチューム、アクション、物語構成に加え、軽妙なトークによって進行されるショーが受け、全県的な人気となった。ラジオドラマの放送、テレビの連続番組放映に加え、ＤＶＤ、主題歌等のＣＤ、マンガ単行本、書籍をはじめとする関連商品が多数発売され、他のローカルヒーローとは一線を画す成功を収めた。

超神ネイガーは、にかほ市在住の農業青年「アキタ・ケン」が、ナモミハギから授かった「豪石玉」によって変身する。ナマハゲをモチーフとしたコスチュームで、武器はハタハタ形の銃「ブリコガン」、キリタンポ形の剣「キリタンソード」など。必殺技は「鳥海キック」「比内鶏クラッシュ」などがある。ネイガーの仲間には、「アラゲ丸」「ネイガー・ジオン」「ネイガー・マイ」などがいる。

ネイガーたちの戦う相手は、「明日の秋田をダメにする」をスローガンとする悪の組織「だじゃく組合」。「ハンカクセエ」などの行動班長が、さまざまな怪人と戦闘員「ホジーネ」を引き連れて悪だくみをする。怪人たちは、カメムシ、ヤマビル、ツツガムシなど、秋田で人に害をなすものや、怠け者など負のイメージの秋田弁をモチーフにしている。

超神ネイガー ©Neiger Project

PRキャラクター
ぴーあーるきゃらくたー

秋田県はさまざまな情報や魅力をPRするために、県PRキャラクター「んだッチ」の活動を平成27（2015）年から開始した。近未来からやって来たナマハゲ型の元気な子どもロボットというモチーフである。由利本荘市の小学生長谷川真己さんのネーミング。平成30（2018）年には秋田県職員に採用され、「あきたPRキャプテン」として県内外で活動している。性格は明るく元気、秋田弁が好きで、ロボットなのに食べ盛りの食いしん坊という触れ込みである。秋田市の家族・地域の絆づくりキャラクターは「テッテ」で、手はおてて（てって）ということから、お互いに手と手をつなぎ、握手・拍手をする手、手をふれて人の温かさを感ずることで絆を深め、人の輪が広がることを願い命名された。大館市の観光キャラクターは、同市が生誕地の忠犬ハチ公から「はちくん」と命名。食べることが大好きだがメタボなので、イベント会場に顔を出して体を動かして汗をかきながら観光PRに励む。八郎潟町のPRキャラクターは「ニャンパチ」で、約300年前から踊り継がれる伝統芸能の願人踊の手つき腰つきが、ネコの仕草に見えたことから生まれたキャラクター。トレードマークは紫色の頭巾で、好物は八郎湖で採れたワカサギという。

©2015秋田県んだッチ
んだッチ

テッテ

©大館市
はちくん

ニャンパチ

4. 人物・チーム

　一部であるが明治から平成にかけて、それぞれの分野で活躍した人物や活躍中の人物（チーム）を取り上げている。それは多くの分野に及び、学者、思想家、小説家、作曲家、舞踏家、俳優、歌手、画家、プロ野球選手、相撲力士、バスケットボールチームなど多士済々である。秋田県と関わりのある先覚者の生き方や業績に触れていただきたい。

《学術》

安藤和風
（あんどうわふう）

　新聞人・俳人。慶応2（1866）〜昭和11（1936）年。秋田藩士の長男として秋田市で生まれる。明治15（1882）年秋田日日新聞に入社、同年秋田日報（後の秋田魁新報）に移る。私立東京商業学校卒後、秋田市書記などを経て明治31（1898）年に秋田魁新報に入社。明治35（1902）年には同紙の主筆、昭和3（1928）年から同社社長、日本屈指の新聞人として知られた。句集、歌集、郷土研究の著作多数。その蔵書は県立図書館に「時雨庵文庫」として寄贈された。通称・俳号は「わふう」、本名としての読みは「はるかぜ」。

石井露月
（いしいろげつ）

　俳人。明治6（1873）〜昭和3（1928）年、旧戸米川村（現秋田市）生まれ。秋田中学中退の2年後に上京、正岡子規門下となり、師にことのほか愛された。持病の脚気に悩まされながらも医師試験に合格し、明治27（1894）年に帰郷し開業。明治30（1897）年の子規の評論では、河東碧梧桐・高浜虚子以外で俳壇に異彩を放った者として露月を挙げ、高く評価した。同時代に一時対立した俳句の指導者・安藤和風がいるが、後に共に秋田の俳壇をリードして後進の指導に当たった。

石川達三
（いしかわたつぞう）

　小説家。明治38（1905）〜昭和60（1985）年、横手市生まれ、後に秋田市に移住。昭和5（1930）年にブラジル移民に参加、帰国後その体験を基にした『蒼氓』で第1回芥川賞を受賞した。中国戦線に従軍した体験を基にした『生きてゐる兵隊』（昭和13（1938）年）は当時発禁処分を受けた。リアリズムを重視した社会派の作風で、代表作に『人間の壁』『金環蝕』など。日本文芸家協会理事長、日本ペンクラブ会長などを歴任。秋田市立中央図書館明徳館に石川達三記念室がある。

（秋田市立中央図書館明徳館提供）

西木正明
にしきまさあき

小説家。昭和15（1940）年生まれ、旧西木村（現仙北市）出身。早稲田大学中退後、平凡出版（現マガジンハウス）に入社、「平凡パンチ」「ポパイ」などの編集を手掛ける。昭和55（1980）年、デビュー作『オホーツク諜報船』で日本ノンフィクション賞新人賞、昭和63（1988）年には『凍れる瞳』『端島の女』で第99回直木賞を受賞した。その後も新田次郎文学賞、柴田錬三郎賞を受賞するなど活躍を続けている。ドラマ化された作品も多い。

松田解子
まつだときこ

小説家。明治38（1905）～平成16（2004）年。旧荒川村（現大仙市）生まれ。秋田女子師範卒。大正15（1926）年に上京、労働運動に参加。昭和3（1928）年、読売新聞の女流新人短編募集に応じた『産む』が入選、作家として活動を始め、のちプロレタリア文学運動に参加。戦後は民主主義文学の代表作家として活躍した。昭和41（1966）年から連載を開始した『おりん口伝』で田村俊子賞、多喜二・百合子賞を受賞。大仙市協和の大盛館には松田解子文学記念室がある。

矢田津世子
やだつせこ

小説家。明治40（1907）～昭和19（1944）年、五城目町生まれ。東京の麹町高等女学校卒。「第一文学」「女人芸術」を経て「日暦」同人となり武田麟太郎に師事。昭和11（1936）年発表の『神楽坂』が第3回芥川賞候補となった。美貌の女流作家として知られ、作家坂口安吾とのロマンスも噂された。五城目町の五城館には矢田津世子文学記念室がある。

（五城目町教育委員会提供）

渡辺喜恵子
わたなべきえこ

小説家。大正3（1914）～平成9（1997）年、旧鷹巣町（現北秋田市）出身。能代高等女学校（現能代松陽高校）卒。昭和34（1959）年『馬淵川』で第41回直木賞を受賞する。この時の同時受賞に平岩弓枝がいる。北秋田市の「みちのく子供風土記館」は渡辺喜恵子の寄付を基金として建設、また秋田県の文学賞として著名な「さきがけ文学賞」は、秋田魁新報社と渡辺喜恵子の寄付金で設立された財団が運営している。

《芸術文化》

浅利香津代
あさりかづよ

女優。昭和19（1944）年、秋田市生まれ。日本大学芸術学部卒業後、望月優子に師事、新劇団新人会退団後、劇団前進座で中村翫右衛門に師事。現在はあさり座に所属。秋田を舞台にしたNHK連続テレビ小説「雲のじゅうたん」、映画「釣りバカ日誌15」ほかに出演、舞台も1カ月公演の商業演劇に多数出演、近年は朗読と講演にも力を入れている。秋田市文化功績章、秋田市文化団体連盟賞も受賞している。

石井漠
いしいばく

舞踏家。明治19（1886）〜昭和37（1962）年、旧山本町（現三種町）生まれ。秋田中学中退後作曲家を目指して上京、帝国劇場の研究生となる。大正4（1915）年東京オペラ座を結成。新舞踏運動を展開し、「舞踏詩」を確立した。大正11（1922）〜14（1925）年欧米で舞踏公演を行い「純粋舞踏の天才」と絶賛された。代表作「人間釈迦」。全日本芸術舞踏協会初代会長。「大いなる秋田」作曲で知られる音楽家・石井歓は漠の子息。

（秋田県立博物館提供）

上原敏
うえはらびん

歌手。明治41（1908）〜昭和19（1944）年、大館市生まれ、本名松本力治。家は代々屋号「ねりや」の荒物雑貨商、大館中学校から専修大学経済学部に進学、卒業後わかもと製薬に入社、宣伝部配属となる。その後、ポリドールレコード専属歌手となる。歌手としての初吹き込みは、昭和11（1936）年の新橋喜代三とのデュエット「月見踊り」で、2曲目が「恋の絵日傘」、そして昭和12（1937）年の「妻恋道中」が大ヒットする。続く「流転」「裏町人生」も大ヒットし、全国的に名が知られる。昭和13（1938）年の「上海だより」に始まる一連の「たよりもの」は、名声を不動のものとした。ほかに代表曲に「愛馬の唄」「鴛鴦道中」などがある。昭和19（1944）年、召集され派遣先の太平洋戦争のニューギニア戦線で戦死した。

男鹿和雄
おがかずお

アニメーション美術監督、挿絵画家。昭和27（1952）年、旧太田町（現大仙市）生まれ。県立角館高校卒業後、デザイン系専門学校中退、昭和62（1987）年宮崎駿監督にスカウトされ「となりのトトロ」の美術を担当する。数々のジブリ作品の背景美術の要として、宮崎駿・高畑勲両監督を支え続けている。代表的な作品「千と千尋の神隠し」「崖の上のポニョ」などの数多くの美術や背景を担当している。平成19（2007）年東京都美術館において初個展「ジブリの絵職人・男鹿和雄展」を皮切りに全国で個展を開催。本県では平成20（2008）年9月仙北市立角館町平福記念美術館で開催、大好評を博し多数の入館者を動員した。

勝平得之
（かつひらとくし）

版画家。明治37（1904）～昭和46（1971）年、秋田市生まれ。独学で版画の技法を修得し、昭和4（1929）年日本創作版画協会展に「外濠夜景」「八橋街道」、翌々年の帝展には「雪国の市場」が初入選。その後も官展や版画協会展に入選を重ね、一貫して秋田の風景・風俗を版画に表現した。世界的建築家ブルーノ・タウトに作品が評価され、世界に紹介された。ドイツケルン市立東洋美術館には代表作70点余りが保存されている。秋田市の赤れんが郷土館内に勝平得之記念館がある。

（秋田市立赤れんが郷土館所蔵）

加藤夏希
（かとうなつき）

女優、モデル、タレント。昭和60（1985）年、由利本荘市生まれ。ゲーム会社のイメージガールを機会にスカウトされる。その後、「なっきー」の愛称でモデル、ドラマ、CMなどで活躍する。主な出演作に、NHK「ワンダフル東北・みちのく妖怪紀行」の総合司会、日本テレビ「秘密のケンミンSHOW」などがあり、秋田県の「あきた美の国大使」、由利本荘市の「ふるさと応援大使」を務めている。ほかに全国的にテレビや雑誌などで、秋田市出身の佐々木希や横手市出身の壇蜜（だんみつ）が女性タレントとして活躍している。

倉田よしみ
（くらたよしみ）

漫画家。昭和29（1954）年、秋田市生まれ。昭和53（1978）年、週刊少年サンデー掲載の「萌え出ずる…」でデビュー。代表作「味いちもんめ」（原作・あべ善太、ビックコミックオリジナル増刊→ビックコミックスペリオール連載）はテレビドラマ化され、平成11（1999）年第44回小学館漫画賞も受賞。また平成16（2004）年、秋田市建都400年の記念出版として発刊された『青山くんの夏休み～秋田市400年物語～』（原作・土居輝雄、秋田魁新報社刊）の作画も担当した。

東海林太郎
（しょうじたろう）

歌手。明治31（1898）～昭和47（1972）年、秋田市生まれ。早稲田大学卒業後、南満州鉄道株式会社に入社、帰国して中華料理店を経営する傍ら声楽を学ぶ。昭和8（1933）年にキングレコード専属のプロ歌手となる。翌年ポリドールレコードから出した「赤城の子守唄」が大ヒット、続く「国境の町」もヒットして流行歌手となった。直立不動で歌う姿は広く国民に親しまれた。秋田市大町に「東海林太郎音楽館」がある。

成田為三
なりたためぞう

作曲家。明治26（1893）〜昭和20（1945）年、旧米内沢町（現北秋田市）生まれ。秋田師範学校卒後、毛馬内小学校で 1 年間教壇に立つ。大正3（1914）年上京して東京音楽学校（現東京芸術大学）に入学、山田耕筰の教えを受ける。在学中に代表作「浜辺の歌」を作曲。卒業後、教職の傍ら「赤い鳥」などに多くの曲を発表した。大正11（1922）年にドイツに留学、ロベルト・カーンの指導を受ける。帰国後、川村女学院講師、東洋音楽学校講師を経て昭和 17（1942）年、国立音楽学校の教授となった。

（北秋田市教育委員会提供）

平福百穂
ひらふくひゃくすい

画家、歌人。明治10（1877）〜昭和8（1933）年、旧角館町（現仙北市）生まれ。父親も著名な画家・平福穂庵（すいあん）。18歳で上京し、川端玉章に師事。東京美術学校（現東京芸術大学）卒。日本美術院の理想主義に対し、自然主義・写実主義を唱える。大正6（1917）年「豫譲（よじょう）」が文展特選。帝国美術院会員。東京美術学校教授。アララギ派の歌人としても知られ、歌集に『寒竹』がある。角館には平福親子の作品を集めた平福記念美術館がある。

（平福記念美術館提供）

福田豊四郎
ふくだとよしろう

日本画家。明治37（1904）〜昭和45（1970）年、小坂町（ばくせん）生まれ。大正10（1921）年、京都の土田麦僊に師事し、後に川端龍子の門人となる。小松均らと山樹社を設立、さらに新日本画研究会、創造美術を結成、この後、新制作協会となる。大正から昭和にかけて「世界性に立脚した日本画の創造」をスローガンに、日本画に新風を吹き込み、旺盛な作家活動を行った。一貫して郷里秋田に主題を求めて描き続け、代表作に「秋田のマリヤ」「ふるさとへ帰る」などがあり、多くの作品は秋田県立近代美術館に所蔵されている。

藤あや子
ふじあやこ

演歌歌手。昭和36（1961）年、旧角館町（現仙北市）生まれ。角館南高校卒。昭和62（1987）年「ふたり川」でデビュー（芸名・村勢真奈美）、2年後に藤あや子として「おんな」で再デビュー。着物が似合う艶やかな美人歌手として人気となった。小野彩名（このさい）義で作詞・作曲も手掛けている。ほかに、演歌歌手として活躍している羽後町出身の岩本公水（くみ）がいる。

矢口高雄
やぐちたかお

漫画家。昭和14（1939）年〜令和2（2020）年。旧増田町（現横手市）生まれ。増田高校卒業後、羽後銀行（現北都銀行）入行。昭和45（1970）年、週刊少年サンデー掲載の「鮎」で30歳という遅いデビューを飾る。昭和48（1973）年、週刊少年マガジン連載の「釣りキチ三平」が大ヒットし、一躍人気漫画家となった。また同年「幻の怪蛇バチヘビ」を発表、日本中にツチノコ（バチヘビ）ブームを巻き起こした。矢口の描いたキャラクターは県内のさまざまな施設・商品で採用されている。旧増田町（現横手市）の「増田まんが美術館」で作品を見ることができる。

柳葉敏郎
やなぎばとしろう

俳優、歌手。昭和36（1961）年、大仙市刈和野生まれ。地元刈和野小・中学校、県立角館高校を卒業後上京し、劇団ひまわりに入団する。その後、一世風靡セピア（いっせいふうび）のメンバーとしてデビューし、ギバちゃんの愛称で若者の代表的存在となる。昭和58（1983）年バラエティ番組「欽ドン！良い子悪い子普通の子おまけの子」にレギュラー出演。昭和63（1988）年以降は多くのトレンディードラマに出演し、元祖トレンディー俳優といわれるようになる。特に「踊る大捜査線」シリーズの室井慎次役は一番の当たり役となった。長女の小学校入学を機に郷里刈和野へ家族で移住、現在は秋田から東京や全国の仕事場へ出掛けている。

《スポーツ》

浅利純子
あさりじゅんこ（現姓・高橋）

元マラソン選手。昭和44（1969）年鹿角市生まれ、県立花輪高校卒業後女子陸上部1期生としてダイハツに入社。平成5（1993）年大阪国際女子マラソンで初優勝、同年の世界選手権でも優勝し、日本人女子初の世界選手権金メダリストとなる。平成8（1996）年のアトランタ五輪に出場したが、シューズトラブルから17位に終わった。自己ベストは 2時間26分10秒（平成6〈1994〉年大阪国際・3位）。13戦して4勝。平成13（2001）年に現役を引退。

石川雅規
いしかわまさのり

プロ野球選手。投手、左投げ左打ち。昭和55（1980）年、秋田市生まれ。秋田市立秋田商業高校で夏の甲子園に出場（2回戦敗退）、卒業後青山学院大学に進学し、東都大学リーグで通算23勝を挙げ、MVPを1度獲得。また大学在学中はシドニーオリンピックにも出場した。平成13（2001）年のドラフトでヤクルトスワローズ（現東京ヤクルトスワローズ）に入団。いきなり12勝を挙げ、平成14（2002）年新人賞を受賞（秋田県初）。平成20（2008）年には最優秀防御率のタイトルを獲得した。平成24（2012）年には 5年連続の開幕投手を務めるとともに、史上132人目の通算1000奪三振を達成した。

落合博満
おちあいひろみつ

元プロ野球選手・監督。昭和28（1953）年、旧若美町（現男鹿市）生まれ。県立秋田工業高校卒、東洋大学中退。社会人野球の東芝府中で活躍して注目を集め、昭和54（1979）年、ドラフトでロッテに入団。「神主打法」によって昭和56（1981）年首位打者、翌年には史上最年少で三冠王を獲得。その後も2度三冠王に輝き、通算3度は歴代1位の記録。昭和62（1987）年、中日に移籍、日本人初の1億円プレーヤーとなる。その後の2億円、3億円、4億円プレーヤーも日本人初。中日から巨人、日本ハムに移籍し、平成10（1998）年に現役を引退。平成16（2004）年から23（2011）年まで8年間中日の監督として指揮を執り、チームを4度のリーグ優勝に導いた。平成19（2007）にはクライマックスシリーズを勝ち抜いた末、チームを日本一に導き、正力松太郎賞を受賞した。平成23（2011）年、野球殿堂入り。

小野喬
おのたかし

元体操選手。昭和6（1931）年、能代市生まれ。旧制能代中学（現能代高校）、東京教育大学（現筑波大学）、慶応大学卒。昭和27（1952）年初めて出場したヘルシンキ五輪の男子跳馬で銅メダルを獲得。続く昭和31（1956）年のメルボルン五輪で男子鉄棒金メダル（日本人初）、昭和35（1960）年のローマ五輪でも男子鉄棒、男子跳馬、男子団体総合で金メダルを獲得するなど、4度の五輪で5個の金、4個の銀、4個の銅メダルを獲得した。特に鉄棒の強さは際立っており「鬼に金棒、小野に鉄棒」といわれた。ほかに、秋田市出身の元体操選手で、東京五輪などで5個の金メダルを獲得した遠藤幸雄がいる。

桜庭和志
さくらばかずし

格闘家。昭和44（1969）年、旧昭和町（現潟上市）生まれ。秋田市立秋田商業高校卒、中央大学中退。高校・大学ではアマチュアレスリングで活躍、中央大レスリング部では主将を務めたが、プロ転向を目指して4年で中退。平成4（1992）年にUWFインターナショナルに入団、翌年プロデビュー。キングダムを経て総合格闘のPRIDEに参戦、格闘一家として名高いグレイシー一族に次々と勝利し、「グレイシー・ハンター」として一気に注目を浴びた。平成29（2017）年6月、アジア人として初めて米国総合格闘技団体UFCの殿堂入りをする。令和元（2019）年11月、秋田県スポーツ大使に任命された。

佐藤満
さとうみつる

元アマチュアレスリング選手。昭和36（1961）年、八郎潟町生まれ。秋田市立秋田商業高校卒、日本体育大学大学院卒。中学時代はバスケットボール部だったが、高校時代からレスリングを始め、秋田商業レスリング部の全国高校3冠達成に貢献した。昭和56（1981）年のユニバーシアードの優勝から頭角を現し、昭和60（1985）〜平成4（1992）年の8年間で全日本選手権を6度制覇するなど、日本フリー52kg級のエースとなった。昭和63（1988）年のソウル五輪では同級で金メダルを獲得し、同年県民栄誉章受章。その後、医学博士号を取得し、現在、専修大学教授、日本レスリング協会男子強化委員長を務める。ほかに、八郎潟町出身の元レスリング選手で、ミュンヘン五輪で金メダルを獲得した柳田英明がいる。

押尾川 旭
おしおがわあきら
（豪風旭）
たけかぜあきら

大相撲元幕内力士。昭和54（1979）年、旧森吉町（現北秋田市）生まれ。県立金足農業高校卒、中央大学卒。大学4年に全国学生相撲選手権大会で優勝し学生横綱を獲得した。平成14（2002）年尾車部屋に入門、5月場所幕下15枚目格付出で初土俵を踏んだ。同年9月場所に新十両に昇進し、しこ名を成田から豪風に改めた。命名は「豪快な相撲で豪華な風が吹くように」との願いが込められている。平成20（2008）年1月場所と平成22（2010）年9月場所の2回敢闘賞を受賞した。最高位は西関脇（平成26〈2014〉年9月場所）である。平成28（2016）年県民栄誉章受章、平成31（2019）年初場所に現役引退し年寄・押尾川を襲名、本県出身力士として幕内通算最多勝利を挙げた。令和4（2022）年に相撲部屋を新築し、親方として後進育成に努めている。

照國萬(万)蔵
てるくにまんぞう

第38代横綱。本名・大野(旧姓・菅)万蔵。大正8 (1919)～昭和52(1977)年。旧雄勝町(現湯沢市)生まれ。昭和10(1935)年初土俵、昭和14(1939)年新入幕、昭和18(1943)年横綱。23歳4カ月での横綱昇進は、当時の最年少記録だった。優勝2回(連続)。低い姿勢の仕切りから、安定した前さばきのよい相撲は「桜色の音楽」といわれた。大横綱・双葉山を横綱時代に3度破り、対戦成績を勝ち越した唯一の力士である。昭和28(1953)年現役を引退し、年寄荒磯を襲名、のち伊勢ケ浜部屋を継ぎ、県出身の大関清国(旧雄勝町出身)、関脇開隆山(旧昭和町出身)などを育てた。

山田久志
やまだひさし

元プロ野球選手・監督。投手、右投げ右打ち。昭和23(1948)年生まれ、能代市出身。能代高校時代に三塁手から投手に転向。のちに「サブマリン(潜水艦)」と称されるアンダースローになったのは、社会人野球の富士鉄釜石(後の新日鐵釜石)時代。昭和43(1968)年のドラフトで阪急(現オリックス)に1位指名され、プロ入りする。入団3年目の昭和46(1971)年 22勝しチームの優勝に貢献。球速140km超の速球とシンカーを武器に最多勝3回、最優秀防御率2回、最高勝率4回、MVP3回など、阪急黄金時代のエースとして活躍した。昭和63(1988)年現役引退。平成14(2002)～15(2003)年中日監督。平成18(2006)年野球殿堂入り。

秋田工業高校
ラグビー部
あきたこうぎょうこうこうらぐびーぶ

大正14(1925)年の創部。昭和4(1929)年、全国大会に初出場したが1回戦敗退。昭和6(1931)年には準決勝まで進み、昭和8(1933)年、念願の初優勝を果たした。昭和12、22～24、26、27、30、31、33、35、39、43、59、62年と合わせ、これまで15回の優勝回数は全国最多で、出場67回も全国最多である。国体でも9回優勝している。平成27(2015)年に創部90周年を迎えた。濃紺と白の縞のジャージは花園でもおなじみで、大学・社会人・全日本に数多くの名選手を送り出している。

能代科学技術高校
バスケットボール部
のしろかがくぎじゅつこうこうばすけっとぼーるぶ

昭和8(1933)年発足。昭和17(1942)年全国大会初出場(1回戦敗退)、昭和42(1967)年国体に初出場で初優勝を飾る。昭和50(1975)年に初の高校3冠達成(高校選抜・国体・インターハイ)。平成16(2004)年に高校選抜2年連続20回目、平成19(2007)年に国体16回目、同年にインターハイ22回目の優勝。令和2(2020)年3月現在で全国優勝通算58回など、能代工業高校時代に不滅の記録を残す高校バスケット界屈指の強豪校である。令和3(2021)年に県立能代西高校と統合し、能代科学技術高校と校名変更。能代工業高校バスケットボール部の伝統を継承している。

秋田ノーザンブレッツ
あきたのーざんぶれっつ

正式名称は秋田ノーザンブレッツラグビーフットボールクラブ。前身は45年の歴史を誇る秋田市役所ラグビー部で、平成16（2004）年に秋田県初の本格クラブとして再出発、チーム名を公募で「北の弾丸」という意味のノーザンブレッツとした。マスコットは「ANB（あんべぇ）」。発足当初はトップノースリーグに所属していたが、より競技レベルの高いトップイーストへの移籍を希望、これが認められて平成18（2006）年からトップイーストに所属、その後、平成23（2011）年のリーグ再編によりリトップイーストリーグがディビジョン1、ディビジョン2の2リーグ制に移行し、ディビジョン1に所属している。2021年シーズンはトップイーストリーグ（Bグループ）5チーム中、1位となる。

ANB（あんべぇ）

秋田ノーザンハピネッツ
あきたのーざんはぴねっつ

チーム名称は、チームに関わる全ての人々と幸せを共有できるような存在でありたい、という願いのもとに命名。「スポーツを通じて秋田を元気にしていきたい」想いを、ラグビーチーム「秋田ノーザンブレッツ」と共有し、地域の人々に愛されるチームづくりを目指している。マスコットは「ビッキー」。平成22（2010）年より日本プロバスケットリーグ（bjリーグ）に所属。同年、長谷川誠を選手兼監督として、新潟アルビレックスから獲得、平成23（2011）年には中村和雄、平成26（2014）年には長谷川誠がヘッドコーチに就任してファイナル進出、2年連続の準優勝となった。平成28（2016）年秋に開幕したジャパン・プロフェッショナル・バスケットボールリーグ（B.LEAGUE）のB1東地区へ参加している。2019年シーズンはヘッドコーチに前田顕蔵が就任。令和4（2022）年に初のB1チャンピオンシップに進出したが4強を逃した。

©秋田ノーザンハピネッツ
ビッキー

ブラウブリッツ秋田
ぶらうぶりっつあきた

前身は昭和40（1965）年創部のTDKサッカー部。平成22（2010）年からクラブチーム「ブラウブリッツ秋田」となる。クラブ名称は、「ブラウ」はドイツ語で「青」、「ブリッツ」は「稲妻」を意味し「青い稲妻」を表している。マスコットは「ブラウゴン」で、八郎太郎の竜伝説を題材とした竜のキャラクターである。小学校～高校までの育成組織を持ち、「サッカーを通じた秋田の笑顔と元気の創出」を掲げ、世代を超えて愛され地域に密着したクラブづくりを行っている。平成26（2014）年J3の発足とともにJリーグに加盟。平成29（2017）年J3リーグ初優勝、令和3（2021）年に制裁付きでJ1ライセンスを取得した。

©BLAUBLITZ AKITA
ブラウゴン

北都銀行
バドミントン部
ほくとぎんこうばどみんとんぶ

昭和46（1971）年に創部し、平成9（1997）年日本リーグ2部へ参入、平成16（2004）年1部に昇格した。女子・男子の2チームで活動している。近年活躍が目覚ましく、女子ダブルスの「ヨネタナ組」の米元小春・田中志穂ペアは平成29（2017）年、バドミントン国際大会の最高峰の一つである、スーパーシリーズ・ファイナルの女子ダブルスにおいて、初出場で初優勝。平成30（2018）年1月県民栄誉章を受章。「ナガマツ組」の永原和可那、松本麻佑ペアは、同年の中国・南京での世界選手権において初優勝、平成31（2019）年4月の世界ランキングで初の1位となった。令和に替わった後の同年8月にはスイス・バーゼルでの世界選手権において前年に続いて優勝、日本勢の2連覇は全種目を通じて初めてである。同年10月県民栄誉章を受章。

第6章

産業

サキホコレ

産 業

秋田県は、北は白神山地、南は鳥海山、東は奥羽山脈に囲まれ、西は日本海に面しており、地勢的に孤立している感がある。全体の7割を森林が占めているが、春から秋にかけては日照時間が長く、水も豊富で、平野部は水稲耕作の適地である。

そのような地勢的条件、気候条件から、かつて本県は米どころであると同時に、森林資源や非鉄金属・原油などの鉱物資源にも恵まれた豊かな地域であった。しかし、交通インフラの整備では遅れをとり、また、豊かな地域であった分、県民性は保守的で、あまり商売には向いていないとも言われている。

概　要

経済の基礎となる人口は、昭和31（1956）年をピークとして減少し、昭和50年代前半から半ば頃にかけて第二次ベビーブームやUターンブームにより一時的に増加傾向が続いた時期を除いて、昭和57（1982）年以降、減少を続けている。社会動態の減少が一貫して続いているうえ、平成5（1993）年以降は自然動態も減少を続けている。令和3（2021）年10月1日時点では人口減少率、高齢化率（総人口に占める65歳以上人口の割合）とも全国最大となっている。

かつて「1％経済」と言われた本県であるが、令和元（2019）年度の本県の県内総生産は3兆6248億円（名目）、わが国の総生産の0.6％余りを占めるにとどまっている。また、公共部門への依存が全国より高い状況が続いている。

本県でも経済のサービス化が進んでいる。昭和30（1955）年度には第一次産業の総生産が全体の40％以上を占めて第二次、第三次産業を上回っていたが、その後すぐに第三次産業に抜かれ、昭和40年代には第二次産業にも追い越され、現在では3％程度にとどまっている。一方、第三次産業は増加を続け、令和元（2019）年度には74％となっている。

この間、就業者数でも第一次産業から第二次産業、第三次産業への移動が続いている。昭和30（1955）年には第一次産業の就業者数が60％超を占めていたが、その後は減少が続き、現在は9％程度にとどまっている。一方、第三次産業の就業者数は増加を続け、65％超を占めるに至っている。また、第二次産業は増加を続けていたものの、平成に入って横ばいから減少に転じ、現在は24％程度となっている。

現在の本県の産業構造を総生産からみると、農林水産業は3.2％を占めるにとどまり、また、かつて隆盛を誇った鉱業も0.3％に過ぎない。もっとも大きいのは製造業の15.0％で、次いで保健衛生・社会事業が12.0％となっているほか、以下、卸・小売業が10.2％、建設業7.9％、専門・科学技術、業務支援サービス6.6％となっている。（注）

県内市町村別の高齢化率（％）

市町村	高齢化率
上小阿仁村	58.6
藤里町	52.9
男鹿市	50.8
八峰町	50.5
五城目町	50.4
三種町	48.2
小坂町	46.8
北秋田市	46.5
八郎潟町	45.6
仙北市	45.3
井川町	43.6
能代市	42.9
羽後町	42.5
湯沢市	42.5
鹿角市	42.5
美郷町	41.4
横手市	40.7
大館市	40.5
にかほ市	40.4
大仙市	40.0
由利本荘市	38.7
東成瀬村	38.4
潟上市	35.8
大潟村	34.6
秋田市	32.2
県　計	38.8

※令和4（2022）年7月1日現在、県まとめ。市町村の並びは高齢化率の順

各産業をみていくと、農業は米に対する依存度が極めて高く、米の作況と価格に左右される構造となっている。水産業は、県の西側がすべて海岸線である割には、総生産額が小さい。

製造業は、戦前は製材業と食品製造業が主であったが、昭和30年代以降、企業誘致活動によって縫製業や電気機械3業種（電子部品・デバイス、電気機械、情報通信機械）の工場が増加した。現在（令和2〈2020〉年県工業統計）では、電気機械3業種が出荷額の31.9%を占めて、今なお圧倒的な存在感を示している。一方、製材業や縫製業は縮小傾向が続いている。

建設業は、公共工事に対する依存度が高いが、国、地方ともに財政状況は厳しく公共工事は減少傾向にあることから、厳しい事業環境下にある。

商業は、消費者の購買行動の変化を背景に郊外型大型店の出店が続き、県内外の企業による熾烈な競争が行われている。その一方、商店街の衰退が続いており、県内各地において中心市街地の活性化、賑わい創出が大きな課題となっている。

サービス業は、経済のサービス化の進展により拡大してきたが、人口減少や事業所数の減少を背景に、伸び悩み状況になっている。

観光は、主な観光地が県境に位置していることもあって、県内に宿泊しない通過型観光が多くなっていることが課題である。また、ホスピタリティの面で問題があると指摘されており、素材には素晴らしいものがあるものの活かしきれておらず、改善の余地がある。

本県の貿易（函館税関統計）は、平成15（2003）年以降、輸出、輸入ともに増加傾向が続いていたが、平成20（2008）年には「リーマン・ショック」に端を発する世界的な不況の影響などからいずれも大きく落ち込んだ。その後、世界経済の緩やかな回復を受け、翌平成21（2009）年半ばを底に回復傾向を辿るなか、平成23（2011）年3月の東日本大震災により東北の太平洋側港湾が被災したこともあり、貿易総額は輸入を中心にその代替需要が強く表れる形で大幅な増加傾向が続いていたが、平成26（2014）年以降、輸入が減少したことを主因に減少が続いた。その後、平成29（2017）年には輸入が回復したことから再び増加に転じ、平成30（2018）年の貿易総額は2,647億円と過去最高を記録した。貿易総額に占める輸出入の割合は、これまで極端な輸入超過が続き平成25（2013）年には輸入割合は86.6%となっていたが、近年は大手医療機器メーカーの輸出が増加していることなどから徐々に輸出割合が高まっており、令和3（2021）年の輸入割合は77.5%となっている。

（注解）県民経済計算の不動産業には帰属家賃（持家についても借家と同じサービスが生産されたと仮定して、市場価格で計算する帰属計算上の家賃）が含まれている。そのため、実際の不動産業の営業による総生産よりはるかに大きくなり、他産業との単純比較ができない。よって、ここでは不動産業を除いて比較している。

1. 産業

〈農業〉
食料自給率
しょくりょうじきゅうりつ

食料自給率とは、国内の食料消費が国産でどの程度賄えているかを示す指標であり、一般に、供給熱量で換算するカロリーベースと、金額で換算する生産額ベースの2通りの方法で算出される。令和2（2020）年度概算値では、わが国のカロリーベースの食料自給率は37%、生産額ベースの食料自給率は67%であるが、いずれも主要先進国の中では最低水準に位置する。安全・安心な食料の安定供給の観点からは、食料自給率（カロリーベース）50%以上を確保することが望ましいとされ、地域の農林水産業のさらなる振興が求められている。一方、食料の6割以上を輸入に依存している現状においては、農産物等の輸入を安定的に行えるような体制整備や、不測の事態に備え一定量の備蓄を行っておくことも重要となる。東北6県のうち青森県、岩手県、山形県と秋田県は、カロリーベースと生産額ベースのいずれにおいても揃って食料自給率100%超を誇り、言わば「日本の食料基地」としての役割を担っている。令和2（2020）年度概算値では、秋田県の食料自給率は、カロリーベースで200%、生産額ベースで158%となっている。カロリーベースでは北海道に次いで全国2位であるが、生産額ベースでは秋田県の順位は全国9位に過ぎない。これは、本県農産物の主力である米が、品目別の供給熱量では群を抜いて高いものの、生産額としては決して高くない事実を端的に物語っている。

令和2（2020）年度 食料自給率トップ10（概算値 %）

順位	都道府県	カロリーベース	順位	都道府県	生産額ベース
1	北海道	217	1	宮崎	301
2	秋田	200	2	鹿児島	283
3	山形	143	3	青森	250
4	青森	125	4	北海道	216
5	新潟	111	4	岩手	216
6	岩手	105	6	山形	189
7	佐賀	85	7	高知	170
8	福島	77	8	熊本	163
8	鹿児島	77	9	秋田	158
10	富山	75	10	佐賀	151

〈農業〉
水稲
すいとう

米どころ秋田で栽培されている米はほぼすべてが水稲で、陸稲はほとんどない。令和2（2020）年の米の産出額は1078億円で、全国3位。秋田県の農業は水稲への依存度が高く、農業産出額に占める米の割合、耕地面積に占める水稲作付面積の割合ともに50%以上を占め突出している。米に対する依存度が高いことは、米の作柄と価格に農業経営全体が大きく左右されるリスクも高く、収益性にも劣ることから、複合化の推進が求められている。栽培品種は、市場で評価の高い銘柄米「あきたこまち」が全体の70%以上を占め、他に「ひとめぼれ」「めんこいな」「ゆめおばこ」などがある。2022年度には新ブランド米「サキホコレ」も市場デビューした。

〈農業〉
野　菜
やさい

令和2（2020）年の野菜産出額（いも類を含む）は307億円で、農業産出額全体の約16％を占め、品目別では、ねぎ、えだまめ、きゅうり、トマト、すいかが上位5品目を占める。作付面積では、えだまめが最も大きく、ねぎ、だいこん、すいか、なすなどが続く。一方、出荷量では、ねぎが最も多く、だいこん、すいか、きゅうり、トマト、キャベツ、えだまめなどが続く。秋田県では、えだまめ、ねぎ、アスパラガスの3品目を「秋田の顔」となるナショナルブランド品目に位置づけ、大規模園芸拠点等の整備や機械化の推進等により生産拡大をはかっている。このうち、えだまめは京浜中央卸売市場（東京都、横浜市、川崎市の中央卸売市場）における年間出荷量で2年連続（令和2～3年）で群馬県に次ぐ全国2位、夏秋ねぎ（7～12月）の同市場における出荷量は3年連続（令和元～3年）で茨城県に次ぐ全国2位となっている。また、林産物のシイタケは、同市場における出荷量、販売額、販売単価の3部門で全国1位となる「三冠王」を3年連続（令和元～3年）で獲得している。

〈農業〉
果　樹
かじゅ

令和2（2020）年の果実産出額は89億円で、農業産出額全体の約5％を占め、このうちりんごが50億円と果実産出額の50％以上を占める。栽培面積では、りんご、日本なし、ぶどうの主要3品目で約70％を占めているが、近年、これら以外にくり、ももなどの栽培面積も増加しており、県全体として樹種が多様化する傾向にある。りんごの中では、「ふじ」が栽培面積の過半を占めているが、消費者ニーズに合い食味にも優れた「秋田紅あかり」「秋田紅ほっぺ」等、秋田県で育成したオリジナル品種への取り組みも進んでいる。

〈農業〉
畜　産
ちくさん

令和2（2020）年の畜産産出額は365億円で、畜産物価格の堅調な伸びによって農業産出額全体のおよそ19％を占め、米に次ぐ基幹作目となっている。県内全体の家畜飼養戸数および頭羽数は、飼養農家の高齢化等により減少傾向にあるが、豚、採卵鶏については飼養頭数が増加傾向にあり、飼養農家の規模拡大が進んでいる。秋田県特産物の比内地鶏も近年、飼養戸数、出荷羽数とも増加傾向にあったが、コロナ禍の影響で令和2年以降は減少に転じている。畜種別の畜産産出額は、豚が最も多く、次いで鶏卵、肉用牛の順となっている。

第6章

産業

〈農業〉
秋田県種苗交換会
あきたけんしゅびょうこうかんかい

種苗交換会は、農業振興を目的として始まった歴史あるイベントである。秋田市の浄願寺を会場に開催された勧業会議（明治11〈1878〉年9月）と種子交換会（同11月）が始まりで、石川理紀之助が推進役となった。当初は、根、皮、幹、花、葉、実の6部門で種子の展示・交換が行われ、明治13（1880）年には品評審査が加わり、明治15（1882）年にはこの両者が一本化され「種苗交換会」となった。現在は、水稲、畑作物及び工芸作物、果樹、野菜、花き、農林園芸加工品、畜産品及び飼料、林産品の8部門となり、例年1000点以上の出品のなかから、審査により優れた農産物の出品者に対し農林水産大臣賞を始めとする褒章が贈られる。毎年会場を変えて開催されており、令和4（2022）年で145回目を数えた。

〈農業〉
あきたこまち

1970年代、米は過剰生産の時代に入っており、多収生産から売れる米の生産への転換が課題となっていた。そこで、秋田県農業試験場が県単育種の育成に着手、福井県農業試験場から提供を受けた福交60-6の種子をもとに秋田31号を育成した。秋田31号は昭和59（1984）年に秋田県の栽培奨励品種に採用され、「あき

あきたこまちがデビューした1984年の農産物展示。農家の関心は高かった

たこまち」と命名された。あきたこまちはコシヒカリを母、奥羽292号を父とする交配種で、母からは良食味を、父からは早熟性を受け継いでおり、寒冷地北部でもコシヒカリ並みの良食味米の栽培を可能とした。その後、あきたこまちは本県の主力品種となったが、東北、関東、山陰などで広く栽培されるようになったため、平成11（1999）年からはDNA鑑定による秋田県産米あきたこまちの認証が行われている。

〈農業〉
サキホコレ
さきほこれ

食生活の多様化にともない米の消費量が年々減少傾向を辿り、味や食感など消費者の嗜好も変化をみせる中、全国ではブランド米が続々と誕生し産地間競争も激化してきた。全国屈指の米どころである秋田県においても、長年主力としてきた「あきたこまち」に代わり、県産米の新たな顔となり、産地を牽引していくことができる極めて食味の高い品種の開発が急務となっていた。新品種の開発は、「コシヒカリを超える極良食味品種」をコンセプトに平成22（2010）年に秋田県農業試験場で始まった。同年に交配され、その後4世代目となっていた800の系統の中から、さらに良食味の系統を選抜していく作業を経て、平成30（2018）年に「秋系821」が最終選抜され、名称公募により「サキホコレ」と命名された。「サキホコレ」は県オリジナル品種の「つぶぞろい」を父とし、愛知県の「中部132号」を母とする交配種で、父からは大粒・良食味を、母からは良食味といもち病への強い耐性を受け継ぎ、高温による品質劣化が少なく、冷害にも強い栽培特性を併せ持つ。令和2（2020）年11月よりプレデビュー・キャンペーンを展開し、令和4（2022）年10月に本格市場デビューを果たした。

〈林業〉
秋田スギ
あきたすぎ

スギは日本特産の針葉樹で古くから建築用材として利用されてきた。なかでも秋田産のスギを「秋田スギ」、天然のそれを「天然秋田スギ」と呼ぶ。天然秋田スギは、年輪の幅が狭く、均一な木目をもち、強度に優れるという特徴を持ち、その林は日本三大美林の一つとされる。米代川流域が産地として知られ、木材産業が発達した。天然秋田スギは戦中および戦後復興期の大量伐採により希少資源となった。一方、秋田スギ人工林は年々蓄積が増加し利用拡大が課題となっているが、近年、乾燥秋田スギ製品の生産拡大のほか、合板や集成材への利用が進められている。

〈林業〉
マツクイムシ
まつくいむし

松枯れは、マツノザイセンチュウという体長1mmに満たない線虫が健全なマツの細胞を破壊することが原因とされる。マツクイムシとは、この線虫をマツに媒介し被害を蔓延させるカミキリムシなど穿孔虫類の総称である。県内の松くい虫被害は、昭和57（1982）年に象潟町（当時）で発生して以来、年々増大し、平成14（2002）年度にはピークとなる3万9千㎥に達した。その後、防除対策などを講じた結果、令和3（2021）年度は8千㎥にまで低下している。この間、被害の中心は県中央部から県北部へと移行しており、平成24（2012）年度には小坂町でも被害が発生し、これで松くい虫被害は県内全市町村で確認されたことになる。被害の拡大を防止するため、無人ヘリコプターによる薬剤散布や被害木の伐倒・くん蒸により防除・駆除処理が実施されている。

一帯が壊滅的な被害を受けた秋田市の松林。くん蒸のためビニールシートで覆われた伐倒処理木が見える（2003年撮影）

〈農業〉
八郎潟干拓事業
はちろうがたかんたくじぎょう

わが国第二の面積をもつ八郎潟を干拓する計画は、明治初年の島義勇権令によるもの以降、しばしば立てられては立ち消えとなっていたが、昭和27（1952）年、当時の農林省が秋田市に八郎潟干拓調査事務所を設置して以後、具体化した。昭和30（1955）年、知事に当選した小畑勇二郎は干拓事業を積極的に推し進め、昭和32（1957）年に国の直轄事業として着工の運びとなった。昭和39（1964）年に干陸し、大潟村が誕生、昭和41（1966）年に第1次入植者56戸が入植した。当初の目的は食糧増産であったが、工事の間に食糧事情が改善したことなどを受けて新農村建設に変わった。その後、米は生産過剰となり減反政策が開始されるなど、農業を取り巻く情勢が大きく変化、入植は第5次で打ち切られた。最終的に工事が終了したのは昭和52（1977）年で、期間20年、総工費852億円の大事業であった。

八郎潟干拓地（大潟村干拓博物館提供）

第6章

産業

169

〈鉱業〉
非鉄金属鉱山
ひてつきんぞくこうざん

秋田県は鉱物資源に恵まれ、既に秋田藩の治世には院内銀山や尾去沢鉱山など、わが国を代表する鉱山が開発され盛況を見せた。明治期以降も小坂鉱山をはじめ銅鉱脈に優れ、鉱業が主要産業として発展した。第2次大戦中に乱掘により一時疲弊したが、昭和30年代に大規模な銅を含有する黒鉱鉱床の発見により活況を呈した。昭和50年代に鉱産額がピークを迎えるが、その後急速に鉱量が枯渇に向かい、市況悪化も受けて平成6（1994）年には県内の全ての鉱山が閉山した。長い鉱山の歴史で培われた製錬技術はリサイクル産業に受け継がれている。

〈鉱業〉
黒 鉱
くろこう

閃亜鉛鉱、方鉛鉱、黄鉄鉱、黄銅鉱、重晶石などが微細に入り組んだ黒っぽい色をした混合鉱石。多種類の有用鉱物を含む。銅の原料鉱石となり、多少の金・銀も含む。わが国特産の鉱石で、第三紀のグリーンタフ地域に分布し、特に小坂・花岡など本県の鉱山が産地として有名である。明治30（1897）年に小坂鉱山で黒鉱の乾式精錬に成功し、銅鉱として利用されはじめ、第2次大戦後にも大鉱床が発見されるなど本県鉱業の最盛期を支えた。

（秋田大学鉱業博物館提供）

〈漁業〉
ハタハタ

秋田県の伝統的食材である鰰（はたはた）は、天候が荒れ雷が鳴ると沿岸に集まるため、別名「カミナリ魚」とも呼ばれる。豊漁が続いて、昭和41（1966）年には漁獲量が2万tを超えたが、海洋環境の変化や乱獲などによって、平成3（1991）年には70tまで落ち込んだ。秋田県では、平成4（1992）年9月から平成7（1995）年9月まで全面禁漁を実施し、稚魚を放流するなどハタハタの増

加に努めた。禁漁解除後は、県の資源量予測に基づき、漁業者が漁獲枠を設け操業するなどして、ハタハタの漁獲量は平成20（2008）年には2938tまで回復していたが、再び減少に転じ、平成28（2016）年以降は1000tを下回っている状況にある。ハタハタは、平成14（2002）年に秋田県の魚に制定されている。主な漁業地域は八森や北浦、船川、金浦、象潟。

〈鉱業〉
秋田県北部
エコタウン計画
あきたけんほくぶえこたうんけいかく

平成11（1999）年に県北部18市町村（当時）を対象に国から承認された「豊かな自然と共生する環境調和型社会の形成」を基本コンセプトとするエコタウン事業。県北地域の基幹産業である鉱業、林業、農業を活用して環境・リサイクル産業を創出している。廃家電を分解し金属含有の廃基板等の効率回収やフロンガスの無害化処理を行う「家電リサイクル事業」、廃電子基板類から有価金属を回収する「リサイクル製錬拠点形成事業」、廃木材、廃プラスチック等を原料に木質新建材を製造する「廃プラスチック利用新建材製造事業」のほか、「石炭灰・廃プラスチック活用二次製品製造事業」、「大規模風力発電事業」、「コンポストセンター整備事業」、「リサイクルプラザ整備事業」などが事業化されている。

〈鉱業〉
八橋油田
やばせゆでん

秋田市の西部、北は外旭川から南は新屋までの地区全体に広がった油田地帯を指す。この地一帯（南北約13km、東西約600m）は、江戸時代には既に地上へ油がしみ出る場所として知られていた。明治40（1907）年ころから本格的な調査・試掘が行われ、昭和10（1935）年、日本鉱業㈱によって初めて大きな油田層が発見され、戦後は帝国石油㈱（現株式会社INPEX）により開発が行われた。昭和20年代後半から30年代前半にかけて、国内最大級の油田地として最盛期を迎え、産油開始から現在までの累積

産油量は日本一を誇る。現在も産油を続けている数少ない油田の一つであり、同地区には現在も稼働中の簡易な油井櫓（ゆせいやぐら）があり、往時を偲ばせている。戦前より本県には、こうした豊かな鉱産物資源を原料とする中央大手の企業が進出し、県鉱工業発展の原動力ともなった。

〈醸造業〉みそ・しょうゆ

令和2（2020）年県工業統計によると、県内の「みそ、しょう油・食用アミノ酸」の事業所数は14カ所、従業者数は264人、製造品出荷額等は23億円。みそは、大豆を原料とし、使用する麹の種類により米みそ、麦みそ、豆みその大きく3つに分けられるが、秋田みそは米みそである。米麹を使用し、米どころ秋田の良質な米と大豆を使った赤色辛口みそで、辛口のみそとしては比較的麹歩合が高い。平成4（1992）年に秋田県味噌醤油工業協同組合と秋田県醸造試験場（現在の秋田県総合食品研究センター）が4年がかりで共同開発した「秋田香酵母・ゆらら」は、県内で初めて開発されたみそ用酵母で、県内各メーカーでは製法に応じた酵母を選び、各社各様の「ゆらら酵母みそ」を製造販売している。

また、県内では、ハタハタなどを使った魚醤「しょっつる」が伝統的調味料として鍋料理等にも使われている。「しょっつる」は、石川県の「いしる」、香川県の「いかなご醤油」に並ぶ日本の三大魚醤（ぎょしょう）のひとつである。

〈工業〉電子部品・デバイス・電子回路（でんしぶひん・でばいす・でんしかいろ）

本県の製造業を牽引する基幹業種。令和2（2020）年県工業統計によると、「電子部品・デバイス・電子回路」の製造品出荷額等は工業全体の31.9％（4108億円）を占め、二位以下の業種はすべて一桁台のシェアにとどまるなど、圧倒的なシェアを誇っている。これは、ＴＤＫ㈱創業者の出身地であるにかほ市を中心として、県南沿岸部周辺に直営工場のほかサテライト工場が相次いで設立され、現在のような電子部品産業関連の大規模な産業集積がもたらした結果でもある。韓国や台湾、中国などの競合メーカーの台頭が著しく、ＴＤＫグループが協力会社との業務委託契約解除や大規模な生産拠点の統廃合に踏み切るなど一時は厳しい局面もあったものの、近年はスマートフォンや自動車向けなど、世界的な電子部品の需要の高まりもあり、工場等の増設が続いている。

（TDK株式会社提供）

〈醸造業〉清酒（せいしゅ）

秋田は、古くから豊富な原料米、良質な水、冬の寒冷な気候など酒造りに適した環境に恵まれ、卓越した技を伝承する山内杜氏が豊かな味わいを誇る秋田の酒を造り続けてきており、「美酒王国」として知られている。ただし近年は、経営者の世代交代とともに、経営者自らが杜氏をつとめる蔵元杜氏もみられている。秋田県では、酒造りとともに酒米（醸造用玄米）の育成にも力を入れ、秋田県酒造協同組合、秋田県総合食品研究センター醸造試験場、県農業試験場の3者が協力し酒造好適米新品種開発事業に取り組んでいる。平成10（1998）年に「秋田酒こまち」を開発し、その後も平成29（2017）年度までに「一穂積」と「百田」を開発した。また、秋田県酒造協同組合と秋田県総合食品研究センターは酵母の共同研究にも取り組み、平成年代には、「秋田流花酵母（ＡＫ－1）」、「秋田蔵付分離酵母」などを開発した。

国税庁『清酒製造業及び酒類卸売業の概況（令和3年調査分）』によると、本県の清酒課税移出数量は兵庫、京都、新潟、埼玉に次いで全国5位。県内の蔵元数は令和5（2023）年2月現在、34（秋田県酒造協同組合調べ）。

〈工業〉
合板・集成材
ごうはん・しゅうせいざい

合板とは、丸太から薄く剥いた板（単板）を、木目の方向が直交するように交互に重ね、接着したものをいう。県内のメーカーは針葉樹構造用合板を主力製品とし、全国屈指の製造量を誇る。原料については、以前は主に北洋カラマツが使用されていたが、近年では秋田スギ間伐材等県産材の利用が大幅に増加している。令和元（2019）年の普通合板出荷額は335億6300万円で全国3位。集成材とは、ラミナ（ひき板）を木目方向と平行に並べ積層接着したものをいう。寸法精度、強度性能が高いという特徴から住宅構造材への利用が急速に普及した。原料は主に欧州から輸入した製材が使用されている。県内には管柱の製造量が全国上位のメーカーが数社存在するが、近年は出荷額、全国シェアとも低下傾向にある。令和元（2019）年の出荷額は43億1500万円で全国11位となっている。

〈工業〉
繊維工業
せんいこうぎょう

本県は、繊維製品の古くからの有力な産地でも繊維問屋の集まる集散地でもない。県内の繊維工業は昭和30年代以降の企業誘致により拡大し、アパレルメーカーの下請けを中心とする衣服製造が大半を占めている。操業誘致企業数261社（令和元

井坂直幹
いさかなおもと

（能代市教育委員会提供）

秋田木材株式会社（のちの秋木工業株式会社）を設立し、「木都能代」の基盤を築いた実業家。万延元（1860）年、現在の茨城県水戸市に生まれる。福沢諭吉の慶応義塾に学び、卒業後、時事新報社に入社。その後、大倉喜八郎に望まれて日本土木会社に重役付秘書として入社。さらに大倉組を経て、林産商会に移る。明治22（1889）年に林産商会能代支店長として赴任。同商会解散後も能代に留まり、明治30（1897）年に能代木材合資会社を設立、次いで能代挽材合資会社を設立して機械製材を開始する。明治34（1901）年に秋田製板合資会社を設立。明治40（1907）年にこれら3社を合併して秋田木材株式会社を設立し、全国主要都市に支店を設置したほか、木材関連産業として電気、鉄工事業も手掛けるなど、業容を拡大した。地元木材業界の発展に多大な貢献を果たし「木都能代の父」と称され、現在、能代市の旧井坂邸跡には偉業を顕彰する井坂記念館がある。

齋藤憲三
さいとうけんぞう

（齋藤憲三・山﨑貞一顕彰会提供）

世界大手電子部品メーカーのTDK㈱の創業者で衆議院議員。明治31〜昭和45（1898〜1970）年。宇一郎、ミネの三男として当時農商務省官吏であった父の勤務地・東京で生まれた。実家所在地の旧由利郡平沢村（現にかほ市平沢）で幼少期を過ごす。早大卒業後、大正11（1922）年産業組合中央金庫（現農林中央金庫）に就職したが退社。昭和10（1935）年、世界最初のフェライトの工業化を目的として東京電気化学工業株式会社（現TDK株式会社）を創業した。昭和15（1940）年、旧平沢町（現にかほ市平沢）に建設した生産工場は年ごとに規模を拡大、現在では周辺地域は同社国内最大の生産拠点となっている。昭和22（1947）年、TDK社長を退任。昭和28（1953）年に衆議院議員に当選、昭和44（1969）年まで4期務め、初代科学技術庁（現文部科学省）政務次官に就任するなど科学技術の振興にも尽力した。早大時代の同期に歌手の東海林太郎がいた。

〈2019〉年4月1日現在）のうち、繊維は30社（11.5％）を占める。

令和元（2019）年の繊維工業の事業所数は243カ所、従業者数は5947人、出荷額は359億円であるが、長年の厳しい国際競争により国内生産は減少しており、10年前との比較では事業所数および従業者数で30％超、出荷額で10％超減少している。

〈電力〉
風力発電
ふうりょくはつでん

風力発電は、風力エネルギーを風車により回転エネルギーに変換して発電機を動かし、電気エネルギーへ変換するクリーンな新エネルギーとして普及が期待されている。県内では沿岸部に風況の適地が多いことから開発が進み、令和4（2022）年10月31日現在、設備容量は65万6019kW、設置基数は298基で、導入量は青森県に次いで全国第2位である。市町村別の設備容量は由利本荘市（17万3836kW）、秋田市（10万7868kW）、にかほ市（8万5090kW）、潟上市（8万3440kW）、能代市（6万2660kW）、男鹿市（5万7730kW）、三種町（5万915kW）、八峰町（2万6830kW）、鹿角市（7650kW）である。

〈電力〉
洋上風力発電
ようじょうふうりょくはつでん

洋上風力発電は、陸上よりも安定した風力が得られ、大型風車の設置が可能である。県内では令和2年（2020）年2月に秋田港、能代港の港湾区域内で建設工事が着工し、令和4（2022）年12月に能代港で国内初となる商業運転を開始し、秋田港でも令和5（2023）年1月に運転を開始した。秋田港は出力4200kWの風車が13基、能代港には同20基設置され、合計出力は約14万kWである。

一方、一般海域では、経済産業省と国土交通省が令和2（2020）年7月に洋上風力発電を優先的に整備する促進区域として「能代市・三種町・男鹿市沖」、「由利本荘市沖（北側）」、「由利本荘市沖（南側）」の3海域を指定した。令和3（2021）年12月には、発電事業者に3海域とも三菱商事グループのコンソーシアムが選定され、建設される風車はいずれも着床式である。「能代市・三種町・男鹿市沖」は出力1万3000kWの風車が38基、合計出力は49万4000kWとなる見込みで、令和8（2026）年3月着工、令和10（2028）年12月の運転開始を予定している。「由利本荘市沖（北側・南側）」は同65基、合計出力は84万5000kWとなる見込みで、令和8（2026）年3月着工、令和12（2030）年12月の運転開始を予定している。

また、本県沖では令和3（2021）年9月に「八峰町・能代市沖」、令和4（2022）年9月には「男鹿市・潟上市・秋田市沖」が促進区域に指定された。

〈電力〉
能代火力発電所
のしろかりょくはつでんしょ

能代火力発電所は東北電力㈱の火力発電所で、能代市字大森山に所在している。敷地面積は約109万㎡あり、発電所の排熱を利用した熱帯植物園を含むPR施設「能代エナジアムパーク」を併設している。主燃料は石炭で、1号機は平成5（1993）年5月、2号機は平成6（1994）年12月、3号機は令和2（2020）年3月に運転を開始し、現在の総出力は180万kWである。近年は地球温暖化対策の一環として木質バイオマス燃料を導入し、石炭と混合・粉砕、粒状にして使用している。

〈電力〉
秋田火力発電所
あきたかりょくはつでんしょ

秋田火力発電所は東北電力㈱の火力発電所で、秋田市飯島に所在している。敷地面積は約50万9000㎡あり、スポーツを楽しめる「グリーンパーク」を併設している。燃料は重油・原油で、4号機が昭和55（1980）年7月に運転を開始し、出力は60万kWである。また、当発電所では、県内にある東北電力㈱の地熱発電所（上の岱、澄川）の遠方監視業務を行っている。なお、1号機は昭和45（1970）年8月、2号機が昭和47（1972）年2月、3号機が昭和49（1974）年11月、5号機が平成24（2012）年6月にそれぞれ運転を開始したが、設備の老朽化や稼働率の低下などにより現在は廃止されている。残る4号機も令和6（2024）年7月に廃止予定である。

美容院・理容所施設数
びよういん・りようじょしせつすう

令和元(2019)年度の本県の人口10万人当たりの理容・美容所数は555.3カ所で、全国一多い。2位の山形県(510.7カ所)を45カ所も引き離し、全国平均(294.6カ所)を大きく上回っている。ただし、小規模個人経営の事業所が多く、1事業所当たりの従業者数は全国平均を下回っている。

小売業
こうりぎょう

平成28(2016)年の経済センサスによると、県内の小売業の規模は、事業所数1万307事業所、従業者数6万5410人、年間商品販売額1兆1256億円となっている。平成11(1999)年調査以降は、事業所数、従業員数ともに減少傾向で推移しており、県内の小売業は、人口減少による購買力低下のほか、大型店や全国チェーン店の出店拡大、インターネット通販の台頭による競争激化などを背景に、減少傾向に歯止めが掛からない状況にある。

〈電力〉 地熱発電
ちねつはつでん

地熱発電は地下に存在する高温の水を利用して電気を起こすものである。県内では、昭和49(1974)年に大沼地熱発電所(鹿角市)、平成6(1994)年に上の岱地熱発電所(湯沢市)、平成7(1995)年に澄川地熱発電所(鹿角市)、令和元(2019)年に山葵沢地熱発電所(湯沢市)、令和2(2020)年に切留平発電所(鹿角市)がそれぞれ運転を開始し、令和3(2021)年1月5日現在、総発電出力は13万4749kWと大分県に次いで全国第2位である。

現在湯沢市では、令和4(2022)年6月にかたつむり山発電所(出力1万4990kW)の建設工事が着工し、令和9(2027)年3月の運転開始を予定している。また、木地山地熱発電所(仮称)では環境影響評価(環境アセスメント)の手続きが進められているほか、矢地ノ沢地域では発電所の開発に向けた掘削調査が行われている。

(湯沢地熱株式会社提供)

〈銀行〉 秋田銀行・北都銀行
あきたぎんこう・ほくとぎんこう

県内に本店を置く銀行は秋田銀行と北都銀行の2行である。秋田銀行は明治12(1879)年1月設立の第四十八国立銀行と明治29(1896)年5月設立の旧秋田銀行が源流である。その後、数度の合併を繰り返した後、旧秋田、第四十八、湯沢の3行が昭和16(1941)年10月に合併して現在の秋田銀行がスタートした。明治45(1912)年に完成した旧秋田銀行の赤レンガの本店は、現在は「秋田市立赤れんが郷土館」として県民や観光客に親しまれている。

一方、北都銀行は明治28(1895)年5月設立の増田銀行(大正11〈1922〉年羽後銀行に改称)に源を発する。二度の合併の後、平成5(1993)年4月に秋田あけぼの銀行(昭和24〈1949〉年秋田無尽として設立、昭和26〈1951〉年秋田相互銀行に改称、平成元〈1989〉年秋田あけぼの銀行に改称)と合併した。また、平成21(2009)年10月には山形県鶴岡市に本店を置く荘内銀行と共同持株会社「フィデアホールディングス株式会社」(本社:宮城県仙台市)を設立し、経営統合した。

2.交通

秋田新幹線こまち
あきたしんかんせんこまち

JR東日本が運行する東京駅－秋田駅間の「新幹線」。東北新幹線（東京駅－盛岡駅間）・田沢湖線（盛岡駅－大曲駅間）・奥羽本線（大曲駅－秋田駅間）を経由し、この間、盛岡駅－秋田駅間は在来線の線路を利用 する「ミニ新幹線（新在直通線）」方式である。なお、田沢湖線内はすべて単線であることから、新幹線列車が普通列車と行き違いのために待ち合わせすることがあるほか、大曲駅ではスイッチバック（方向転換）となるため、大曲駅－秋田駅間は走行方向が逆となる。利用者数は平成9（1997）年3月の開業以来、同18（2006）年に2000万人、同22（2010）年に3000万人、同27（2015）年に4000万人、令和元（2019）年には5000万人をそれぞれ突破した。

平成26（2014）年には、すべての車両が新型高速新幹線車両（E6系）に置き換えられ、最短3時間37分で東京駅－秋田駅間を結び、首都圏との交流の大動脈となっている。令和5（2023）年2月現在、定期列車は1日15往復（うち1往復は仙台駅－秋田駅間）。

五能線
ごのうせん

秋田県の東能代駅と青森県の川部駅の間を結ぶ JR東日本のローカル線。全長147.2kmで、起終点を含む駅数は43。秋田県の国鉄能代線と青森県の五所川原線（昭和2〈1927〉年に国が私鉄陸奥鉄道を買収し、国鉄五所川原線に編入）を結んで昭和11（1936）年に全線開通、五能線と改称し、今日に至る。日本海の海岸線を通り、絶景のローカル線として全国的に人気を集めており、休日を中心に観光列車「リゾートしらかみ」も運行されている。

奥羽本線
おううほんせん

奥羽本線は、JR東日本が運営する全長484.5kmの路線である。福島駅（福島県福島市）から、山形駅、秋田駅を経由して青森駅（青森県青森市）に至り、起終点を含む旅客駅数は101駅である。青森駅－湯沢駅間の「奥羽北線」と湯沢駅－福島駅間の「奥羽南線」の2線に分けて建設が開始され、明治38（1905）年9月14日に全線開通。令和2（2020）年に115周年を迎えた。現在のように「奥羽本線」と呼ばれるようになったのは、全国の主要幹線に一斉に「本線」の名がつけられた明治42（1909）年10月12日からである。令和3（2021）年には秋田駅－土崎駅間に「泉外旭川駅」が開業した。

羽越本線
うえつほんせん

羽越本線は、JR東日本が運営する全長 271.7km の路線である。新津駅（新潟県新潟市）から、酒田駅、羽後本荘駅を経由して秋田駅に至り、起終点を含む旅客駅数は60駅である。最初の開業区間は新津駅－新発田駅（新発田線）である。新潟、山形、秋田の概ね各県ごとに三つの区間に分かれて建設され、大正13（1924）年7月31日に羽越線として全線開通。大正14（1925）年に「羽越本線」と改称された。

第6章

産業

高速道路
高規格幹線道路
こうきかくかんせんどうろ

県内を通る高速道路（高規格幹線道路）は、東北縦貫自動車道（弘前線）〔営業名：東北自動車道〕、東北横断自動車道（釜石秋田線）〔同：秋田自動車道〕、日本海沿岸東北自動車道〔同：日本海東北自動車道　※河辺JCT以北の営業名は秋田自動車道〕、東北中央自動車道〔同：湯沢横手道路〕の４路線である。このうち東北縦貫自動車道（弘前線）については昭和58（1983）年10月に鹿角八幡平IC〜安代IC間で供用開始し県内を通る最初の高速道路となり、昭和61（1986）年7月に県内の区間（41.8km）が全通した。東北横断自動車道（釜石秋田線）は平成3（1991）年7月に横手IC〜秋田南IC間が供用開始され、平成9（1997）年11月には全線（北上JCT〜昭和男鹿半島IC、県内98.5km）が開通となった。なお、令和2（2020）年12月現在、県内を通る区間について、日本海沿岸東北自動車道は計画延長約184km（東北横断自動車道釜石秋田線との重用区間を除く）に対して供用済みは161.5km、東北中央自動車道は計画延長37.6kmに対して供用済みは29.7kmである。

秋田内陸縦貫鉄道
あきたないりくじゅうかんてつどう

県内有数の豪雪地帯である奥羽山脈に沿って、四季折々の美しい風景を見せる鷹巣－角館間全長94.2kmで「秋田内陸線」を運行する第三セクターの鉄道会社。この路線はかつて大正年間に国鉄鷹角線として計画されたが、全線が開通しないうちの昭和59（1984）年に国の廃止路線となった。これを受けて、県と沿線市町村などが出資した同社に移管され、その後、未開通区間の工事を続け、平成元（1989）年4月に全線開通した。利用者増やイメージアップを図り収入増加につなげるため、自動車回送サービスや「鉄道基地見学体験」（阿仁合車両基地）などを行っているほか、オリジナルグッズや沿線の温泉と連携した各種温泉クーポンを発売しているが、沿線の人口は減り続けており、経営は厳しい状態が続いている。

由利高原鉄道
ゆりこうげんてつどう

秋田県と山形県の県境にそびえる東北屈指の名山鳥海山の裾野に向かって長閑な田園風景が続く羽後本荘－矢島間全長23.0kmで、「鳥海山ろく線」を運行する第三セクターの鉄道会社。同線はかつて旧国鉄矢島線だったが、昭和56（1981）年に国の廃止路線となったため、県と沿線自治体が出資して昭和59（1984）年10月に設立され、翌昭和60（1985）年10月から営業を開始した。地域の足として、また沿線観光への重要なアクセスとして、数々のイベント列車の企画を打ち出すなど奮闘しているが、経営は輸送人員の減少で苦戦が続いている。

国道
7号・13号・46号ほか
7ごう・13ごう・46ごうほか

令和3（2021）年3月31日現在、秋田県内を通る国道は17路線、総延長1649.6kmである。このうち、国管理は7号（新潟市〜青森市＜585.6km＞）、13号（福島市〜秋田市＜387.0km＞）、46号（盛岡市〜秋田市＜101.8km＞、うち大仙市協和境〜秋田市は13号と重複）の3路線で、県内総延長は501.5kmである。残り14路線、県内総延長1148.1kmは県の管理で、105号や285号のように国道番号が3桁となっている。

バス

県内のバス事業は明治45（1912）年に営業が開始され、平成24（2012）年に100周年を迎えた。令和2（2020）年度末現在、県内の一般乗合旅客自動車運送事業者数は、52事業者である。平成18（2006）年の道路運送法の改正により、従来の路線定期運行バスのほか、乗合タクシーなども一般乗合旅客自動車運送事業者の定義に加えられたことから、平成17（2005）年度末（4事業者）に比べて大幅に増加している。なお、法改正以前から一般乗合旅客自動車運送事業者に該当していた路線定期運行バス事業者は、県北を地盤とする秋北バス㈱、県央地盤の秋田中央交通㈱、県南・由利本荘地盤の羽後交通㈱、および県内では高速バスのみ運行するジェイアールバス東北㈱の4社である。また、貸切バス（一般貸切旅客自動車運送事業）の事業者数は、令和2（2020）年度末現在、29事業者である。

仙岩、仙秋鬼首（トンネル）
（せんがん、せんしゅうおにこうべ）

仙岩トンネルは国道46号線の岩手・秋田の県境に跨る延長2544mの道路トンネル。トンネル名は仙北、岩手の頭文字の合成名。昭和48（1973）年着工、昭和50（1975）年に完成した防災設備なども完備した近代的なトンネルである。仙秋鬼首トンネルはこけしで有名な鳴子温泉のある宮城県旧鳴子町（現大崎市）と湯沢市を結ぶ延長3527mの道路トンネル。トンネル名は大崎市鬼首の地名に由来する。このトンネルを含む付近の道路は仙秋サンラインと呼ばれ、一帯は栗駒国定公園に属するため、四季を通じて美しい景観が見られる。秋田県と宮城県を連絡する最短ルートである。

秋田港
（あきたこう）

秋田港は秋田市土崎地区の旧雄物川河口に位置し、昭和16（1941）年以前は土崎港と呼ばれていた。江戸時代中期からは「北前船」が寄港する西回り航路の要港として明治中期まで隆盛が続いた。戦後、昭和26（1951）年に国の「重要港湾」に指定された後、本格的な港湾整備は秋田湾地区が新産業都市の指定を受けた昭和40（1965）年頃から始まった。港の周辺には亜鉛製錬所、火力発電所、製紙および合板・木材関連の大型企業が立地している。平成7（1995）年に韓国・釜山港との間に外貿コンテナ定期航路が開設されたほか、平成11（1999）年には新潟港など日本海側の主要港を結ぶ国内長距離フェリー航路も開設されるなど、日本海北部の物流拠点港として重要な役割を果たしている。他にもマリーナが整備されており、プレジャーボートの受入れが行われている。平成24（2012）年4月、大浜地区のコンテナヤードを外港地区に移転する形で新国際コンテナターミナルの供用を開始した。27年1月にはコンテナヤードを拡張し、年間処理能力を10万TEU（20フィートコンテナ1本が1TEU）に拡大するなど、日本海側における東アジア地域やロシア沿海州地域との交易・交流の拠点としての機能強化を図っている。同コンテナターミナルには令和4（2022）年9月現在、船からコンテナを降ろす大型のガントリークレーン2基と、ヤード内のコンテナを運搬するトランスファークレーン3基を備え、荷役作業の効率の飛躍的な向上が見込まれるほか、ゲートには放射線検知装置も完備されている。秋田港は平成23（2011）年11月、国土交通省より国際海上コンテナ分野で「日本海側拠点港」にも選定されており、こうした拠点港に相応しい機能が備わりつつあることから、日本海側のゲートウェイとして今後の取引量の増加が期待される。

国際コンテナ航路
こくさいこんてなこうろ

平成7（1995）年に韓国の釜山港との間に開設された「秋田港の国際コンテナ定期航路」は令和5（2023）年2月現在、韓国航路（秋田⇒釜山）が週3便、韓国・青島・大連航路（秋田⇒釜山⇒青島、大連）が週2便の計5便運航されている。韓国の興亜海運、高麗海運など5船社が4ルートで運航している。

令和3（2021）年の秋田港の国際コンテナ取扱実績本数（実入り、秋田県港湾空港課調べ）は、年間4万1539TEU（20フィートコンテナ換算の本数、うち輸出が56.3％、輸入が43.6％）となっている。

北前船
きたまえぶね

江戸中期から明治にかけて、上方（大阪）と蝦夷地（北海）を日本海航路で結んだ商船。途中の港で積み荷を売り、別の特産物を仕入れる総合商社としての機能があった。秋田県の寄港地は土崎、能代、男鹿などで、米、大豆、材木、干しハタハタ、銅、銀などが積み出され港町として繁栄した。

北前船の復元船「みちのく丸」（2011年撮影）

新日本海フェリー
しんにほんかいふぇりー

秋田港には平成11（1999）年7月に、苫小牧東港、新潟港、敦賀港を結ぶ長距離定期フェリー航路が開設され、物流と観光の両面で利用されている。運航会社は大阪市に本社がある新日本海フェリー㈱で、秋田港に秋田支店を置いている。同社最大規模のフェリー「らいらっく」と「ゆうかり」の2隻を配して、令和5（2023）年2月現在、北行き南行きともに週6便運航している。フェリー航路開設の効果としては、①物流コストの削減②モーダルシフト促進によるCO2削減③人的交流増加と県内観光の振興④港湾地域を含む県内経済の活性化—などが期待される。

秋田空港
あきたくうこう

秋田市新屋にあった旧秋田空港が移転して、昭和56（1981）年6月、旧河辺郡雄和町（現秋田市雄和）に開港した特定地方管理空港（設置者：国土交通省、管理者：秋田県）。滑走路は長さ2500m、幅60m。定期路線は令和5（2023）年2月現在、札幌便、東京便、名古屋便、大阪便の計4便の国内線が就航している。

平成14（2002）年には税関空港の指定を受け、エアカーゴ（国際航空貨物）の取り扱いも可能となった。なお、平成13（2001）年に、本県唯一の定期国際路線として、韓国・仁川国際空港との間にソウル便が就航したが、利用客の減少により平成27（2015）年12月以降運休している。また、平成31（2019）年4月から台湾チャーター便が通年化したが、航空会社の事情により、同年12月に運航停止となった。

大館能代空港
おおだてのしろくうこう

平成10（1998）年7月、県内第二の空港として、旧北秋田郡鷹巣町（現北秋田市脇神）に開港した地方管理空港（設置・管理者：秋田県）。滑走路は長さ2000m、幅45m。定期路線は開港から僅か1年余りで札幌便の運航が廃止、その後、大阪便も廃止され、令和5（2023）年2月現在、東京便のみが就航している。大館市が秋田犬の発祥の地とされることから、秋田犬のお出迎え事業を行っているほか、ほじょ犬やペット犬が使用できる「犬専用トイレ」を設置している。

平成22（2010）年9月、空港施設をそのまま活用した「道の駅大館能代空港」がオープンしている。県内では30番目の道の駅である。空港施設との一体運用となる道の駅は、のと里山空港（石川県）に次いで全国で2例目、東北では初。

秋田ふるさと検定実施要項

秋田県の歴史、観光・施設、祭り・行事、自然、生活文化、産業の6分野についての知識を学び、『ふるさと秋田』の素晴らしさを再認識するとともに、県民一人ひとりが身近な観光案内人として秋田の魅力を積極的に伝え、お客様に対する『おもてなしの心』の向上を目的に実施いたします。

受験資格　【2・3級】　学歴、年齢、性別、国籍等の制限はありません
　　　　　　　　　　　　（2級からの受験や、3・2級の併願受験可）
　　　　　　【 1 級 】　秋田ふるさと検定2級試験に合格していること
　　　　　　　　　　　　（3・2級との併願受験不可）

受験料　3級／2,300円　2級／3,600円　1級／4,000円
　　　　　　高校生以下は各級とも1,000円　※2023年度の料金です

試験科目と程度

級	時間	出題数	設定基準
3級	90分	70問	ふるさとの歴史・文化等を紹介できる基礎的知識を有する
2級	100分	70問	ふるさとの歴史・文化等を県民や観光客に説明できる高度な知識を有する
1級	100分	20問	ふるさとに関する深い知識を有し、その魅力を総合的に企画提案する能力を兼ね備える

出題範囲

秋田県に関する歴史、観光・施設、祭り・行事、自然、生活文化、産業の6分野（ただし、1級受験者は6分野の中から2分野を選択して解答。各分野とも記述9問、小論文1問）

級	設定基準
3級	公式テキスト内からおよそ9割以上出題し、それに関する内容からも出題する
1・2級	公式テキスト内からおよそ7割以上出題し、それに関する内容からも出題する

合格基準

1級は正解率80%以上、3級・2級共に正解率70%以上をもって合格とします。

合格証明

検定合格者には携帯用の認定証を交付します。
また、企業申込による合格企業には、
「合格者のいる店」のプレートを進呈いたします。

携帯用認定証

プレート

お問い合わせ先

秋田県商工会議所連合会
・秋田商工会議所　TEL 018-863-4141
・能代商工会議所　TEL 0185-52-6341
・横手商工会議所　TEL 0182-32-1170
・大館商工会議所　TEL 0186-43-3111
・大曲商工会議所　TEL 0187-62-1262
・湯沢商工会議所　TEL 0183-73-6111

参考文献（順不同）

『秋田大百科事典』秋田魁新報社編(秋田魁新報社)
『図説　秋田県の歴史』田口勝一郎編(河出書房新社)
『秋田人名大辞典』秋田魁新報社編(秋田魁新報社)
『心のふる里「秋田のお寺」』秋田魁新報社出版部編(秋田魁新報社)
『日本全史(ジャパン・クロニック)』宇野俊一ほか編(講談社)
『カラー図説　日本大歳時記』講談社編(講談社)
日本歴史地名大系5『秋田県の地名』下中邦彦ほか(平凡社)
『角川日本史事典』高柳光寿ほか編(角川書店)
『コンサイス人名辞典－日本編－』三省堂編集所編(三省堂)
『秋田県の文化財』秋田県教育委員会編(秋田県教育委員会)
『秋田県の有形文化財』秋田県教育委員会編(無明舎出版)
『秋田の祭り・行事　改訂版』秋田県教育委員会編(秋田文化出版)
『秋田の名勝・天然記念物』秋田県教育委員会編(秋田文化出版)
『日本の天然記念物』講談社編(講談社)
秋田県文化財調査報告書271集『秋田県の祭り・行事－秋田県祭り・行事調査報告書－』
秋田県教育委員会編(秋田県教育委員会)
『秋田のことば』秋田県教育委員会編(無明舎出版)
『本荘・由利のことばっこ』本荘市教育委員会編(秋田文化出版)
民俗選書15『ナマハゲ新版』稲雄次(秋田文化出版)
民俗選書22『ハタハタ　あきた鰰物語』田宮利雄(秋田文化出版)
まっぷるマガジン『秋田　角館　田沢湖・白神山地・男鹿半島』正木聡編(昭文社)
『秋田県昭和史』無明舎出版編(無明舎出版)
『秋田代議士物語』杉淵廣(秋田魁新報社)
『能代木材産業史』(能代木材産業連合会)
『生産農業所得統計』(農林水産省)
『統計でみる都道府県のすがた2019』(総務省)
『秋田県種苗交換会史　昭和編 100年の歴史』(秋田県農業協同組合中央会)
『奥羽・羽越本線』(山と渓谷社)
『北前船と秋田』加藤貞仁(無明舎出版)
『函館税関貿易年表』(函館税関)
『秋田県鉱山誌』秋田県地下資源開発促進協議会((財)秋田県鉱山会館)
『岡山文化観光検定試験－公式参考書要点整理－』吉備人出版編(吉備人出版)
『秋田の民芸』秋田魁新報社編(秋田魁新報社)
『自然観察路ガイド　北海道・東北』工藤父母道監修(平凡社)
『秋田の民謡・芸能・文芸』秋田魁新報社編(秋田魁新報社)
『秋田たべもの民俗誌』太田雄治(秋田魁新報社)
『秋田と文学の周辺』河北新報秋田総局編(北の叢書刊行会)
『民謡の里』読売新聞秋田支局編(無明舎出版)
『昔話・伝説小事典』野村純一編(みずうみ書房)
『令和元年度県民経済計算』(秋田県調査統計課)

『2020年秋田県の工業』(秋田県調査統計課)
『当初予算の概要』(秋田県財政課)
『秋田県の貿易』(秋田県商業貿易課)
『令和2年　農業産出額及び生産農業所得(都道府県別)』(農林水産省:令和3年12月公表)
『令和3年度　農林水産業及び農山漁村に関する年次報告』(農林水産省:令和4年6月公表)
『都道府県別食料自給率』(農林水産省:令和3年8月公表)
『令和2年産　野菜生産出荷統計』(農林水産省:令和3年12月公表)
『令和2年産　果樹生産出荷統計』(農林水産省:令和3年12月公表)
『秋田県におけるハタハタ漁獲量の推移』(秋田県ホームページ)
『令和3年漁期のハタハタ漁獲状況について』(秋田県水産振興センター)
『秋田県北部エコタウン計画について』(秋田県ホームページ)
『2020年工業統計』(秋田県)
『清酒製造業及び酒類卸売業の概況(令和3年調査分)』(国税庁)
『工業振興の概要』(秋田県)
『2020年工業統計表(品目編)』(経済産業省:令和3年8月公表)
『秋田県内の再生可能エネルギーを利用した発電の導入状況』(秋田県ホームページ)
『第2期秋田県新エネルギー産業戦略(改訂版)』(秋田県)』
『衛生行政報告例』(厚生労働省)
『平成28年経済センサス』(経済産業省)
『秋田県の高規格幹線道路の概要』(秋田県ホームページ)
『道路統計年報2021』(国土交通省)
『秋田のみちの現況』(秋田県ホームページ)
『令和3年版業務概要』(国土交通省東北運輸局秋田運輸支局)
県庁ホームページ
東北森林管理局ホームページ
八峰白神ジオパークホームページ
男鹿半島大潟ジオパーク公式サイト
鳥海山・飛島ジオパークホームページ
ゆざわジオパーク公式ウェブサイト
全農秋田県本部ホームページ
東北電力ホームページ
秋田県環日本海交流協議会ホームページ
ＪＲ東日本ホームページ
新日本海フェリーホームページ
秋田空港ホームページ
大館能代空港ホームページ
日本風力発電協会ホームページ
秋田魁新報

※2023年2月時点の情報です

写真・画像提供（順不同）

勝平新一
林信太郎
日本観光情報
加藤写真事務所
(一社)秋田県観光連盟
秋田県
秋田県立博物館
秋田県立近代美術館
秋田県公文書館
秋田県埋蔵文化財センター
秋田市立佐竹史料館
秋田市立赤れんが郷土館
鹿角市先人顕彰館
大館郷土博物館
大潟村干拓博物館
東北森林管理局
秋田ふるさと村
角館樺細工伝承館
招福稲荷神社狐の行列実行委員会事務局
天徳寺
彌高神社

日吉神社
株式会社ブラウブリッツ秋田
秋田ノーザンハピネッツ株式会社
秋田ノーザンブレッツラグビーフットボールクラブ
株式会社正義の味方
八橋人形伝承の会
にかほ市象潟郷土資料館
TDK株式会社
社会福祉法人感恩講
国立歴史民俗博物館
東北森林管理局
秋田市立中央図書館明徳館
小樽市立小樽文学館
新潮社記念文学館
松田解子の会
平福記念美術館
栗田神社
渡部神社
(公財)齋藤憲三・山﨑貞一顕彰会
鹿角市
大館市

北秋田市
男鹿市
八郎潟町
秋田市
大仙市
県内各市町村の観光、文化財保護担当部署
鳥海山動植物研究グループ　マンサク会
男鹿半島・大潟ジオパーク推進協議会
鳥海山・飛島ジオパーク推進協議会
八峰白神ジオパーク推進協議会
湯沢市ジオパーク推進協議会
秋田大学大学院国際資源学研究科附属鉱業博物館
能代市教育委員会
鹿角市教育委員会
北秋田市教育委員会
五城目町教育委員会
潟上市教育委員会
にかほ市教育委員会
横手市教育委員会
仙北市学習資料館
秋田県観光素材写真集(秋田の観光創生推進会議)

執筆協力者（順不同・*は故人）

半田和彦［歴史］
杉澤文治 *［歴史］
藤田昭夫［観光・施設］

齊藤壽胤［祭り・行事］
小野一二 *［祭り・行事］
加藤竜悦［自然］

本郷敏夫［自然］
高橋祥祐［自然］
菊地利雄［生活文化］

(一財)秋田経済研究所［産業］
秋田県立博物館
秋田県観光文化スポーツ部

索引

秋田ふるさと検定公式テキスト（2023年版）

監　　　修	秋田県商工会議所連合会
編集・発行	株式会社秋田魁新報社
	〒010-8601　秋田市山王臨海町1－1
	Tel.018-888-1859（企画事業部）
	Fax.018-863-5353
発　行　日	2023年4月28日　初版
定　　　価	本体1800円＋税
デ ザ イ ン	株式会社サキガケ・アド・ブレーン
印刷・製本	秋田活版印刷株式会社